後晉 劉 昫 等撰

舊唐書

第 二 册

卷一一至卷一八下(紀)

中 華 書 局

舊唐書卷十一

本紀第十一

代宗

代宗睿文孝武皇帝諱豫，肅宗長子。母曰章敬皇太后吳氏，以開元十四年十二月十三日生于東都上陽宮。初名俶，年十五封廣平王。玄宗諸孫百餘，上爲嫡皇孫。宇量弘深，寬而能斷，喜懼不形於色。仁孝溫恭，動必由禮，幼而好學，尤專禮、易，玄宗鍾愛之。

祿山之亂，京城陷賊，從肅宗蒐兵靈武，以上爲天下兵馬元帥。時朝廷草創，兵募寡弱，上推心示信，招懷流散，比至彭原，兵衆數萬。及肅宗迴幸鳳翔，時房琯、郭子儀繼戰不利，賊鋒方銳，屢來寇襲。上選求勇幹，頻挫其鋒，聖慮遑寧，士心大振。及師進討，百官辭送，步出闕門，方始乘馬。迴紇葉護王子率兵入助，勇冠諸蕃，上接以優恩，結爲兄弟，故香積之戰，賊徒大敗，遂委西京而遁。雖子儀、嗣業之奮命，由上恩信結於士心，故人思自效。

既收京城，令行禁止，民庶按堵，秋毫不犯，耆老歡迎，對之歔欷。聞賊殘衆猶保陝郊，卽日長驅，東趨虢洛。新店之役〔一〕，一戰大捷，慶緒之黨，十殲七八。數旬之間，河南底定，兩都恢復，二聖迴鑾，統率之功，推而不受。肅宗還京，大赦，改封楚王。

乾元元年三月，改封成王，四月庚寅，立爲皇太子，改名豫。上元末年，兩宮不豫，太子往來侍疾，躬嘗藥膳，衣不解帶者久之，及承監國之命，流涕從之。

寶應元年四月，肅宗大漸，所幸張皇后無子，后懼上功高難制，陰引越王係於宮中，將圖廢立。乙丑，皇后矯詔召太子。中官李輔國、程元振素知之，乃勒兵於凌霄門，俟太子至，卽衞從太子入飛龍廐以俟其變。是夕，勒兵於三殿，收捕越王係及內官朱光輝、馬英俊等禁錮之，幽皇后於別殿。丁卯，肅宗崩，元振等始迎上於九仙門，見羣臣，行監國之禮。己巳，卽皇帝位於柩前。甲戌，詔：「國之大事，戎馬爲先，朝有舊章，親賢是屬。故求諸必當，用制於中權；存乎至公，豈慚於內舉。特進、奉節郡王适可天下兵馬元帥。」乙亥，以兵部尚書、判元帥行軍、閑廐等使李輔國進號尚父，飛龍閑廐副使程元振爲右監門將軍。流宦官朱光輝、啖庭瑤、陳仙甫等於黔中。

五月己卯朔，以李輔國爲司空兼中書令，餘如故。辛卯，制曰：「三年之喪，天下達禮，苟或變革，何以教人？朕遘此閔凶，攀號罔極，公卿固請，俾聽朝務，斬焉縗絰，痛貫心靈，豈可便議公除，遽移諒闇。昨見所司儀注，今月十三日大祥，十五日從吉。仰憑遺制，又欲抑予，竊惟哀思，深謂未可。其百僚並以此釋服，朕將繼武丁之道，素冠之詩，恭默再周，不忍權奪。凡庶在位，宜悉哀懷。」宰臣苗晉卿等三上表請依遺制〔二〕，方聽政。丙戌，嗣魯王宇改封鄒王，奉節郡王适進封魯王，李光弼進封臨淮王。貶禮部尚書蕭華爲陝州司馬。改行乾元錢，重稜小錢一當二，重稜大錢一當三。丙申，以戶部侍郎元載同中書門下平章事，充度支轉運使。改乾元大小錢並一當一。丁酉，御丹鳳樓，大赦。子儀、光弼、李光進諸道節度使並加實封，四月十七日立功人並號「寶應功臣」。內外文武官三品已上進爵，四品已下加階。諸州防禦使並停。內外官三考一轉。益昌郡王邈進封鄭王，延慶郡王迥進封韓王。故庶人皇后王氏、故庶人太子瑛、鄂王瑤、光王琚並宜復封號。棣王琰、永王璘並與昭雪。建昌王追封齊王，崇恩王追封衞王，靈昌王追封鄆王。壬寅，以來瑱復爲襄州刺史、山南東道節度使。

六月己酉朔，百僚臨于西宮，上不視朝。自是每朔望皆如之，迄于山陵。凡人臣有事辭見，先臨西宮，然後詣朝。改豫州爲蔡州，避上名也。侍中苗晉卿以老疾，請三日一入中書，從之。己未，罷尚父李輔國判元帥行軍及兵部尚書、閑廄等使。輔國請遜位。辛酉，以輔國爲博陸王〔三〕，罷中書令，許朔望。壬申，以通州刺史劉晏爲戶部侍郎、兼御史大夫、京兆尹，充度支轉運鹽鐵諸道鑄錢等使。

秋七月己卯朔。辛巳，觀軍容使魚朝恩封馮翊郡開國公，宦官程元振爲鎭軍大將軍、保定郡開國公。乙酉，襄州刺史裴莪長流費州〔四〕，賜死於藍田驛。庚寅，詔不許匭使閱投匭人文狀。賜道州司馬敬羽自盡。來瑱自襄州來朝，郭子儀自河中來朝。

八月己酉朔。自七月不雨，至此月癸丑方雨。庚午夜，西北有赤光亙天，貫紫微，漸移東北，彌漫半天。貶太子少傅李遵爲袁州刺史。台州賊袁晁陷台州，連陷浙東州縣。

九月丁丑朔，魯王适改封雍王。以山南東道節度使來瑱爲兵部尚書、同中書門下平章事，節度如故。程元振進封邠國公。丙申，右僕射、山陵使裴冕貶施州刺史。戊戌，迴紇登里可汗率衆來助國討逆，令御史大夫尙衡宣慰之。甲午，太州至陝州二百餘里黃河清，澄澈見底。甲午，祕書監韓穎、中書舍人劉烜配流嶺表，尋賜死，坐狎昵李輔國也。

冬十月辛酉，詔天下兵馬元帥雍王統河東、朔方及諸道行營、迴紇等兵十餘萬討史朝義，會軍於陝州。加朔方行營節度使、大寧郡王僕固懷恩同中書門下平章事。丁卯夜，盜殺李輔國於其第，竊首而去。戊辰，元帥雍王率諸軍進發，留郭英乂、魚朝恩鎭陝州。壬申，王師次洛陽北郊。甲戌，戰于橫水，賊大敗，俘斬六萬計。史朝義奔冀州。乙亥，雍王奏收東京、河陽、汴、鄭、滑、相、魏等州。乙酉，陝西節度使郭英乂權知東京留守。丁酉，僞恆州節度使張忠志以趙、定、深、恆、易五州歸順，以忠志檢校禮部尚書、恆州刺史，充成德軍節度使，賜姓名曰李寶臣。於是河北州郡悉平。賊范陽尹李懷仙斬史朝義首來獻，請降。

十二月庚戌，太子太師、邠國公韋見素薨。辛未，僕固懷恩爲尚書左僕射、兼中書令、靈州大都督府長史、河北副元帥。邛州新置鎮南軍。

是歲，江東大疫，死者過半。吐蕃陷我臨、洮、秦、成、渭等州。

二年春正月丁亥朔。甲午，戶部尚書、兼御史大夫、都統淮南節度觀察等使、越國公李峘卒。國子祭酒、兼御史大夫、京兆尹劉晏爲吏部尚書、同中書門下平章事，度支諸使如故。壬寅，制開府儀同三司、行兵部尚書、同中書門下平章事、充山南東道節度觀察處置等使、上柱國、潁國公來瑱削在身官爵，長流播州，尋賜死于路。

閏月戊申，以史朝義下降將李寶臣爲檢校禮部尚書、兼御史大夫、恆州刺史、淸河郡王，充成德軍節度使；薛嵩爲檢校刑部尚書、相州刺史、相衞等州節度使；李懷仙檢校兵部尚書、兼侍中、武威郡王、幽州節度使；田承嗣檢校戶部尚書、魏州刺史、鴈門郡王、魏博等州都防禦使。

二月甲午，迴紇登里可汗辭歸蕃。

三月甲辰朔，襄州右兵馬使梁崇義殺大將李昭，據城自固，乃授崇義襄州刺史、山南東道節度使。丁未，袁傪破袁晁之衆於浙東。玄宗、肅宗歸祔山陵。自三月一日廢朝，至於晦日，百僚素服詣延英門通名起居。

四月戊寅朔，太州依舊爲華州，太陰縣爲華陰縣。庚辰，河南副元帥李光弼奏生擒袁晁，浙東州縣盡平。辛巳，羣臣請上尊號。

五月癸卯朔。丙寅，尙書省試制舉人，命左右丞、侍郎對試，賜食如舊儀。太常卿杜鴻漸奏：「婚葬合給鹵簿，望於國立大功及二等已上親則給，餘不在給限。」從之。

六月癸酉朔。癸未，以陳鄭澤潞節度使李抱玉檢校司空，封武威郡王；河中節度使王昂檢校刑部尙書，封邵國公；同華節度使李懷讓檢校工部尙書：同日入省，宰相送上。甲申，以前淮西節度使王仲昇爲右羽林大將軍，兼御史大夫。六軍將軍兼大夫，自仲昇始也。甲午，觀軍容使魚朝恩自陝州入朝。上御達禮門，命公卿百僚觀兵馬。同華節度使李懷讓自殺，爲程元振所構。

秋七月壬寅朔。戊申，羣臣上尊號曰寶應元聖文武皇帝，御含元殿受册。壬子，御宣政殿宣制，改元曰廣德，大赦天下，常赦不原者咸赦除之。安祿山、史思明親族應在諸道，一切原免不問。民戶三丁免一丁庸，租稅依舊每畝二升。男子二十成丁，五十入老。元帥雍王兼尚書令，河北副元帥僕固懷恩加太保，迴紇登里可汗進徽號。功臣皆賜鐵券，藏名太廟，畫像凌烟閣。刺史、縣令自今後改轉，刺史以三年爲限，縣令四年爲限，員外及攝試，不得釐務。丁巳，僕固瑒兼御史大夫，充朔方行營節度。是月，吐蕃大寇河、隴，陷我秦、成、渭三州，入大震關，陷蘭、廓、河、鄯、洮、岷等州，盜有隴右之地。

八月，以荆南節度使李峴爲宗正卿。

九月壬戌朔，僕固懷恩拒命於汾州，遣宰臣裴遵慶往宣撫之。己丑，吐蕃寇涇州，刺史高暉以城降，因爲吐蕃鄉導。

冬十月庚午朔。辛未，高暉引吐蕃犯京畿，寇奉天、武功、盩厔等縣。蕃軍自司竹園渡渭，循南山而東。丙子，駕幸陝州。上出苑門，射生將王獻忠率四百騎叛，脅豐王已下十王歸京。從官多由南山諸谷赴行在。郭子儀收合散卒，屯於商州。丁丑，次華州，官吏藏竄，無復儲擬。會魚朝恩領神策軍自陝來迎駕，乃幸朝恩軍。戊寅，吐蕃入京師，立廣武王承宏爲帝，仍逼前翰林學士于可封爲制封拜。辛巳，車駕至陝州。子儀在商州，會六軍使張知節、烏崇福、長孫全緒等率兵繼至，軍威遂振。舊將王甫誘聚京城惡少，齊擊街鼓於朱雀街，蕃軍震懾，狼狽奔潰。庚寅，子儀收京城。壬辰，以宰臣元載判天下元帥行軍司馬，京兆尹、兼吏部侍郎嚴武爲黃門侍郎，朗州刺史第五琦爲京兆尹、兼御史大夫。癸巳，以郭子儀爲京留守。高暉聞吐蕃潰，以三百騎東奔至潼關，爲關守李伯越所殺。

十一月辛丑朔，太常博士柳伉上疏，以蕃寇犯京師，罪由程元振，請斬之以謝天下。上甚嘉納，以元振有保護之功，削在身官爵，放歸田里。

十二月甲辰，宦官市舶使呂太一逐廣南節度使張休，縱下大掠廣州。丁亥，車駕發陝郡還京。辛卯，鄂州大風，火發江中，焚船三千艘，焚居人廬舍二千家。甲午，上至自陝州。乙未，以侍中苗晉卿爲太保，黃門侍郎、同平章事裴遵慶爲太子少傅，並罷知政事；宗正卿、梁國公李峴爲黃門侍郎、同中書門下平章事。丙申，放廣武王承宏于華州，一切不問。丁酉，朔方行營節度使僕固瑒爲帳下梟首來獻。懷恩聞瑒死，燒營遁入吐蕃。朝臣稱賀，上不悅，曰：「朕之涼德，信不及人，致勳臣顚覆，用增愧恧，何至賀焉！」程元振自三原縣衣婦人服入京城，京兆府擒之以聞，乃下御史臺鞫問。吐蕃陷松州、維州、雲山城、籠城。

二年春正月己亥朔。壬寅，御史臺以程元振獄狀聞，配流溱州。既行，追念舊勳，特矜遐裔，令於江陵府安置。甲辰，復置京畿觀察使，以御史中丞領之。癸卯，尙書右丞顏眞卿爲刑部尙書、兼御史大夫，充朔方宣慰使。癸亥，吏部尙書、同平章事、度支轉運使劉晏爲太子賓客，黃門侍郎、同平章事李峴爲太子詹事，並罷知政事。以前右散騎常侍王縉爲黃門侍郎，太常卿杜鴻漸爲兵部侍郎，並同中書門下平章事。罷度支使，以戶部侍郎第五琦專判度支及諸道鹽鐵、轉運、鑄錢等使。甲子，元帥、尙書令雍王三上章讓皇太子。第五琦奏諸道置常平倉使司，量置本錢和糴，許之。丁卯，司徒、兼中書令郭子儀充河東副元帥、河中等處觀察，兼雲州大都督、單于鎭北大都護。

二月己巳朔，册天下兵馬元帥、尙書令、雍王适爲皇太子。癸酉，上親薦獻太淸宮、太廟。乙亥，祀昊天上帝於圜丘，卽日還宮。戊寅，以澧州刺史裴冕爲左僕射兼御史大夫，充東都、河南、江南、淮南轉運使。乙未，第五琦開決汴河。

五月丁酉朔。戊午，敕中書、門下兩省加置散騎常侍四員，官爲正三品。庚申，罷歲貢孝悌力田、童子等科。甲子，禁鈿作珠翠等，委所司切加捉搦。癸未，制：「太保、兼中書令、靈州大都督府長史、單于鎭北副大都護、充朔方節度、關內度支營田鹽池押諸蕃部落副大使、知節度事、六城水運使、河北副元帥、上柱國、大寧郡王僕固懷恩，先任靈州大都督府長史、單于鎭北副元帥、朔方節度使宜並停，其太保、兼尙書令、大寧郡王如故。」

七月己酉，河南副元帥、太尉、兼侍中、臨淮王李光弼薨於徐州，廢朝三日。判度支第五琦兼京兆尹、御史大夫。

八月丁卯，宰臣王縉爲侍中，持節都統河南、淮西、淮南、山南東道節度行營事，進封太原郡公。固讓侍中，從之。宰相杜鴻漸判門下省事。癸巳，王縉兼領東京留守。

九月乙未朔。丙申，詔徵河中兵討吐蕃，將發，是夜軍衆諠譟，刦節度使崔寓家財及民家財產殆盡，皆重裝而行，吏不能禁。自七月大雨未止，京城米斗值一千文。蝗食田。丙午，河東節度使辛雲京檢校尚書右僕射、同中書門下平章事、太原尹、北京留守。己酉，江南西道觀察、洪州刺史張鎬卒。辛亥，河東副元帥、中書令、汾陽郡王郭子儀加太尉，充北道邠寧、涇原、河西已東通和吐蕃及朔方招撫使；陳鄭、澤潞節度使李抱玉進位司徒，充南道通和吐蕃使、鳳翔秦隴臨洮已東觀察使。子儀三表懇讓太尉，許之。己未，劍南節度嚴武攻拔吐蕃當狗城，破蕃軍七萬。尚書左丞楊綰知東京選，禮部侍郎賈至知東都舉，兩都分舉選，自此始也。辛酉，以太子詹事李峴爲吏部尚書、兼御史大夫，知江南東西及福建道選事，幷觀農宣慰使；仍命洪州刺史李勉副知選事。

是秋，蝗食田殆盡，關輔尤甚，米斗千錢。

冬十月丙寅，僕固懷恩引吐蕃二萬寇邠州，節度使白孝德閉城拒守。丁卯，寇奉天，京師戒嚴。先鋒郭晞斬賊營於邠州西，俘斬數百計。子儀屯涇陽，蕃軍挑戰，子儀不出。甲申，河南尹蘇震卒。劍南嚴武奏收吐蕃鹽川城。

十一月乙未，懷恩與蕃軍自潰，京師解嚴。丁未，子儀自涇陽入覲，詔宰臣百僚迎之於開遠門，上御安福寺待之。

十二月乙丑，加子儀關內、河中副元帥兼尚書令，吏部侍郎暢璀爲左散騎常侍、河中尹。子儀三表讓尚書令，詞情懇切，優詔從之。丁卯夜，星流如雨。戊辰，子儀於都省領副元帥事，宰臣百僚送，仍令射生五百騎戎服自光範門送至省門，右僕射郭英乂以樂迎之。是日便赴奉天。

是歲，戶部計帳，管戶二百九十三萬三千一百二十五，口一千六百九十二萬三百八十六。

永泰元年春正月癸巳朔，制曰：

叶五紀者，建號以體元；授四時者，布和而順氣。天心可見，人欲是從，爰立大中之道，式受惟新之命。朕嗣膺下武，獲主萬方，顧以薄德，乘茲艱運，戎虜問罪，今已十年。飲至策勳，惟凶渠之授首；勞師黷武，豈人主之用心。軍役屢興，干戈未戢，茫茫士庶，斃于鋒鏑。皇穹以朕爲子，蒼生以朕爲父，至德不能被物，精誠不能動天。俾我生靈，淪於溝壑，非朕之咎，孰之過歟？朕所以馭朽懸旌，坐而待曙，勞懷罪己之念，延想安人之策。亦惟羣公卿士，百辟庶僚，咸聽朕命，協宣乃力，履淸白之道，還淳素之風。率是黎元，歸于仁壽，君臣一德，何以尙兹。迺者刑政不修，惠化未洽，旣盡財力，良多抵犯，靜惟哀矜，實軫于懷。今將大振綱維，益明懲勸，肇舉改元之典，弘敷在宥之澤，可大赦天下，改廣德三年爲永泰元年。

是日雪盈尺。戊申，澤潞李抱玉兼鳳翔隴右節度使，兼南道通和吐蕃、鳳翔秦隴臨洮已東觀察處置等使，仍命四鎭行營節度使馬璘爲副和吐蕃使。癸丑，罷岐州之鳳翔縣，併入天興縣。乙卯，左散騎常侍高適卒。戊午，劍南節度使嚴武加檢校吏部尙書，山南節度使張獻誠加檢校工部尙書。以前太子少保王璵爲太子少師，前袁州刺史李遵爲太子少保，聽朝朔望。

二月甲子夜，雷霆震擊。丁丑，內出宮女千人，品官六百人守洛陽宮。戊寅，党項羌寇富平，焚定陵寢殿。庚辰，儀王璲薨。諸陵署復隸太常寺。戊子，河西党項永、定等十二州部落內屬，請置宜、芳等十五州，許之。

三月壬辰朔，詔左僕射裴冕、右僕射郭英乂、太子少傅裴遵慶、檢校太子少保白志貞、太子詹事臧希讓、左散騎常侍暢璀、檢校刑部尙書王昂高昇、檢校工部尙書崔渙、吏部侍郎李季卿王延昌、禮部侍郎賈至、涇王傅吳令瑤等十三人，並集賢院待詔。上以勳臣罷節制者，京師無職事，乃合於禁門書院，間以文儒公卿，寵之也。仍特給飧本錢三千貫。庚子夜，降霜，木有冰。歲饑，米斗千錢，諸穀皆貴。丙午，鳳翔李抱玉讓司徒，從之，授左僕射、同平章事。庚戌，吐蕃請和。詔宰臣元載、杜鴻漸與蕃使同盟于興唐寺。辛亥，大風拔木。是春大旱，京師米貴，斛至萬錢。

夏四月己巳，乃雨。戊子，太保致仕苗晉卿薨。庚寅，劍南節度使、檢校吏部尚書嚴武卒。

五月癸丑，以尚書右僕射、定襄郡王郭英乂爲成都尹、御史大夫，充劍南節度使。是月麥稔。判度支第五琦奏請十畝稅一畝，效古什一而徵，從之。

六月癸亥，吏部尚書李峴南選迴，至江陵，貶衢州刺史。自春無雷，至此月甲申，大風而雷。代州置代北軍，平州置柳城，析通州石鼓縣置巴渠縣。

秋七月辛卯朔，淄青節度使侯希逸爲副將李懷玉所逐。制以鄭王邈爲平盧、淄青節度大使，令懷玉權知留後事。以久旱，遣近臣分錄京城諸獄繫囚。甲午，昇平公主出降駙馬都尉郭曖。庚子，雨。時久旱，京師米斗一千四百，他穀食稱是。

八月乙亥，河南道副元帥、涇原節度使馬璘封扶風郡王。

九月辛卯，太白經天。丁酉，僕固懷恩死于靈州之鳴沙縣。時懷恩誘吐蕃數十萬寇邠州，客將尙品息贊磨、尙悉東贊等寇奉天、醴泉，党項羌、渾、奴剌寇同州及奉天，逼鳳翔府、盩厔縣，京師戒嚴。時以星變，羌虜入寇，內出仁王佛經兩輿付資聖、西明二佛寺，置百尺高座講之。及奴虜寇逼京畿，方罷講。己酉，郭子儀自河中至，進屯涇陽，李忠臣屯東渭橋，李光進屯雲陽，馬璘、郝玉屯便橋，駱奉仙、李伯越屯盩厔，李抱玉屯鳳翔，周智光屯同州，杜冕屯坊州。上親率六軍屯苑內。庚戌，下詔親征。內官魚朝恩上言，請括私馬，京城男子悉皁衣團結，塞京城二門之一。士庶大駭，有踰垣鑿竇出城者，吏不能禁。自丙午至甲寅大雨，平地水流。丁巳，吐蕃大掠京畿男女數萬計，焚廬舍而去。同華節度周智光以兵追擊于澄城，破賊萬計。

冬十月己未，復講仁王經於資聖寺。吐蕃至邠州，與迴紇相遇，復合從入寇。辛酉，逼奉天。癸亥，党項攻同州，焚州民廬舍。丁丑，郭子儀說諭迴紇，令與吐蕃疑貳。庚辰，子儀先鋒將白元光合迴紇軍擊吐蕃之衆於靈臺縣之西原，斬首五萬級，俘獲人畜凡三百里不絕。辛巳，京師解嚴。壬午，僕固懷恩大將僕固名臣以千騎來降。詔稅百官錢，市絹十萬以賞迴紇。乙酉，迴紇首領胡祿都督來朝。癸卯，朔方將李迴方奏收靈武郡。丁亥，分宣、饒、歙戶口於秋浦縣置池州，分信州弋陽置貴溪縣。

閏十月辛卯，以京兆少尹黎幹爲京兆尹。丙午，封朔方大將孫守亮等九人爲異姓王，李國臣等十三人爲同姓王。丁未，百僚上表，以軍興急於糧餉，請納職田以助費，從之。戊申，進封渭北節度使李光進爲武威郡王；以刑部侍郎路嗣恭檢校工部尙書、兼御史大夫、靈州大都督府長史，充關內副元帥，兼知朔方節度等使。劍南節度使郭英乂爲其檢校西山兵馬使崔旰所殺，邛州柏茂林、瀘州楊子琳、劍南李昌巙皆起兵討旰，蜀中亂。

十一月，宰臣河南都統王縉請減諸道軍資錢四十萬貫修洛陽宮，從之。

十二月己酉，敕：「如聞諸州承本道節度、觀察使牒，科役百姓，致戶口凋弊，此後委轉運使察訪以聞。」

二年春正月丁巳朔，大雪平地二尺。壬申，減子孫襲實封者半租，永爲常式。乙酉，制：

治道同歸，師氏爲上，化人成俗，必務于學。俊造之士，皆從此途，國之貴遊，罔不受業。修文行忠信之教，崇祗庸孝友之德，盡其師道，乃謂成人。然後揚于王庭，敷以政事，徵之以理，任之以官，置於周行，莫匪邦彥，樂得賢也，其在茲乎！朕志承理體，尤重儒術，先王設教，敢不虔行。頃以戎狄多虞，急於經略，太學空設，諸生蓋寡。絃誦之地，寂寥無聲，函丈之間，殆將不掃，上庠及此，甚用閔焉。今宇縣乂寧，文武並備，方投戈而講藝，俾釋菜以行禮。使四科咸進，六藝復興，神人以和，風化浸美，日用此道，將無間然。其諸道節度、觀察、都防禦等使，朕之腹心，久鎮方面，眷其子弟，爲奉義方，修德立身，是資藝業。恐干戈之後，學校尚微，僻居遠方，無所咨稟，負經來學，宜集京師。其宰相朝官、六軍諸將子弟，欲得習學，可並補國子學生。其中身雖有官，欲附學讀書者亦聽。其學官委中書門下選行業堪爲師範者充。其學生員數，所習經業，供承糧料，增修學館，委本司條奏以聞。

丙戌，以戶部尚書劉晏充東都京畿、河南、淮南、江南東西道、湖南、荆南、山南東道轉運、常平、鑄錢、鹽鐵等使，以戶部侍郎第五琦充京畿、關內、河東、劍南西道轉運、常平、鑄錢、鹽鐵等使。至是天下財賦，始分理焉。

二月丁亥朔，釋奠於國學，賜宰臣百官飧錢五百貫，於國學食。壬辰，鎮南都護依舊爲安南都護府。乙未，貶刑部尚書顏眞卿爲峽州員外別駕，以不附元載，載陷之於罪也。壬子，命黃門侍郎、同平章事杜鴻漸兼成都尹，持節充山南西道、劍南東川等道副元帥，仍充劍南西川節度使，以平郭英乂之亂也。以四鎮行營節度使馬璘兼邠州刺史。癸丑，以山南西道節度使、梁州刺史張獻誠兼充劍南東川節度觀察使；邛州刺史柏茂林充邛南防禦使，劍南西山兵馬使崔旰爲茂州刺史、充劍南西山防禦使，從杜鴻漸請也。

三月辛未，張獻誠與崔旰戰于梓州，爲旰所敗，僅以身免。

夏四月辛亥，詔尚書省郎中授中州刺史，員外郎授下州刺史，爲定制。

五月丙辰，稅青苗地錢使、殿中侍御韋光裔諸道稅地迴，是歲得錢四百九十萬貫。自乾元已來，天下用兵，百官俸錢折，乃議於天下地畝青苗上量配稅錢，命御史府差使徵之，以充百官俸料。每年據數均給之，歲以爲常式。

六月戊戌，以淮南節度使崔圓檢校尚書右僕射。自春旱，此月庚子始雨。丁未，日重輪。其夜，月重輪。

秋七月辛酉，檢校兵部尚書、衢州刺史李峴卒。自五月大雨，洛水泛溢，漂溺居人廬舍二十坊。河南諸州水。加荆南節度使衞伯玉檢校工部尚書。癸未，太廟二室芝草生。

八月丁亥，國子監釋奠復用牲牢。上元二年，詔諸祠獻熟，至是魚朝恩請復舊制。壬寅，以茂州刺史崔旰爲成都尹、兼御史大夫、劍南西川節度行軍司馬，邛南防禦使、邛州刺史柏茂林爲邛南節度使，從杜鴻漸所請也。癸卯，太子少保裴遵慶爲吏部尚書，吏部尚書崔寓爲太子少傅。甲辰，以開府儀同三司、右監衞大將軍、觀軍容宣慰處置使、神策軍兵馬使、上柱國、馮翊郡開國公魚朝恩加內侍監、判國子監事，充鴻臚禮賓等使，進封鄭國公。辛亥，以檢校禮部尚書裴士淹充禮儀使。

九月庚申，京兆尹黎幹以京城薪炭不給，奏開漕渠，自南山谷口入京城，至薦福寺東街，北抵景風、延喜門入苑，闊八尺，深一丈。渠成，是日上幸安福門以觀之。丙子，宣州刺史李侁坐贓二十四萬貫，集衆杖死，籍沒其家。

冬十月癸未朔。己丑，宗正卿吳王祇奏上皇室永泰新論二十卷，太常博士柳芳撰。和蕃使楊濟與蕃使論位藏等來朝。丙申，令宰臣宴論位藏於中書省。

十一月甲寅，乾陵令於陵署得赤兔以獻。丙辰，詔：

古者量其國用，而立稅典，必於經費，由之重輕。公田之籍，可謂通制；履畝而稅，斯誠弊法。所期折中，以便於時。億兆不康，君孰與足？故愛人之體，先以博施；富國之源，必均節用。朕自臨宸極，比屬艱難，嘗欲闡淳朴之風，守冲儉之道，每念黎庶，思致和平。而邊事猶殷，戎車屢駕，軍興取給，皆出邦畿。九伐之師，尙勤王略；千金之費，重困吾人。乃者遵冉有之言，守周公之制，什而稅一，務於行古。今則編戶流亡，而墾田減稅，計量入之數，甚倍征之法，納隍之懼，當宁軫懷。慮失三農，憂深萬姓，務從省約，稍冀蠲除，用申勤卹之懷，以救惸嫠之弊。京兆府今年合徵八十二萬五千石數內，宜減放一十七萬五千石，靑苗地頭錢宜三分取一。在京諸司官員久不請俸，頗聞艱辛。其諸州府縣官，及折衝府官職田，據苗子多少，三分取一，隨處糶貨，市輕貨以送上都，納靑苗錢庫，以助均給百官。

甲子，日長至，上御含元殿，下制大赦天下，改永泰二年爲大曆元年。十二月己亥，彗起匏瓜，其長尺餘，犯宦者星。癸卯，同華節度使周智光專殺陝州監軍張志斌、前虢州刺史龐充，據華州謀叛。

是冬無雪。

二年春正月壬子朔。丁巳，密詔關內、河東副元帥郭子儀治兵討周智光。壬戌，貶智光爲澧州刺史。甲子，以兵部侍郎張仲光爲華州刺史、潼關防禦使，大理卿敬括爲同州刺史、長春宮等使。是日，周智光帳下將斬智光幷子元耀、元幹三首，傳之以獻。己巳，詔潼關置兵三千。癸酉，詔：

天文著象，職在於疇人；讖緯不經，蠹深於疑衆。蓋有國之禁，非私家所藏。雖裨竈明徵，子產尙推之人事；王彤必驗，景略猶置於典刑。況動皆詭謬，率是矯誣者乎！故聖人以經籍之義，資理化之本，側言曲學，實紊大猷；去左道之亂政，俾彝倫而攸敍。自四方多故，一紀于茲，或有妄庸，輒陳休咎；假造符命，私習星曆。共肆窮鄉之辯，相傳委巷之譚，作僞多端，順非僥澤。熒惑州縣，詿誤閭閻，壞紀挾邪，莫逾於此。其玄象器局、天文圖書、七曜曆、太一雷公式等，私家不合輒有。今後天下諸州府，切宜禁斷，本處分明牓示，嚴加捉搦。先藏蓄此等書者，敕到十日內送官，本處長吏集衆毁。限外隱藏爲人所告者，先決一百，留禁奏聞。所告人有官即與超資注擬，無官給賞錢五百貫。兩京委御史臺處分。各州方面勳臣，洎百僚庶尹，罔不誠亮王室，簡朕心，無近憸人，愼乃有位，端本靜末，其誠之哉！丁丑，升魏州爲大都督府。戊寅，敕：「同、華兩州，頃因盜據，民力凋殘，宜給復二年，一切免。」庚辰，禁王公宗子郡縣主之家，不得與軍將婚姻交好，委御史臺察訪彈奏。

二月壬午，幸昆明池踏青。丙戌，封華州牙將姚懷爲感義郡王，李延俊爲承化郡王，斬智光之功也。郭子儀自河中來朝。癸卯，宰臣元載王縉、左僕射裴冕、戶部侍郎第五琦京兆尹黎幹各出錢三十萬，置宴於子儀之第。

三月辛亥夜，大風。丁巳，河中府獻玄狐。汴宋節度使田神功來朝。戊辰，貶太子保李遵永州司馬，坐贓也。甲戌，魚朝恩宴子儀、宰相、節度、度支使、京兆尹於私第。亥，子儀亦置宴于其第。戊寅，田神功宴于其第。時以子儀元臣，寇難漸平，蹈舞王化，置酒連宴。酒酣，皆起舞。公卿大臣列坐於席者百人。子儀、朝恩、神功一宴費至十萬貫

夏四月己亥，以江南西道都團練觀察等使、洪州刺史李勉爲京兆尹〔五〕，刑部侍郎魏遊爲洪州刺史、兼御史大夫、江西觀察團練等使。庚子，宰臣內侍魚朝恩與吐蕃同盟於興

寺〔六〕。丙午，加田神功檢校右僕射。癸酉，以工部侍郎徐浩爲廣州刺史、嶺南節度觀察使。六月戊戌，山南、劍南副元帥杜鴻漸自蜀入朝。壬寅，荆南節度使衞伯玉封城陽郡王。癸卯，御史大夫王翊卒。

秋七月戊申朔，以右散騎常侍于休烈爲檢校工部尚書、知省事。時方面勳臣升八座者多非正員，朝命正員者以知省事爲名。以中書舍人張延賞檢校河南尹。丙寅，以劍南西川節度行軍司馬崔旰爲劍南西川節度觀察等使，遂州刺史杜濟爲劍南東川節度觀察等使。以杭州刺史張伯儀爲安南都護。癸酉，析道州延唐縣置大曆縣。甲戌酉時，有白氣竟天。

八月庚辰，鳳翔節度使李抱玉來朝。壬午，月入氐。丙戌，渤海朝貢。辛卯，潭、衡水災。丙申，月犯畢。壬寅，太常卿、駙馬都尉姜慶初得罪，賜自盡。敕陵廟署復隸宗正寺。

九月戊申朔，歲星守東井七日。甲寅，吐蕃寇靈州，進寇邠州。詔子儀率師三萬，自河中鎮涇陽，京師戒嚴。戊午夜，白霧起西北竟天。子儀移鎮奉天。乙丑晝，有大流星出于午，沒于亥。命左丞李涵宣慰河北。熒惑犯南斗。辛未，靺鞨使來朝。桂州山獠陷州城，刺史李良遁去。

十月戊寅，靈州奏破吐蕃二萬，京師解嚴。甲申，減京官職田三分之一，給軍糧。乙酉，醴泉出于櫟陽，飲之愈疾。迴紇、党項使來朝。癸卯，上御紫宸殿，策試茂才異行、安貧樂道、孝悌力田、高蹈不仕等四科舉人。

十一月庚申，改黃門侍郎依舊爲門下侍郎。詔曰：「春秋以九命作上公，而謂之宰臣者，三公之職。漢制：中書令出納詔命，典司樞密；侍中上殿稱制，參議政事。魏、晉已還，益重其任。職有關於公府，事不係於尚書，雖陳啓沃之謀，未專宰臣之稱，所以委遇斯大，品秩非崇。至于國朝，實執其政，當左輔右弼之寄，總代天理物之名，典領百僚，陶鎔景化。豈可具瞻之地，命數不加，固當進以等威，副其僉屬。其侍中、中書令宜升入正二品，門下、中書侍郎升入正三品。」壬戌夜，月暈南北河、東井，鎭星入輿鬼，久之方散。甲子，月去軒轅一尺。己丑，率百官京城士庶出錢以助軍。壬申，京師地震，自東北來，其聲如雷。

十二月甲申，鳳翔李抱玉來朝。丁酉，太原節度使辛雲京來朝。熒惑入壁壘。戊戌，黑氣如塵，竟北方。

是秋，河東、河南、淮南、浙江東西、福建等道五十五州奏水災。

三年春正月丙午朔。辛亥，劍南西山置乾州〔七〕，管招武、寧遠二縣。壬子夜，月掩畢。甲子，册新羅國王金乾運母爲太妃。甲戌，以工部侍郎蔣渙爲尚書左丞，浙西團練觀察使、蘇州刺史韋元甫爲尚書右丞，左丞李涵、右丞賈至並爲兵部侍郎。乙亥，永和公主薨。

二月己卯，以常州刺史李栖筠爲蘇州刺史、兼御史中丞、浙西團練觀察使。壬午，邠寧節度使馬璘來朝。

三月乙巳朔，日有蝕之。壬申，割恆州行唐縣置泜州〔八〕，以靈壽、恆陽隸之。

夏四月戊寅，以山南西道節度使、鄧國公張獻誠爲檢校戶部尚書，以疾辭位也。右羽林將軍張獻恭爲梁州刺史、兼御史中丞，充山南西道節度觀察使，兄獻誠所薦也。壬寅，滑亳節度使令狐彰加檢校工部尚書。劍南西川節度使、兼御史大夫崔旰來朝。

五月戊申，加崔旰檢校右散騎常侍。乙卯，追謚故齊王倓爲承天皇帝，興信公主亡女張氏爲恭順皇后，祔葬。辛酉，改桂州臨源縣爲全義縣。癸酉，以左散騎常侍崔昭爲京兆尹。是日地震。戊辰，以劍南西川節度使崔旰檢校工部尚書，改名寧。寧爲柏茂林、楊子琳所攻，寧既入朝，子琳乘虛襲據成都府。朝廷憂之，即日詔寧還成都。庚午，以邛州刺史鮮于叔明爲梓州刺史，充劍南東川節度使。

六月戊子，承天皇帝祔奉天皇帝廟，同殿異室。庚寅，太子少師王璵卒。壬辰，幽州節度使、檢校侍中、幽州大都督府長史李懷仙爲麾下兵馬使朱希彩所殺。庚子，淮南節度使、檢校尚書左僕射、知省事、揚州大都督府長史、趙國公崔圓卒。

閏月己酉，郭子儀加司徒。庚申，宰臣充河南副元帥王縉兼幽州節度使。以尚書右丞韋元甫揚州大都督府長史、兼御史大夫，充淮南節度觀察等使。丁卯，以幽州節度副使、試太常卿朱希彩知幽州留後。遣兵部侍郎李涵兼御史大夫，使河北宣慰，以幽州亂故也。庚午，相州薛嵩、魏州田承嗣、恆州李寶臣並加左右僕射。

七月壬申，崔寧弟寬攻破楊子琳，收復成都府。是月，五星並聚於東井，占曰：中國之利也。乙亥，王縉赴鎮州。

八月己未，月掩畢。辛酉，月入東井。壬戌，吐蕃十萬寇靈武。熒惑犯太微垣。丁卯，吐蕃寇邠州，京師戒嚴。戊辰，邠寧節度使馬璘破吐蕃二萬於邠州。御史大夫崔渙爲稅地青苗錢使，給百官俸錢不平，詔尚書左丞蔣渙按鞫，貶崔渙爲道州刺史。庚午，河東節度使、檢校左僕射、太原尹、同中書門下平章事辛雲京卒。門下侍郎、同中書門下平章事、兼幽州長史、持節、河南副元帥、都統河南淮西山南東道諸節度行營、兼幽州盧龍等軍節度使、太微宮使、弘文館大學士、兼東都留守、齊國公王縉兼太原尹、北都留守，充河東軍節度，餘官使並如故。辛未，以門下侍郎、同中書門下平章事、山劍副元帥、太淸宮使、崇玄館大學士杜鴻漸兼東都留守。

九月壬申，郭子儀自河中移鎮奉天。歲星入輿鬼。丁丑，濟王環薨。熒惑入太微垣。壬午，吐蕃寇靈州。甲申，以尚書左丞蔣渙爲華州刺史，充鎮國軍潼關防禦使。丙戌，檢校戶部尚書、知省事、鄧國公張獻誠卒。丁亥，工部尚書趙國珍卒。庚寅，以前華州刺史張重光爲尚書左丞。壬辰，靈州將白元光破吐蕃二萬於靈武。戊戌，靈武奏破吐蕃六萬，百僚稱賀，京師解嚴。

冬十月甲寅，朔方留後、靈武大都督府長史常謙光加檢校工部尚書。乙未，以京兆尹李勉爲廣州刺史，充嶺南節度使。丁卯，子儀自奉天來朝。

十一月丁亥，幽州留後朱希彩爲幽州長史，充幽州盧龍節度使。癸巳，加廊下百官廚料，增舊五分之一。

十二月壬寅，道州刺史崔渙卒。己酉，以邠寧節度使馬璘爲涇原節度，移鎭涇州，其邠寧割隸朔方軍。邠州將吏以燒馬坊爲亂，兵馬使段秀實斬其兇首八人，方定。

四年春正月庚午朔。甲戌，大風。乙亥，大雪，平地盈尺。甲申，日有蝕之。子儀回河中。戊子，敕有司定王公士庶每戶稅錢，分上、中、下三等。宗室潁州刺史李岵專殺，法司以議親，宜賜自盡。乙未，福建觀察使李承昭請徙汀州於長汀縣之白石村，從之。黑衣大食國使朝貢。

二月乙巳，以瀘州刺史楊子琳爲陝州刺史。乙卯，宰臣杜鴻漸讓山劍副元帥，從之。丙辰夜，地震，有聲如雷者三。辛酉，以湖南都團練觀察使、衡州刺史韋之晉爲潭州刺史，因是徙湖南軍於潭州。江西團練使魏少遊來朝。

三月壬申，詔：

夫計人而置官，度事而賦任，因時立制，損益在焉。吏足以理人，人足以奉吏，則官稱其祿，祿當其秩，然後上下相樂，公私不匱。昔漢光武時及魏太和中，並減吏員，兼省鄉邑，致理之道，此其一隅。今連歲治戎，天下凋瘵，京師近甸，煩苦尤重，比屋流散，念之惻然。人寡吏多，困於供費，欲其蘇息，不可得也。設令廉恥守分，以奉科條，猶有祿廩之煩，役使之弊；而況貪猾縱欲，而動踰典章，作威以虐下，厚斂以潤己者乎！古者縣置大夫一員，足以爲治，奚必貳佐分掌而後治耶？且京畿戶口，減耗大半，職員如舊，何以堪之？豈可以重困之人，供不給之費。使人不倦，其在變通，制事之宜，式從省便。其京兆府長安、萬年宜各減丞一員、尉兩員，餘縣各減丞、尉一員。餘委吏部條件處分。

吏部尚書裴遵慶爲右僕射，劉晏改吏部尙書。庚寅，江西團練使魏少遊封趙國公。丙申，復置仙州。

夏四月壬寅，陝州虞邑縣復爲安邑縣，虢州天平縣復爲湖城縣。

五月丙戌，京師地震。辛卯，以僕固懷恩女爲崇徽公主，嫁迴紇可汗，仍令兵部侍郎李涵往册命。

六月丁酉，以太子詹事臧希讓檢校工部尚書，充渭北節度；以渭北節度李光進爲太子太保。辛亥，升辰州爲都督府，析辰、巫、溪、錦、業等州置團練觀察使。

秋七月己巳，以澧州刺史崔瓘爲潭州刺史、湖南都團練觀察使。癸未，以天下刑官濫刑，詔：

至理之代，先德後刑，上歡然以臨下，下欣然而奉上，禍亂不作，法令可施。去聖久遠，薄於教化，簡書塡委，獄訟煩興。苛吏舞文，冤人致辟，思欲刷恥改行，厥路無由，豈天地父母慈愛之意也！朕主三靈之重，託羣后之上，夕惕若厲，不敢荒寧。內訪卿士，外咨方岳，日不暇給，八年于兹，而大道淳風，鬱而不振。四郊多壘，連歲備邊，師旅在外，役費尤廣，賦役轉輸，疾耗吾人，困竭無聊，窮斯濫矣。下庶暗昧，不見刑綱，戎士在軍，未習法令，犯禁抵罪，其徒實繁。狴犴之間，未詳事實，吏議不決，動淹時月，傷沮和氣，屢彰咎徵。此皆朕之不明，教之未至，上失其道而繩下以刑，敢不罪己以答災眚。人者君之支體，害之則君有所傷；刑者教之輔助，失之則人無所措。慮有冤濫，慘然憂傷，用明愼罰之典，俾弘在宥之澤。其天下見禁囚，死罪降從流，流已下釋放，左降、流人、移隸等，委所司奏聽進止。如聞州縣官比來率意恣行粗杖，不依格令，致使殞斃，深可哀傷。頻有處分，仍聞乖越。自今已後，非灼然蠹害，不得輒加非理，所司嚴加糾察以聞。

先是皇姨弟薛華因酒色之忿，手刃三人，棄屍於井，事發繫獄，賜自盡，故有是詔。

八月丙申朔。自夏四月連雨至此月，京城米斗八百文。官出米二萬石，減估而糶，以惠貧民。己卯，虎入長壽坊元載家廟，射生將周皓引弩斃之。

冬十月乙卯，以汝州刺史孟皞爲京兆尹。

十一月辛未，禁畿內弋獵。乙亥，門下侍郎、同中書門下平章事、衞國公杜鴻漸卒。丙子，以左僕射、冀國公裴冕同中書門下平章事，充東都留守、河南淮南淮西山南東道副元帥。

十二月乙未，敕左右補闕、拾遺、內供奉員左右各置兩員，餘罷之。戊戌，裴冕卒。辛酉，敕京兆府稅宜分作兩等，上等每畝稅一斗，下等稅六升，能耕墾荒地者稅二升。

五年春正月乙丑朔。辛卯，以陝州節度使皇甫溫判鳳翔尹，充鳳翔、河隴節度使；鳳翔節度使李抱玉判梁州事，充山南西道節度使。壬申，河南尹張延賞兼御史大夫，充東都留守。罷河南、淮西、淮南、山南東道副元帥，所管軍隸東都留守。

二月戊戌，李抱玉移鎭盩厔，鳳翔軍忿，縱兵大掠，數日乃止。己亥，廢仙州，以襄城、葉縣隸汝州。詔罷魚朝恩觀軍容使。己巳，朝恩自縊而死。戊寅，詔定京兆府戶稅。夏稅，上田畝稅六升，下田四升。秋稅，上田畝五升，下田三升。荒田開墾者二升。己丑，敕：

唐虞之際，內有百揆，庶政惟和。至于宗周，六卿分職，以倡九牧。書曰：龍作納言，帝命惟允。詩云：仲山甫，王之喉舌。皆尚書之任也。雖西漢以二府分理，東京以三公總務；至于領錄天下之綱，綜覈萬事之要，邦國善否，出納之由，莫不處正於會府也。令、僕以綜詳朝政，丞、郎以彌綸國典，法天地而分四序，配星辰而統五行，元本於是乎在。九卿之職，亦中臺之輔助，小大之政，多所關決。自王室多難，一紀于玆，東征西伐，略無寧歲。內外荐費，徵求調發，皆迫於國計，切於軍期，率於權便裁之，新書從事，且救當時之急，殊非致理之道。今外虞既平，罔不率俾，天時人事，表裏相符。將明畫一之法，大布惟新之命，陶甄化源，去末歸本。

魏、晉有度支尚書，校計軍國之用，國朝但以郎官署領，辦集有餘。時艱之後，方立使額，參佐既衆，簿書轉煩，終無弘益，又失事體。其度支使及關內、河東、山南西道、劍南西川轉運常平鹽鐵等使宜停。禮儀之本，職在奉常，往年置使，因循未改，有乖舊制，實曠司存。委太常卿自舉本職，其使宜停。漢朝丞相與公卿已下五日一決事，帝親斷可否。且國之安危，不獨注於將相；攷之理亂〔九〕，固亦在於庶官。尚書、侍郎、左右丞及九卿，參領要重，朕所親倚，固當朝夕進見，以之匡益也。並宜詳校所掌，具陳損益，如非時宜，須有奏議，亦聽詣閣請對，當親覽其意，擇善而從。

朕受昊天之成命，承累聖之鴻業，齊心滌慮，夙夜憂勞。顧以不敏不明，薄於德化，致使舊章多廢，至理未弘，其心愧恥，終食三歎。雖詔書屢下，以申振卹，且朝典未舉，猶深鬱悼。思與百辟卿士，勵精於理，俾國經王道，可舉而行，各宜承式，以恭爾位。諸州置屯亦宜停。

于是悉以度支之務委於宰相。辛卯，以兵部侍郎賈至爲京兆尹。以京西兵馬使李忠臣爲鳳翔尹，代皇甫溫；溫移鎮陝州。

夏四月庚子，湖南都團練使崔瓘爲其兵馬使臧玠所殺，玠據潭州爲亂。澧州刺史楊子琳、道州刺史裴虬、衡州刺史楊濟出軍討玠。乙巳夜，歲星入軒轅。丙午，復置先農、馬祖壇，祀之。丁未，封幽州節度使朱希彩爲高密郡王。己未夜，彗起五車，長三丈。庚申，宰臣太原尹王縉入朝。

五月辛未，刑部侍郎黎幹爲桂州刺史、桂管防禦經略招討觀察等使。己卯夜，彗起北方，其色白。庚辰，貶禮儀使、禮部尚書裴士淹爲虔州刺史，戶部侍郎、判度支第五琦爲饒州刺史，皆魚朝恩黨也。元載旣誅朝恩，下制罷使，仍放黜之。癸未，以羽林大將軍辛京杲爲潭州刺史、湖南觀察使。甲申，西北白氣竟天。徙置當、悉、柘、靜、恭五州於山險要害地〔一〇〕，備吐蕃也。

六月己未，彗星始滅，赦天下見禁囚徒。

秋七月丁卯，以浙東觀察使、越州刺史、御史大夫薛兼訓爲檢校工部尚書、太原尹、北都留守，充河東節度使。是月，京城斗米千文。

八月辛卯，宰臣元載上疏請置中都於河中府，秋杪行幸，春中還京，以避蕃戎侵寇之患。疏入不報。載疏大旨以關輔、河東等十州戶稅入奉京師，創置精兵五萬，以威四方，辭多捭闔，欲權歸於己也。

九月丁丑，以宣歙池等州都團練觀察使、宣州刺史、兼御史中丞陳少遊充浙江東道團練觀察使。吐蕃寇永壽。汴州田神功來朝。

十二月乙未，改巫州爲溆州，業州爲蔣州。

六年春正月己未朔。戊寅，於鄜州之鄜城置肅戎軍〔一一〕。二月乙酉，御史大夫敬括卒。夏四月丁巳，上御宣政殿試制舉人，至夕，策未成者，令太官給燭，俾盡其才。己未，濮州刺史楊子琳來朝，賜名猷。丁丑，改果州爲充州。戊寅，詔：「纂組文繡，正害女紅。今師旅未息，黎元空虛，豈可使淫巧之風，有虧常制。其綾錦花文所織盤龍、對鳳、麒麟、獅子、天馬、辟邪、孔雀、仙鶴、芝草、萬字、雙勝、透背，及大繝錦、竭鑿、六破已上，並宜禁斷。其長行高麗白錦、大小花綾錦，任依舊例織造。有司明行曉諭。」

五月癸卯，以河南尹張延賞爲御史大夫。

秋七月乙巳，月掩畢。

八月乙卯，淮南節度使韋元甫卒。丙辰，以東都副留守常休明爲檢校左散騎常侍、河陽三城使。夏旱，此月己未始雨。庚午，以御史大夫張延賞爲揚州大都督府長史、淮南節度使。丙午，以蘇州刺史、浙江觀察使李栖筠爲御史大夫。丁丑，獲白兔於太極殿之內廊。庚辰夜，月入紫微垣。

九月壬辰夜，熒惑犯哭星。自八月連雨，害秋稼。戊申，於輪臺置靜塞軍。辛亥，熒惑入壁壘。

冬十月壬午，滄州置橫海軍。

十一月己亥，文單國王婆彌來朝，獻馴象一十一。壬寅夜，月入太微，又掩氐。

十二月己未，江西觀察使、檢校刑部尚書魏少遊卒。庚午，制以文單王婆彌爲開府儀同三司、試殿中監。

是歲春旱，米斛至萬錢。

七年春正月癸未朔。戊子，於魏州頓邱縣置澶州。以頓邱縣之觀城店置觀城縣，以張之淸豐店置淸豐縣，幷割魏州之臨黃縣，並隸澶州。以貝州臨淸縣之張橋店置永濟縣。乙未，月犯軒轅。庚子，以檢校戶部尙書路嗣恭爲洪州刺史、兼御史大夫、江西觀察使。辛丑，太常卿楊綰兼充禮儀使。甲辰，迴紇使出鴻臚寺劫掠坊市，吏不能禁止，復三百騎犯金光、朱雀等門。是日皇城諸門皆閉，慰諭之方止。

二月甲寅，以兵部侍郎李涵爲蘇州刺史、兼御史中丞，充浙西觀察使。鎭星臨太微。戊午夜，月掩天關。

三月壬辰，詔諫議大夫置四員爲定。

夏四月甲寅，迴紇王子李秉義卒，歸國宿衞賜名也。

五月乙酉，雨雹，大風折樹。丙戌夜，月入太微。辛卯，徙忻州之七聖容於太原府之紫極宮。乙未，詔：

躋於道者，化淳而刑措；善於理者，綱舉而網疏。朕涉道未弘，燭理多昧，常亦遐想太古，高挹玄風，保合太和，在宥天下，蓋德薄而未臻也。是用因時以設教，便俗以立防，務盡平恕，用申哀卹，又化淺而多犯也。加以邊虞未戢，徭賦適繁，荒廢之際，寇攘斯起。遂令圜土嘉石之下，積有繫囚；竹章牙簡之中，困於法吏。屬盛陽之候，大暑方蒸，仍念狴牢，何堪鬱灼？所以汩傷和氣，感致咎徵，天道人事，豈相遠也！如聞天下諸州，或愆時雨，首種不入，宿麥未登。哀我矜人，何時不恐？皆由朕過，益用懼焉。惕然憂嗟，深自咎責。所以減膳徹樂，別居齋宮，禱于神明，冀獲嘉應。仲夏之月，靜事無爲，以助晏陰，以弘長養。斷薄決小，已過於麥秋；繼長增高，宜順乎天意。可大赦天下，見禁囚徒，罪無輕重，一切釋放。

癸亥，以檢校禮部尚書蔣渙充東都留守。

六月庚戌朔，有司言日蝕，陰雲不見。丁丑，詔誡薄葬，不得造假花果及金手脫寶鈿等物。

秋七月癸巳，迴紇蕃客奪長安縣令邵說所乘馬，人吏不能禁。

八月庚戌，賜北庭都護曹令忠姓名曰李元忠。

九月乙未，工部尚書于休烈卒。

冬十月壬子，上畋于苑中，矢一發貫二兔，從臣皆賀。辛未，以權知幽州盧龍節度留後朱泚檢校左散騎常侍，充幽州盧龍節度使。丙子，以太府卿呂崇賁爲廣州都督，充嶺南節度使。

十一月庚辰，詔：自頃蕃戎入寇，巴南屢多征役，其巴、蓬、渠、集、壁、充、通、開等州，宜放二年租庸。甲申，以福建觀察使李承昭爲禮部尙書，華州刺史李琦爲福州刺史、福建都團練觀察使。辛卯，以嶺南節度李勉爲工部尙書。

十二月丙寅，雨土。是夜，長星出於參。辛未，滑州置永平軍。壬子，禁鑄銅器。癸酉，大雪。

是秋稔。迴紇、吐蕃、大食、渤海、室韋、靺鞨、契丹、奚、牂柯、康國、石國並遣使朝貢。

八年春正月丁丑朔。壬午，昭義軍節度、檢校右僕射、相州刺史薛嵩卒。癸卯，敕天下青苗地頭錢每畝十五文，率京畿三十文，自今一例十五文。京官三品已上郎官御史，每年各舉一人堪爲刺史縣令者。

二月甲子，御史大夫李栖筠彈吏部侍郎徐浩〔三〕。丁卯，幽州節度使朱泚加檢校戶部尙書，封懷寧郡王。徐浩、薛邕違格，並停知選事。壬申，永平軍節度使、檢校右僕射、滑州刺史、霍國公令狐彰卒，遺表薦劉晏、李勉代己。

三月丙子，以工部尚書李勉兼御史大夫、滑州刺史，充永平軍節度、滑亳觀察等使。

夏四月戊申，乾陵上仙觀天尊殿有雙鵲銜紫泥補殿之隙缺〔三〕，凡十五處。戊午，以太僕卿吳仲孺爲鄂州刺史、鄂岳沔等州團練觀察使。

五月乙酉，貶吏部侍郎徐浩明州別駕，薛邕歙州刺史，京兆尹杜濟杭州刺史，皆坐典選也。以太府卿于頎爲京兆尹。辛卯，鄭王邈薨，贈昭靖太子。壬辰，曲赦京城繫囚。癸卯，詔赦天下繫囚，死罪降從流，流已下並放。

六月，隴州華亭縣置義寧軍。癸亥，戶部侍郎、判度支韓滉奏安邑鹽池生乳鹽。

是夏，城奉天以備蕃寇。

秋七月己卯，太白入東井。乙未，月掩畢。

八月甲寅，詔吏部尚書劉晏知三銓選事。己未，吐蕃寇靈武。庚午，靈武奏蕃軍退去。辛未，幽州節度使朱泚弟滔率五千騎來朝，請河西防秋。詔千騎迓於國門，許自皇城南面出開遠門，赴涇州行營。

九月癸酉，臨晉公主薨。壬午，嶺南節度使、廣州刺史呂崇賁爲部將哥舒晃所殺。癸未，晉州男子郇謨以麻辮髮，持竹筐及葦席，哭於東市，請進三十字，如不稱旨，請裹尸於席筐。上召見，賜衣，館之禁中。內二字曰「監團」，欲去諸道監軍、團練使也。丁亥，貶左巡使、殿中侍御史楊護，以其抑郇謨而不上聞也。戊子，詔京官五品以上各上封事，言政得失。己丑夜，太白入太微。甲午，東都留守蔣瓊兼知東都貢舉。戊戌，以辰錦觀察使李昌巙爲桂州刺史、桂管防禦觀察使。大鳥見武功，肉翅狐首，四足有爪，爪長四尺三寸，毛赤如蝙蝠，羣鳥隨而噪之。神策將張日芬射斃以獻。

冬十月癸卯，魏博田承嗣加同平章事。丁巳夜，月掩畢。吐蕃寇涇州、邠州。甲子，子儀先鋒將渾瑊與吐蕃戰于宜祿，我師不利。瑊與涇原馬璘極力追躡，蕃軍潰去。乙丑，以江西觀察使路嗣恭爲廣州刺史，充嶺南節度使，封翼國公。以浙東觀察使、越州刺史陳少遊爲揚州大都督府長史，充淮南節度使。戊辰，郭子儀奏破吐蕃十萬，百僚稱賀。己卯夜，月入羽林。癸巳，月入太微。

十一月壬寅朔。庚戌，汴宋節度使田神功來朝。辛酉，淮西節度使李忠臣來朝。

十二月癸酉，月入羽林。

是冬無雪。

是歲大有年。

九年春正月庚子朔。壬寅，汴宋節度使、太子少師、檢校尙書右僕射、兼御史大夫、汴州刺史田神功卒。灃朗兩州鎮遏使、灃州刺史楊猷擅浮江而下，至鄂州。詔許赴汝州，遂泝漢而上，復、郢、襄等州皆閉城拒之。

二月己丑，以田神功弟神玉權知汴宋留後。癸巳，郭子儀自邠州來朝，李抱玉自鳳翔來朝。

三月丙午，禁畿內漁獵採捕，自正月至五月晦，永爲常式。戊子，以灃州刺史楊猷爲洮州刺史。

夏四月丁丑，月入太微。己卯，以桂管觀察使黎幹爲京兆尹、兼御史大夫。甲申，中書舍人常衮率兩省官一十八人詣閣請論事，詔三人各盡所懷。乙酉，詔郭子儀等大閱兵師以備吐蕃。壬辰，詔赦大辟以下繫囚，無輕重釋放。乙未，華陽公主薨，上悲惜之，累日不聽朝，宰臣抗疏陳請。

五月庚戌，廢泜州。庚申，詔度支使支七十萬貫、轉運使五十萬貫和糴，歲豐穀賤也。乙丑，詔：

四海之內，方協大寧，西戎無厭，獨阻王命，不可忘戰，尚勞邊事。朕頃以兵革之後，軍國空耗，躬率節儉，務勤農桑。上玄儲休，仍歲大稔，益用多愧，不知其然。雖屬此人和，近於家給，而邊穀未實，戎備猶虛。因其天時，思致豐積，將設平糴，以之餽軍。然以中都所供，內府不足，粗充常入之數，豈齊倍餘之收。其在方面藎臣，咸茲大計，共佐公家之急，以資塞下之儲。每道歲有防秋兵馬，其淮南四千人，浙西三千人，魏博四千人，昭義二千人，成德三千人，山南東道三千人，荆南二千人，湖南三千人，山南西道二千人，劍南西川三千人，東川二千人，鄂岳一千五百人，宣歙三千人，福建一千五百人。其嶺南、浙東、浙西，亦合準例。恐路遠往來增費，各委本道每年取當使諸色雜錢及迴易利潤、贓贖錢等，每人計二十貫。每道據合配防秋人數多少，都計錢數，市輕貨送納上都，以備和糴，仍以秋收送畢。

涇原節度使馬璘來朝。丙寅，加馬璘尙書左僕射、知省事。璘諷將士進狀求宰相，故有是授。幽州節度使朱泚遣弟滔奉表請自入朝，兼自率五千騎防秋。許之，詔所司築第待之。

六月己卯，月掩南斗。庚辰，月入太微。

秋七月甲辰，月掩房，又入羽林。久旱，京兆尹黎幹歷禱諸祠，未雨。又請禱文宣廟，上曰：「丘之禱久矣。」

八月辛未，以虢州刺史宋晦爲同州刺史，充長春宮營田等使。戊寅，以陝州大都督府長史皇甫溫爲越州刺史，充浙東觀察使。辛卯，月掩軒轅。

九月庚子，幽州節度使朱泚來朝。乙巳，渭北節度使、坊州刺史臧希讓卒。

是秋大雨。

冬十月壬申，信王珵薨。乙亥，梁王璿薨。以前宣州刺史季廣琛爲右散騎常侍。

十一月戊戌，大雪，平地盈尺。庚子，以商州刺史李國清爲陜州大都督府長史，充陜州觀察使。

十二月庚寅，以中書舍人楊炎、祕書少監韋肇並爲吏部侍郎，中書舍人常衮爲禮部侍郎。壬辰，赦京繫囚，死罪降從流，流已下並釋放。

十年春正月乙未朔。己酉，昭義牙將裴志清逐其帥薛崿。薛崿奔洺州，上章待罪。志清率衆歸田承嗣。壬寅，壽王瑁薨。乙未，朱泚抗表乞留京師，西征吐蕃，請以弟滔權爲幽州留後，許之。以昭義將薛擇爲相州刺史，薛雄爲衞州刺史，薛堅爲洺州刺史，皆嵩之族人也。戊申，遣使慰諭田承嗣，令各守封疆，承嗣不奉詔。壬子，兖州復爲果州。癸丑，田承嗣盜取洺州，又破衞州。

二月乙丑，盜殺衞州刺史薛雄。丙寅，罷辰、錦、溪、奬、溆五州經略使〔一四〕，復隸黔中。辛未，制第四子述封睦王，充嶺南節度度支營田、五府經略觀察處置等大使。第五子逾可封郴王，充渭北鄜坊等州節度大使。第六子連封恩王。第七子韓王迥可充汴宋節度大使。第八子溝可封鄜王。第十三子造封忻王，充昭義節度大使。第十四子暹封韶王。十五子運封嘉王。十六子遇封端王。十七子遹封循王。十八子通封恭王。十九子逵封原王。二十子逸封雅王。並可開府儀同三司，不出閣。丙子，以華州刺史李承昭爲相州刺史，知昭義兵馬留後。時田承嗣盡盜入相、衞所管四州之地，自署長吏。是日河陽軍亂，逐城使常休明，迫牙將王惟恭爲留後，軍士大掠數日。休明奔東都。甲申，以平盧淄青節度觀察海運押新羅渤海兩蕃等使、檢校工部尙書、青州刺史李正己檢校尙書左僕射；前隴右節度副使、隴州刺史馬燧爲商州刺史，充本州防禦使。

三月甲午，陝州軍亂，逐觀察使李國淸，縱兵大掠。國淸卑詞遍拜將士，方免禍，一夕而定。乙巳，薛嵎、常休明至闕下，素服待罪。丁未，以左散騎常侍孟皥爲華州刺史，充潼關防禦使。庚戌，熒惑入壁壘。

四月，太常寺奏：諸州府所用斗秤，當寺給銅斗秤，州府依樣製造而行。從之。乙丑，制：魏博節度使、開府儀同三司、太尉、檢校尙書左僕射、同中書門下平章事、魏州大都督府長史、上柱國、鴈門郡王田承嗣可貶永州刺史。仍詔河東、鎭冀、幽州、淄青、淮西、滑亳、汴宋、澤潞、河陽道出師進討。甲申，大雨雹，暴風拔樹，飄屋瓦，落鴟吻，人震死者十之二，京畿損稼者七縣。

五月乙未，田承嗣部將霍榮國以磁州歸。癸卯，劍南置昌州。罷兩都貢舉，都集上都，停童子科。

六月辛未，田承嗣遣其黨裴志清攻圍冀州，爲李寶臣所敗。

秋七月己未，戶部尚書暢璀卒。杭州大風，海水翻潮，溺州民五千家，船千艘。

八月丁卯，田承嗣上表請束身歸朝。戊子夜，月入太微。己丑，田承嗣將盧子期攻磁州。

九月戊戌，荆南節度使衞伯玉來朝。壬寅，宥京城繫囚。戊申，迴紇白晝殺人於市，吏捕之，拘於萬年獄。其首領赤心持兵入縣，劫囚而出，斫傷獄吏。月暈，熒惑犯昴、五車、參、東井等星。癸丑，吐蕃寇隴州，鳳翔李抱玉擊退之。戊午，幽州節度使朱泚鎮奉天。

冬十月辛酉，日有蝕之。癸亥，以商州刺史馬燧檢校左散騎常侍、河陽三城使。甲子，昭義節度使李承昭與盧子期戰於磁州淸水縣，大破之，生擒子期以獻。丙寅，貴妃獨孤氏薨，追贈曰貞懿皇后。己丑，尚書右僕射裴遵慶卒。十一月辛卯，新平公主薨。丁酉，田承嗣所署瀛州刺史吳希光以城降。丁未，路嗣恭攻破廣州，擒哥舒晃，斬首以獻。

十一年春正月庚寅朔，田承嗣上表請罪。壬辰，遣諫議大夫杜亞使魏州宣慰，許其自新。辛亥，劍南節度使崔寧奏大破吐蕃二十萬，斬首萬級，生擒首領一千一百五十人，獻于闕下。

二月癸亥，荆南節度使衞伯玉卒于京師。戊子，河陽軍復亂，大掠三日，監軍使冉廷蘭率兵斬其亂首，方定。戊申，昌樂公主薨。辛亥，御史大夫李栖筠卒。

夏四月戊午朔。丙子，以浙西觀察使、蘇州刺史、御史大夫李涵知臺事，充京畿觀察使。己卯，以前淮南節度使、揚州大都督府長史、御史大夫張延賞爲江陵尹、兼御史大夫，充荆南節度使。

五月癸巳，以永平軍節度使李勉爲汴州刺史，充汴宋等八州節度觀察留後。時汴將李靈耀專殺濮州刺史孟鑒，北連田承嗣，故命勉兼領汴州。授靈耀濮州刺史，靈耀不受詔。

六月戊戌，以李靈耀爲汴州刺史，充節度留後。

秋七月戊子夜，暴澍雨，平地水深盈尺，溝渠漲溢，壞坊民千二百家。庚寅，田承嗣兵寇滑州，李勉拒戰而敗。

八月丙寅，幽州節度使朱泚加同中書門下平章事。李靈耀據汴州叛。甲申，命淮西李忠臣、滑州李勉〔二四〕、河陽馬燧三鎭兵討之。

閏月丁酉，太白經天。

九月乙丑，李忠臣等兵進營鄭州，靈耀之衆來薄戰。淮西兵亂，乃退軍於滎澤。戊辰，淄青李正己奏取鄆、濮二州。

冬十月乙酉，忠臣等軍破賊於中牟，進軍，又敗賊於汴州郭外，乃攻之。乙丑，承嗣遣姪悅率兵三萬援靈耀。丙午，淮西、河陽之師合擊田悅營，其衆大敗，悅脫身北走。靈耀聞悅之敗，棄城遁走。汴州平。丁未，滑將杜如江生擒靈耀而獻。

十二月丁亥，加平盧淄青節度使、檢校尙書左僕射、青州刺史、饒陽王李正己爲檢校司空、同中書門下平章事，成德軍節度使、太子太傅、檢校尙書左僕射、隴西郡王李寶臣檢校司空、同中書門下平章事。庚寅，涇原節度使、檢校尙書左僕射、知省事、扶風郡王馬璘卒。丁酉，以涇原節度副使、試太常卿、張掖郡王段秀實權知河東節度留後〔一六〕，北都留守薛兼訓病故也。昭義節度使李承昭抗表稱疾，以澤潞行軍司馬李抱眞權知磁、邢兵馬留後。庚戌，加淮西節度、檢校右僕射、安州刺史、西平郡王李忠臣檢校司空、同中書門下平章事，仍兼汴州刺史。

十二年春正月甲寅朔。辛酉，以四鎭北庭涇原節度副使、知節度使事、張掖郡王段秀實爲涇州刺史、兼御史大夫，充本州團練使。月掩軒轅。渤海使獻日本國舞女十一人。癸酉夜，月掩心前大星，又入南斗魁。京師旱，分命祈禱。

二月戊子，淄青節度使李正己之子納爲青州刺史，充淄青節度留後。丁未，以朗州刺史李國淸爲黔州刺史、經略招討觀察使。

三月乙卯，河西隴右副元帥、鳳翔懷澤潞秦隴等州節度觀察等使、兵部尙書、同中書門下平章事、潞州大都督府長史、知鳳翔府事、上柱國、涼國公李抱玉卒。壬戌，月入太微。癸亥，以太原少尹、河東節度行軍司馬〔七〕、權知河東留後鮑防爲太原尹、御史大夫，充北都留守、河東節度使。戊辰夜，月逼心前星。庚午，左降官永州刺史田承嗣復授魏博節度使，官並如故。承嗣姪悅、子綰緒綸並復舊官。庚辰，宰相元載、王縉得罪下獄，命吏部尙書劉晏訊鞫之。辛巳，制：中書侍郎、平章事元載賜自盡，門下侍郎、平章事王縉貶括州刺史。

夏四月壬午，以朝議大夫、守太常卿、兼修國史楊綰爲中書侍郎，尙書禮部侍郎、集賢院學士常衮爲門下侍郎，並同中書門下平章事。癸未，以右庶子潘炎爲禮部侍郎。貶吏部侍郎楊炎爲道州司馬，元載黨也。諫議大夫、知制誥韓洄王定包佶徐璜，戶部侍郎趙縱，大理少卿裴冀，太常少卿王紞，起居舍人韓會等十餘人，皆坐元載貶官也。給事中杜亞使魏州，賜田承嗣鐵劵。癸巳，以前祕書監李揆爲睦州刺史。揆故宰相，爲元載所忌，二十年流落丐食江湖間，載誅，方得爲郡。又召顏眞卿於湖州，亦載所忌斥外也。乙未，月掩心前星。丁酉，西川破吐蕃於望漢城，擒蕃將大籠官論器然以獻。壬寅，以前商州刺史烏崇福爲安南都護、本管經略使。渤海、奚、契丹、室韋、靺鞨並遣使朝貢。己酉，加京官料錢，文武班諸司共二千七百九十六員，文官一千八百五十四員，武官九百四十二員，歲加給一十五萬六千貫，并舊給凡二十六萬貫。以關內副元帥、兵馬使渾瑊兼邠州刺史。

五月辛亥，罷天下州團練守捉使名。甲寅，諸道邸務在上都名曰留後，改爲進奏院。丙辰夜，月入太微。辛酉，貶刑部尚書王昂連州刺史，昂至萬州卒。庚午，敕毁元載祖、父墳，剖棺棄骸，焚毁私廟主於大寧里。甲戌，以前安南都護張伯儀爲廣州刺史、兼御史大夫，充嶺南節度使。

六月癸巳，時小旱，上齋居祈禱，聖體不康，是日不視朝。

秋七月戊午，罷潤州丹陽軍、蘇州長洲軍〔一七〕。己巳，中書侍郎、同中書門下平章事、集賢殿崇文館大學士、兼修國史楊綰卒。

八月癸巳，賜東川節度使鮮于叔明姓李氏。癸卯，宰臣讓賜食。先是元載、王縉輔政，每日賜食，因爲故事。至是，常衮等上表云：「飧錢已多，更須御膳，胡顏自安，乞停賜食。」從之。甲辰，以湖州刺史顏眞卿爲刑部尚書。乙巳，以久雨宥常參百僚，不許御史點班。

九月乙卯，許以庶人禮葬元載。辛酉，以涇原節度副使段秀實爲四鎭北庭行營、涇原鄭潁等節度使。庚午，吐蕃寇坊州，掠党項羊馬而去。

是秋，宋、亳、陳、滑等州水。

冬十月丁亥，戶部侍郞、判度支韓滉言解縣兩池生瑞鹽，乃置祠，號寶應靈慶池。壬寅夜，月掩昴，又入太微。乙巳，以滑州牙將劉洽爲宋州刺史。京兆尹黎幹奏水損田三萬一千頃。度支使韓滉奏所損不多。兼渭南令劉藻曲附滉，亦云部內田不損。差御史趙計檢渭南田，亦附滉云不損。上曰：「水旱咸均，不宜渭南獨免。」復命御史朱敖檢之，渭南損田三千頃。上歎息曰：「縣令職在字人，不損亦宜稱損，損而不聞，豈有卹隱之意耶！」劉藻、趙計皆貶官。

十一月癸丑，太白臨哭星。乙卯夜，月入羽林。癸酉，以右散騎常侍蕭昕爲工部尙書。刑部尙書顏眞卿獻所著韻海鏡源三百六十卷。

十二月丁亥，西川崔寧奏於西山破吐蕃十萬，斬首八千，生擒九百人。己亥，天下仙洞靈迹禁樵捕。庚子，以幽州節度使朱泚兼隴右節度副大使，權知河西、澤潞行營兵馬事。京兆尹請修六門堰，許之。

十三年春正月戊申朔。辛酉，壞白渠碾磑八十餘所，以奪農溉田也。壬戌，刑部尙書、魯郡公顏眞卿三抗章乞致仕，不允。淄靑節度使李正己請附屬籍，從之。戊辰，迴紇寇太原，鮑防與之戰，我師不利。朱泚徙封遂寧郡王。

二月庚辰，代州都督張光晟擊迴紇，戰于羊武谷，破之，北人乃安。己亥，吐蕃寇靈武。甲辰，太僕寺佛堂有小脫空金剛右臂忽有黑汗滴下，以紙承之，色類血。

三月甲戌，河陽將士刼迴紇輜重，因與相鬭，縱兵大掠，久之方定。

四月丁亥，以浙西觀察留後李道昌爲蘇州刺史、兼御史中丞，充浙西都團練觀察使。己丑，以前浙西觀察使李涵爲御史大夫。甲辰，吐蕃寇靈州，朔方留後常謙光擊敗之。

五月戊午，宦官劉淸潭賜名忠翼。

六月戊戌，隴右節度使朱泚於軍士趙貴家得貓鼠同乳不相害，籠而獻之。

秋七月壬子，中書舍人崔祐甫知吏部選事。癸丑，劍南節度使崔寧加檢校司空，東川李叔明加檢校工部尙書。辛未，吐蕃寇鹽州、慶州。

八月甲戌朔，成德軍節度使李寶臣抗章請復本姓張氏，從之。

冬十月丁酉，葬貞懿皇后於莊陵。

十一月丁卯，日長至，有司祀昊天上帝於南郊，上不視朝故也。

十二月丙戌，以吏部尙書劉晏爲左僕射，判使如故。以給事中杜亞爲洪州刺史、兼御史中丞，充江西觀察使。以江西觀察使路嗣恭爲兵部尙書。

是歲，郴州黃芩山崩〔一九〕，壓死者有數百人。

十四年春正月壬寅朔。壬戌，以楚州刺史李泌爲澧州刺史。

二月癸未，魏博七州節度使、太尉、檢校尚書左僕射、同中書門下平章事、魏州大都督府長史田承嗣卒。甲申，以魏博中軍兵馬使、左司馬田悅兼御史中丞，充魏博節度留後。

三月丁未，汴宋節度使李忠臣爲麾下將族姪李希烈所逐，忠臣狼狽歸朝。上以忠臣立功於國，乃授檢校司空、同平章事。庚戌，以河南尹嚴郢爲京兆尹，河中少尹、知府事趙惠伯爲河南尹。辛酉，以前容管經略使、容州刺史王翃爲河中少尹、知府事。

夏四月癸未，成德軍節度使張寶臣復請姓李，從之。

五月癸卯，上不康，至辛亥，不視朝。北都留守鮑防以北庭歸朝〔二〇〕。辛酉，詔皇太子監國。是夕，上崩于紫宸之內殿。遺詔皇太子柩前即位。壬戌，遷神柩于太極殿，發喪。

八月庚申，羣臣上尊謚曰睿文孝武皇帝，廟號代宗。

十月己酉，葬於元陵。十二月丁酉，祔於太廟。

史臣曰：嗚呼，治道之失也，若河決金隄，火炎崑崗，雖神禹之乘四載，玄冥之灑八瀛，亦不能堙洪濤而撲烈焰者，何也？良以勢既壞而不能遽救也。觀夫開元之治也，則橫制六合，駿奔百蠻；及天寶之亂也，天子不能守兩都，諸侯不能安九牧。是知有天下者，治道其可忽乎！明皇之失馭也，則祿山暴起於幽陵；至德之失馭也，則思明再陷於河洛；大曆之失馭也，則懷恩鄉導於犬戎。自三盜合從，九州羹沸，軍士膏於原野，民力殫於轉輸，室家相弔，人不聊生，而子儀號泣於用兵，元載殷憂於避狄。然而代宗皇帝少屬亂離，老於軍旅，識人間之情僞，知稼穡之艱難，內有李、郭之効忠，外有昆戎之幸利。遂得兇渠傳首，叛黨革心，關輔載寧，獯戎漸弭。至如稔輔國之惡，議元振之罪，去朝恩之權，不以酷刑，俾之自咎，亦立法念功之旨也。罪己以傷僕固，徹樂而悼神功，懲縉、載之姦回，重衮、綰之儒雅，脩己以禳星變，側身以謝咎徵，古之賢君，未能及此。而猶有李靈耀作梗，田承嗣負恩，命將出軍，勞師弊賦者，蓋陽九之未泰，豈君道之過歟！

贊曰：羣盜方梗，諸戎競侵。猛士嘗膽，忠臣痛心。掃除沴氣，敷衍德音。延洪納祉，帝慮何深。

校勘記

〔一〕新店之役　「役」字各本原作「後」，據御覽卷一一二改。

〔二〕三上表　「上」字各本原作「十」，據合鈔卷一一代宗紀改。册府卷一一作「表三上」。

〔三〕博陸王　「陸」字各本原作「陵」，據本書卷一八四李輔國傳、通鑑卷二二二改。

〔四〕裴茙　各本原作「裴義」，據本書卷一一四裴茙傳、新書卷六代宗紀、通鑑卷二二二改。

〔五〕李勉　各本原作「李冕」，據本書卷一三一李勉傳改。

〔六〕興唐寺　各本原作「唐興寺」，據本卷上文、通鑑卷二二三改。

〔七〕置乾州　「置」字各本原作「罷」，據新書卷四二地理志改。

〔八〕割恆州行唐縣置泜州　「行唐」各本原作「衞唐」。唐會要卷七一：「泜州，大曆三年八月割恆州行唐縣置。」新書卷三九地理志鎮州行唐下云：「大曆三年，以縣置泜州。」據改。

〔九〕攷之理亂　「攷」字全唐文卷四八作「政」。

〔一〇〕徙置當悉柘靜恭五州　「柘」字各本原作「相」，據册府卷九九二改。校勘記卷五云：「所置皆在劍南道，相當作柘。」

〔一一〕於鄜州之鄜城置肅戎軍　「鄜城」各本原作「析城」，「戎」字原作「戍」，新書卷三七地理志鄜州注云：「有肅戎軍，大曆六年置，在鄜城。」據改。

〔一二〕徐浩　「浩」字各本原闕，據本書卷一三七徐浩傳補。

〔一三〕天尊殿　「天」字各本原作「之」，據御覽卷九二一、册府卷三七改。册府卷二五作「三尊殿」。

〔一四〕辰錦溪獎溆　「溆」字各本原無，本卷上文大曆四年六月云：「升辰州爲都督府，析辰、巫、溪、錦、業等州置團練觀察使。」大曆五年十二月云：「改巫州爲溆州，業州爲獎州。」據補「溆」字。

〔一五〕滑州　各本原作「渭州」，據册府卷一二二、合鈔卷一一代宗紀改。

〔一六〕以涇原節度副使試太常卿張掖郡王段秀實權知河東節度留後　此處有脫文。廿二史考異卷五七云：「權知河東留後者乃鮑防，非秀實矣。蓋秀實由節度副使除知節度事，鮑防以河東行軍司馬權知留後，皆十一年十二月事。馬璘薨而以秀實代之，薛兼訓病而以防代之，兩事本不相涉，中有脫文，後人誤連屬之。」

〔一七〕河東節度行軍司馬　「河東」各本原作「河南」，據通鑑卷二二五改。

〔一八〕蘇州長洲軍　「長洲軍」各本原作「常州軍」，新書卷四一地理志蘇州下云：「有長洲軍，乾元二年置，大曆十二年廢。」據改。

〔一九〕黃芩山崩　「芩」字各本原無，據新書卷六代宗紀、合鈔卷一一代宗紀補。

〔二〇〕鮑防以北庭歸朝　合鈔卷一一代宗紀「鮑防」下注云：「下闕文」；校勘記卷五云：「以北庭三字直衍文。」

舊唐書卷十二

本紀第十二

德宗上

德宗神武孝文皇帝諱适，代宗長子，母曰睿眞皇后沈氏。天寶元年四月癸巳，生於長安大內之東宮。其年十二月，拜特進，封奉節郡王。代宗卽位之年五月，以上爲天下兵馬元帥，改封魯王。八月，改封雍王。時史朝義據東都，十月，遣上會諸軍於陝州，大舉討賊。十一月，破賊於洛陽，進收東都，河南平定。朝義走河北，分命諸將追之，俄而賊將李懷仙斬朝義首以獻，河北平。以元帥功拜尙書令，食實封二千戶，與郭子儀等八人圖形凌煙閣。廣德二年二月，立爲皇太子。

大曆十四年五月辛酉，代宗崩。癸亥，卽位於太極殿。

閏月壬申，貶中書舍人崔祐甫爲河南少尹。甲戌，貶門下侍郎、平章事常衮爲潮州刺史。召崔祐甫爲門下侍郎、同中書門下平章事。丙子，詔諸州府、新羅、渤海歲貢鷹鷂皆停。戊寅，詔山南枇杷、江南柑橘，歲一貢以供宗廟，餘貢皆停。庚寅，以兵部尚書路嗣恭爲東都留守，以常州刺史蕭復爲潭州刺史、湖南團練觀察使。辛巳，罷邕府歲貢奴婢。癸未，改括州爲處州，括蒼縣爲麗水縣。停梨園使及伶官之冗食者三百人，留者皆隸太常。劍南歲貢春酒十斛，罷之。甲申，以司徒、兼中書令、河中尹、靈州大都督、單于鎭北大都護充關內河東副元帥、朔方節度、關內支度鹽池六城水運大使〔二〕、押諸蕃部落、管內及河陽等道觀察使、上柱國、汾陽郡王、山陵使、食實封一千九百戶郭子儀可加號尚父，守太尉，餘官如故，加實封通前二千戶，月給一千五百人糧、馬二百匹草料。以朔方都虞候李懷光爲河中尹，邠、寧、慶、晉、絳、慈、隰等州節度觀察使；以朔方右留後常謙光兼靈州大都督，西受降城、定遠軍、天德、鹽、夏、豐節度等使；以朔方左留後、單于副都護渾瑊爲單于大都護，振武軍、東中二受降城、鎭北及綏、銀、麟、勝等軍州節度營田使。丙戌，詔禁天下不得貢珍禽異獸，銀器勿以金飾。丁亥，詔文單國所獻舞象三十二，令放荊山之陽，五坊鷹犬皆放之，出宮女百餘人。己丑，以右羽林大將軍吳希光檢校散騎常侍、兼御史中丞，充渭北鄜坊丹延都團練觀察使。辛卯，以河陽三城鎭遏使馬燧檢校工部尚書，兼太原尹、御史六夫、北都留守、河東節度使。壬辰，以河東節度留後鮑防爲京畿觀察使；陳州刺史李芃檢校太常少卿，爲河陽三城鎮遏使。癸巳，以壽州刺史杜亞爲江西觀察使。甲午，册太尉子儀。自開元以來，册禮多廢，天寶中楊國忠册司空，至是行子儀之册。以江西觀察使杜亞爲陝州長史，充轉運使。丙申，詔兵部侍郎黎幹害若豺狼，特進劉忠翼掩義隱賊，並除名長流。既行，俱賜死。丁酉，以京畿觀察使鮑防爲福州刺史、福建都團練觀察使。以戶部侍郎、判度支韓滉爲太常卿，吏部尚書劉晏判度支鹽鐵轉運等使。初，晏與滉分掌天下財賦，至是晏都領之。

六月己亥朔，御丹鳳樓，大赦天下，罪無輕重，咸赦除之。內外文武三品已上賜爵一級，四品已下加一階，致仕官同見任，百姓爲戶者賜古爵一級。加李正己司徒〔三〕、太子太傅，崔寧、李勉本官同平章事。天下進獻，事緣郊祀陵廟所須，依前勿闕，餘並停。諸州刺史上佐今後准式入計。諸州刺史、常參官，父在未有官，量與五品致仕官；父亡歿，與追贈。自至德已來別敕，或因人奏，或臨事頒行，差互不同，使人疑惑，中書門下與詳定官決，取堪久長行用者編入格條。自今更不得奏置寺觀及度人。庚子，封元子誦爲宣王，次子謨爲舒王，諶爲通王，諒爲虔王，詳爲肅王，並加開府儀同三司。乙巳，封皇弟迺爲益王，迅爲隨王。丙午，舉先天故事，非供奉侍衞之官，自文武六品已上清望官，每日二人更直待制，以備顧問，仍以延英南藥院故地爲廨。癸丑，詔皇族五服等已上居四方者，家一人赴山陵，縣次給食。己未，揚州每年貢端午日江心所鑄鏡，幽州貢麝香，皆罷之。辛酉，罷宣歙池、鄂岳沔二都團練觀察使，陝虢都防禦使，以其地分隸諸道。復置東都京畿觀察使，以御史中丞爲之。壬戌，處州刺史王縉、湖州刺史第五琦皆爲太子賓客，睦州刺史李揆爲國子祭酒，並留司東都。中官邵光超送淮西旌節，李希烈遺縑七百匹，事發，杖六十，配流。由是中官不敢受賂。癸亥，詔中書門下、御史臺五品已上，諸司三品已上長官，各舉可任刺史縣令者一人，中書門下量才進擬，有犯坐舉主。

秋七月戊辰朔，日有蝕之。禮儀使、吏部尚書顏眞卿奏：「列聖諡號，文字繁多，請以初諡爲定。」兵部侍郎袁傪議云：「陵廟玉册已刻，不可輕改。」罷。傪妄奏，不知玉册皆刻初諡而已。庚午，詔：邕州所奏金坑，誠爲潤國，語人以利，非朕素懷。其坑任人開採，官不得禁。辛未，以吏部侍郎房宗偃爲御史中丞、東都畿觀察使。罷右銀臺門客省歲給廩料萬二千斛。自永泰已來，或四方奏計未遣者，或上書言事忤旨者，及蕃客未報者，常數百人，於客省給食，横費已甚，故罷之。壬申，毀元載、馬璘、劉忠翼之第，以其雄侈踰制也。癸酉，減宮中服御常貢者千數。丁丑，復置廄馬隨仗於月華門外。己卯，詔王公卿士不得與民爭利，諸節度觀察使於揚州置迴易邸，並罷之。庚辰，詔鴻臚寺，蕃客入京，各服本國之服。罷商州歲貢穊膠。辛卯，罷天下榷酒。丁酉，詔國用未給，其宣王已下開府俸料皆罷給。

八月甲辰，以門下侍郎、平章事崔祐甫爲中書侍郎、平章事，以道州司馬同正楊炎爲門下侍郎、平章事，以懷州刺史喬琳爲御史大夫、同平章事、京畿觀察使。乙巳，遣太常少卿韋倫使吐蕃，以蕃俘五百人還之，修好也。癸亥，詔人死亡於外以棺柩還城者勿禁。

九月甲戌，以淮西節度爲淮寧軍。辛巳，以檢校刑部尚書白孝德爲太子少傅。丙戌，秘書少監邵說爲吏部侍郎，給事中劉迺爲兵部侍郎，中書舍人令狐峘爲禮部侍郎。

冬十月丁酉朔，吐蕃合南蠻之衆號二十萬，三道寇茂州、扶、文、黎、雅等州，連陷郡邑。發兵四千助蜀，大破之。己酉，葬代宗於元陵。戊午，九成宮貢立獸炭鑪，襄州貢種蔗藷之工，皆罷之。散官豢豬三千頭給貧民。

十一月辛未，以鴻臚卿賈耽爲梁州刺史、山南西道節度觀察使。丁丑，以陝州長史杜亞爲河中尹、河中晉絳慈隰都防禦觀察使。壬午，御史大夫、平章事喬琳爲工部尚書，罷知政事。加劍南西川節度觀察度支營田等使、檢校司空、平章事、成都尹崔寧兼御史大夫、京畿觀察使。癸巳，加崔寧兼靈州大都督、單于鎮北大都護、朔方節度等使，出鎮坊州。以荆南節度使、檢校禮部尚書、兼江陵尹、御史大夫張延賞檢校兵部尚書兼成都尹、御史大夫、劍南西川節度度支營田觀察等使。以朔方節度虞候杜希全爲靈州留後；以鄜州刺史張光晟單于振武軍使、東中二受降城綏銀鄜勝等軍州留後；延州刺史李建爲鄜坊丹延留後。

楊炎素惡崔寧，雖授以三鎮，仍署此三人為留後，奪寧之權也，人皆憤之。

十二月己亥，南選使可以專達，勿復以御史臨之。乙卯，制：宣王某可立為皇太子。丙寅晦，日有蝕之。詔元日朝會不得奏祥瑞事。

建中元年春正月丁卯朔，御含元殿，改元建中，羣臣上尊號曰聖神文武皇帝。己巳，上朝太清宮。庚午，謁太廟。辛未，有事於郊丘。是日還宮，御丹鳳門，大赦天下。自艱難以來，徵賦名目頗多，今後除兩稅外，輒率一錢，以枉法論。常參官、諸道節度觀察防禦等使、都知兵馬使、刺史、少尹、畿赤令、大理司直評事等，授訖三日內，於四方館上表讓一人以自代。其外官委長吏附送其表，付中書門下。每官闕，以舉多者授之。王府六品以上官及諸州縣有司可併省及諸官減者，量事廢省。天下子為父後者賜勳兩轉。己巳，福建觀察使鮑防、湖南觀察使蕭復讓憲官，從之。自兵興已來，方鎮重任必兼臺省長官，以至外府僚佐，亦帶臺省銜。至是除韓滉蘇州刺史，杜亞河中少尹，而領都團練觀察使，不帶臺省兼官。自是諸道非節度而兼憲官者皆讓。甲午，詔：「東都河南江淮山南東道等轉運租庸青苗鹽鐵等使、尚書左僕射劉晏，頃以兵車未息，權立使名，久勤元老，集我庶務，悉心瘁力，垂二十年。朕以征稅多門，鄉邑凋耗，聽于羣議，思有變更，將置時和之理，宜復有司之制。晏所領使宜停，天下錢穀委金部、倉部，中書門下揀兩司郎官，准格式調掌。」是月，浚豐州陵陽渠。

二月丙申，遣黜陟使一十一人分行天下。癸卯，以戶部郎中韓洄爲諫議大夫，以涇原節度使段秀實爲司農卿。己酉，貶尚書左僕射劉晏爲忠州刺史。癸丑，昭義軍節度留後李抱眞爲本道節度使。甲寅，貶史館修撰、禮部侍郎令狐峘郴州司馬，右補闕柳冕巴州司戶〔三〕。日本國朝貢。癸亥，朱泚兼四鎭北庭行軍、涇原節度使。

三月丙寅，禮儀使奏東都太廟闕木主，請造。詔下議之，不決。庚午，監察御史張著以法冠彈中丞嚴郢浚陵陽渠匿詔不行，削郢官，著賜緋魚。辛未，左散騎常侍、翰林學士張涉放歸田里。甲戌，以前司農卿庾準爲江陵尹、兼御史中丞、荆南節度使。癸巳，以諫議大夫韓洄爲戶部侍郎、判度支。時將貶劉晏，罷使名，歸尚書省本司。今又命洄判度支，令金部郎中杜佑權勾當江淮水陸運使，一如劉晏、韓滉之則，蓋楊炎之排晏也。

夏四月乙未朔，涇原裨將劉文喜據城叛。己亥，地震。辛未，命江西觀察使崔昭册命迴紇可汗。戊申，以福建觀察使鮑防爲洪州刺史、江西團練觀察使。癸丑，上誕日，不納中外之貢，唯李正己、田悅各獻縑三萬匹，詔付度支。妃父王景先、駙馬高怡獻金銅像，上曰，「有何功德？非吾所爲。」退還之。壬戌，以衡州刺史、嗣曹王皐爲潭州刺史、湖南團練觀察使，御史中丞元全柔爲杭州刺史。

五月甲子朔。戊辰，以太常少卿韋倫爲太常卿，復使吐蕃。己卯，右金吾衞大將軍李通爲黔州刺史、黔中經略招討觀察鹽鐵等使，潮州刺史常袞爲福建觀察使。涇州將劉光國殺劉文喜降，涇州平。

六月甲午朔，中書侍郎、同中書門下平章事崔祐甫卒。辛丑，築奉天城。加試殿中監劉海賓兼御史中丞，封樂平郡王。海賓涇州將，賞殺劉文喜也。乙卯，京兆尹源休使迴紇，册武義成功可汗。

秋七月丁丑，罷內出盂蘭盆，不命僧爲內道場。壬申，以鴻臚寺左右威遠營隸金吾。己丑，忠州刺史劉晏賜自盡。

八月甲午，振武軍使張光晟殺領蕃迴紇首領突董統等千人〔四〕，收駝馬千餘、繒錦十萬匹。乃徵光晟歸朝，以彭令芳代之。乙未，河中晉絳觀察使杜亞爲睦州刺史。丁未，加朱泚中書令，餘官使並如故。以舒王謨爲涇原節度大使，尙書右丞孟皥爲涇州刺史、知留後。東棘烏蠻守來朝貢〔五〕。丁巳，遙尊上母沈氏曰皇太后。戊午，以吏部尙書顏眞卿爲太子少師，依前禮儀使。改封嗣舒王藻爲嗣鄆王。

九月戊辰，判度支韓洄奏請於商州紅崖冶洛源監置十鑪鑄錢，江淮七監每鑄一千費二千文，請皆罷，從之。己卯，雷。

冬十月甲午，貶尚書左丞薛邕爲連山尉，坐贓也。乙巳，太子少傅、昌化郡王白孝德卒。庚寅，以睦王述爲奉迎皇太后使，工部尙書喬琳爲副。

十一月辛酉朔，朝集使及貢使見於宣政殿。兵興已來，四方州府不上計、內外不朝會者二十有五年，至此始復舊制。州府朝集者一百七十三人，詔每令分番二人待詔。乙丑，贈敬暉等五王官，又贈張九齡司徒，鍾紹京太子太傅。戊寅，諸王有官者初令出閤就班。又出嫁岳陽等一十縣主，皆在諸王院久而未適人者，上悉命以禮出降。

十二月辛卯，韋倫使迴，與吐蕃宰相論欽明思等五十五人同至，獻方物，修好也。丁酉，令詳定國初以來將相功臣房玄齡等一百八十七人〔六〕，據功績分爲三等。

是歲，戶部計帳，戶總三百八萬五千七十有六，賦入一千三百五萬六千七十貫，鹽利不在此限。

二年春正月庚申朔。戊辰，成德軍節度、恆定等州觀察使、司空、兼太子太傅、同中書門下平章事、恆州刺史、隴西郡王李寶臣卒。丙子，以汴宋滑亳陳潁泗節度觀察使、檢校吏部尙書、同平章事李勉爲永平軍節度、汴滑陳等州觀察等使；以兵部尙書、東都留守路嗣恭爲鄭汝陝河陽三城節度、東畿觀察等使；以宋州刺史劉洽爲宋亳潁節度使。以鄭州隸永平軍。自去年十月無雪，至甲申方雨雪。丁亥，檢校戶部尚書張獻恭爲東都留守，以河南尹趙惠伯爲河中尹、河中晉絳慈隰都防禦觀察使，以前鄭州刺史于頎爲河南尹。

二月乙未，以御史中丞盧杞爲御史大夫、京畿觀察使，以桂管觀察使李昌巙爲江陵尹、兼御史大夫、荆南節度等使，以前荆南節度使庾準爲左丞。甲辰，以容州刺史盧嶽爲桂州防禦觀察使。乙巳，以門下侍郎楊炎爲中書侍郎、同中書門下平章事，以御史大夫盧杞爲門下侍郎、同中書門下平章事。丙午，以宋亳節度爲宣武軍。丁未，以御史中丞袁高爲京畿觀察使。乙卯，振武軍亂，殺其帥彭令芳、監軍劉惠光。

三月庚申朔，築汴州城。初，大曆中李正己有淄、青、齊、海、登、萊、沂、密、德、棣、曹、濮、徐、兗、鄆十五州之地〔七〕，李寶臣有恆、定、易、趙、深、冀、滄七州之地，田承嗣有魏、博、相、衞、洺、貝、澶七州之地，梁崇義有襄、鄧、均、房、復、郢六州之地，各聚兵數萬。始因叛亂得位，雖朝廷寵待加恩，心猶疑貳，皆連衡盤結以自固。朝廷增一城，浚一池，便飛語有辭，而諸盜完城繕甲，略無寧日。至是田悅初稟命，劉文喜殄除，羣兇震懼。又奏計者還，都無賜與，既歸，皆構怨言。先是汴州以城隘不容衆，請廣之。至是築城，正己、田悅移兵於境爲備，故詔分汴、宋、滑爲三節度，移京西防秋兵九萬二千人以鎮關東。又於鄖城置澱州。辛巳，以汾州刺史王翃爲振武軍使、東中二受降城鎮北綏銀麟勝等州留後。以萬年令崔漢衡爲殿中少監，使吐蕃。

夏四月己酉朔，省沔州。庚寅，襄州梁崇義兼同中書門下平章事。己亥，省燕州、順化州。乙卯，併平琴州爲黨州。丁巳，貶禮部侍郎于召桂州刺史，御史中丞袁高韶州長史。

五月丙寅，以軍興十一而稅。己巳，以淮寧軍節度使李希烈充漢南北諸道都知兵馬招撫處置等使，封南平王。庚寅，以浙江西道爲鎮海軍，加蘇州刺史韓滉檢校禮部尚書、潤州刺史，充鎮海軍節度使、浙江東西道觀察等使。以御史中丞一員爲理匭使，諫議大夫一員知匭使，給事中、中書舍人爲監考使。辛丑，尚父、中書令、汾陽郡王郭子儀薨。丙午，以檢校秘書少監鄭叔則爲御史中丞、東都畿觀察使。壬子，以懷鄭河陽節度副使李芃爲河陽三城、懷州節度使，仍割東畿五縣隸焉。

秋七月戊子朔，詔曰：「二庭四鎮，統任西夏五十七蕃、十姓部落，國朝以來，相奉率職。自關、隴失守，東西阻絕，忠義之徒，泣血相守，慎固封略，奉遵禮教，皆侯伯守將交修共理之所致也。伊西北庭節度觀察使李元忠可北庭大都護，四鎮節度留後郭昕可安西大都護、四鎮節度觀察使。」自河、隴陷虜，伊西北庭爲蕃戎所隔，間者李嗣業、荔非元禮、孫志直、馬璘輩皆遙領其節度使名。初，李元忠、郭昕爲伊西北庭留後，隔絕之後，不知存亡，至是遣使歷迴紇諸蕃入奏，方知音信，上嘉之。其伊西北庭將士敍官，仍超七資。庚申，以中書侍郎、平章事楊炎爲左僕射，以前永平軍節度使張鎰爲中書侍郎、同中書門下平章事。司空、淮陽郡王侯希逸卒。丁丑，以河中尹關播爲給事中，同州刺史李承爲河中尹、晉絳都防禦觀察使。辛巳，以邠寧節度使李懷光兼靈州大都督、單于鎭北大都護、朔方節度使。以鄜坊丹延觀察留後李建徽爲坊州刺史、鄜坊丹延都團練觀察使。壬午，以幽州隴右節度使、中書令朱泚爲太尉。田悅攻寇臨洺，守將張伾城守。

八月辛卯，平盧淄青節度觀察使、司徒、太子太保、同中書門下平章事李正己卒。庚戌，以中書舍人衞晏爲御史中丞、京畿觀察使。壬子，淮寧軍節度使李希烈攻襄陽，誅梁崇義，斬其同惡三十餘人。

九月辛酉，以易州刺史張孝忠爲恆州刺史，充成德軍節度觀察使。壬戌，加李希烈同中書門下平章事。癸亥，兵部尚書、翼國公路嗣恭卒。甲子，以晉絳觀察使李承爲襄州刺史、山南東道節度觀察等使〔八〕。戊辰，以杭州刺史元全柔爲黔中經略招討觀察等使。

冬十月乙酉，尚書左僕射楊炎貶崖州司馬，尋賜死。戊申，加宣武軍節度使劉洽御史大夫。徐州刺史李洧棄其帥李納，以州來降。

十一月辛未，宣武節度劉洽與神策將曲環大破李納之衆於徐州。己巳，詔：「成德軍節度都知兵馬使、恆州刺史、襲隴西郡王李惟岳〔九〕，以其父寶臣有忠勞於王室，惟岳隳墜父業，蔑棄國恩，縗絰之中，擅掌戎務。外結兇黨，益固姦謀，不孝不忠，宜肆原野。削爾在身官爵。」乙亥，貶戶部侍郎、判度支韓洄蜀州刺史，以江淮轉運使、度支郎中杜佑代判度支、戶部事。丁丑，以陝州長史李齊爲河中尹，充河中晉絳防禦觀察使；以商州刺史姚明敭爲陝州長史、本州防禦、陸運使；以權鹽鐵使、戶部郎中包佶充江淮水陸運使。李納將海州刺史王涉以州降。

十二月庚寅，河中節度使馬燧檢校左僕射，澤潞節度使李抱眞檢校兵部尚書，賞破田悅之功也。丙申，太子賓客王縉卒。

三年春正月乙卯朔。丙寅，幽州節度使朱滔、張孝忠破李惟岳之兵於束鹿〔10〕。辛未，詔供御及太子諸王常膳有司宜減省之，於是宰臣上言，減堂廚百官月俸，請三分省一以助軍，從之。庚辰，追封皇叔僖爲宋王，贈皇弟選荆王。

閏月丙申，以文宣王三十七代孫齊賢爲兗州司功，襲文宣公。辛丑，復置具員簿。甲辰，成德軍兵馬使王武俊殺李惟岳，傳首京師。庚戌，馬燧、李抱眞、李芃破田悅兵於洹水，進攻魏州。

二月戊午，惟岳將定州刺史楊政義以州降。加朱滔檢校司徒，以張孝忠檢校兵部尚書、易定滄三州節度使，以檢校太子賓客王武俊檢校秘書監、恆州刺史、恆冀都團練觀察使，康日知爲趙州刺史、深趙都團練觀察使。

三月丁亥，贈故衞尉卿顏杲卿司徒，故常山太守袁履謙左散騎常侍，故許州長史龐堅右散騎常侍，故鞏縣主簿蔣淸禮部侍郎。贈故驍衞將軍、代國公安金藏兵部尙書，授其子承恩廬州長史。乙未，以徐州刺史李洧爲徐沂海團練觀察使。戊戌，田悅洺州刺史田昂以城降。以嶺南節度使張伯儀檢校兵部尙書，兼江陵尹、御史大夫、荆南節度等使；以容管經略使元琇爲廣州刺史、嶺南節度使。丙午，貶京兆尹盧惎爲撫州長史。

夏四月，李納守德州將李士眞、守棣州將李長卿皆以城降。庚申，先陷蕃僧尼將士八百人自吐蕃而還。壬戌，封朱滔爲通義郡王。朱滔、王武俊與田悅合從而叛。太常博士韋都賓、陳京以軍興庸調不給，請借京城富商錢，大率每商留萬貫，餘並入官，不一二十大商，則國用濟矣。判度支杜佑曰：「今諸道用兵，月費度支錢一百餘萬貫，若獲五百萬貫，纔可支給數月。」甲子，詔京兆尹、長安萬年令大索京畿富商，刑法嚴峻，長安令薛苹荷校乘車，於坊市搜索，人不勝鞭笞，乃至自縊。京師囂然，如被盜賊。搜括既畢，計其所得纔八十萬貫，少尹韋禎又取僦櫃質庫法拷索之，纔及二百萬。丁丑，彭王傅徐浩卒，贈太子少師。戊寅，以中書侍郎、平章事張鎰兼鳳翔尹、隴右節度使，以代朱泚。加泚實封五百戶，賜竇氏名園、涇水上腴田及錦綵金銀器，以安其意，時滔叛故也。壬午，貶御史大夫嚴郢爲費州長史，杖殺左巡使、殿中侍御史鄭詹。郢歲餘卒〔二〕。

五月丙戌，增兩稅、鹽榷錢，兩稅每貫增二百，鹽每斗增一百。丁亥，貶太子詹事邵說歸州刺史，卒於貶所。辛卯，詔朔方節度使李懷光率神策及朔方軍東討。丙申，詔：「故伊西北庭節度使楊休明、故河西節度使周鼎、故西州刺史李琇璋、故瓜州刺史張銑等，寄崇方鎮，時屬殷憂，固守西陲，以抗戎虜。歿身異域，多歷歲年，以迨于茲，旅櫬方旋，誠深追悼，宜加寵贈，以賁幽泉。休明可贈司徒，鼎贈太保，琇璋贈戶部尚書，銑贈兵部侍郎。」皆隴右牧守，至德已來陷吐蕃而歿故，至是西蕃通和，方得歸葬也。丁酉，加河東節度使、檢校左僕射馬燧同平章事，澤潞李抱眞檢校右僕射，河陽李芃檢校兵部尚書，神策營招討使李晟右散騎常侍，賞破田悅功也。乙巳，貶戶部侍郎、判度支杜佑爲蘇州刺史，以中書舍人趙贊爲戶部侍郎、判度支。辛亥，易定節度賜名義武軍。

六月丁巳，尚書左丞庾準卒。甲子，京師地震。以左散騎常侍李涵爲入迴紇弔祭使，京兆少尹源休爲光祿卿。戊寅，以前衢州刺史趙涓爲尚書左丞，右庶子柳載爲右丞。辛未，朱滔、王武俊兵救田悅，至魏州北。是日李懷光兵亦至，馬燧、抱眞、李芃等盛軍容迓懷光。朱滔等慮其掩襲，遽出兵，懷光與之接戰於連篋山之西，王師不利，各還營壘。賊乃壅河決水，絕我糧道。

秋七月甲申，以前振武軍使王翃爲京兆尹，以兵部郎中楊眞爲御史中丞、京畿觀察使。以括率商戶，人情不安，癸巳，詔除已收納入庫外，一切停，已貯納者仍明置簿曆，各給文牒，後准元數卻還。甲午，以前同州刺史蕭復爲兵部侍郎。庚子，馬燧、李懷光、李抱眞、李艽等四節度兵退保魏橋。朱滔、王武俊、田悅之衆亦屯於魏橋東南，與官軍隔河對壘。自五月不雨，甲辰始雨。宣武節度李勉爲檢校司徒，懷寧李希烈檢校司空，邠寧李懷光同平章事，李艽封開陽郡王。

八月丁未，初分置汴東西水陸運兩稅鹽鐵事，從戶部侍郎、判度支趙贊奏也。戊午，太子賓客第五琦卒于位。辛酉，以涇原節度留後姚令言爲涇原節度使。戊辰，以江淮鹽鐵使、太常少卿包佶爲汴東水陸運兩稅鹽鐵使。己巳，加劍南西川節度使張延賞檢校吏部尙書。甲戌，以大理少卿崔縱爲汴西水陸運兩稅鹽鐵使〔三〕。丁丑，以禮儀使、太子少師顏眞卿爲太子太師。庚辰，徐海沂都團練使李洧卒。江淮訛言有毛人捕人，食其心，人情大恐。

九月丁亥，以李洧部將高承宗爲徐州刺史、徐海沂都團練使。判度支趙贊上言，請爲兩都、江陵、成都、揚、汴、蘇、洪等州署常平輕重本錢，上至百萬貫，下至十萬貫，收貯斛斗匹段絲麻，候貴則下價出賣，賤則加估收糴，權輕重以利民。從之。贊乃於諸道津要置吏稅商貨，每貫稅二十文，竹木茶漆皆什一稅一，以充常平之本。己亥夜，有猛獸入宣陽里，傷二人，詰朝獲之。

冬十月辛亥，以湖南觀察使嗣曹王皐爲洪州刺史、江西節度使。丙辰，以吏部侍郎關播爲中書侍郎、同平章事。都官員外郎樊澤使吐蕃迴，與蕃相尙結贊約來年正月望日會盟淸水。丙子，肅王詳薨。

十一月己卯，以山南西道節度使賈耽檢校工部尙書，兼襄州刺史、御史大夫、山南東道節度使，以興鳳團練使嚴震爲梁州刺史、山南西道節度使。甲午，以前山南東道節度使李承爲潭州刺史、湖南觀察使。是月，朱滔、田悅、王武俊於魏縣軍壘各相推奬，僭稱王號。滔稱大冀王，武俊稱趙王，悅稱魏王。又勸李納稱齊王。僭署官名如國初親王行臺之制。丁丑，李希烈自稱天下都元帥、太尉、建興王，與朱滔等四盜膠固爲逆。

四年春正月戊寅朔。丁亥，鳳翔節度使張鎰與吐蕃宰相尙結贊同盟于淸水。庚寅，李希烈陷汝州，執州將李元平而去〔三〕，東都震駭。甲午，遣顏眞卿宣慰李希烈軍。戊戌，以龍武大將軍哥舒曜爲東都畿汝節度使，率鳳翔、邠寧、涇原等軍，東討希烈。丙午，福建觀察使常袞卒。

二月戊申，於河陽三城置河陽軍節度。乙卯，哥舒曜收汝州。丁丑，以工部侍郎蔣鎭充禮儀使。

三月己卯，復置沔州。癸未，以左散騎常侍孟皥爲福建都團練觀察使。辛卯，嗣曹王臯擊李希烈將陳質之衆，敗之，收復黃州。丁酉，荆南張伯儀與賊戰，敗績。嗣曹王收復蘄州。

夏四月庚申，以永平宣武河陽等軍節度都統、檢校司徒、平章事李勉爲淮西招討使，襄陽帥賈耽、江西嗣曹王等爲之副。甲子，京師地震，生黃白毛，長尺餘。丙子，哥舒曜進軍至潁橋，大震雷，人死者十之三四，乃退保襄城。

五月辛巳夜，京師地震。乙酉，潁王璬薨。乙巳，滑、濮二州黃河淸。滑州馬生角。

六月庚戌，初稅屋間架、除陌錢。時馬燧、李懷光、李抱眞、李芃屯魏縣，李晟屯易定，李勉、陳少遊、哥舒曜屯懷汝間，神策諸軍皆臨賊境。凡諸道之軍出境，仰給於度支，謂之食出界糧，月費錢一百三十萬貫，判度支趙贊巧法聚斂，終不能給。至是又稅屋，所由吏秉筆持算〔四〕，入人廬舍而抄計，峻法繩之，愁嘆之聲，徧於天下。

秋七月甲申，以國子祭酒李揆爲禮部侍郎，復其爵。甲午，以李揆爲左僕射、兼御史大夫，爲入吐蕃會盟使。

八月丁未，李希烈率衆三萬攻哥舒曜於襄城。湖南觀察使李承卒。

九月戊寅，龍見於汝州之城濠。丙戌，李勉將唐漢臣、劉德信喪師於扈澗，汴軍自此不振，東都危急。

冬十月丙午，詔涇原節度使姚令言率涇原之師救哥舒曜。丁未，涇原軍出京城，至滻水，倒戈謀叛，姚令言不能禁。上令載繒綵二車，遣晉王往慰諭之，亂兵已陣于丹鳳闕下，促神策軍拒之，無一人至者。與太子諸王妃主百餘人出苑北門，右龍武軍使令狐建方教射於軍中，聞難，聚射士得四百人扈從。其夕至咸陽，飯數匕而過。戊申，至奉天。己酉，元帥都虞候渾瑊以子弟家屬至，乃以瑊爲行在都虞候，神策軍使白志貞爲行在都知兵馬使，以令狐建爲中軍鼓角使，金吾將軍侯仲莊爲奉天防城使。亂兵旣剽京城，屯於白華，乃於晉昌里迎朱泚爲帥，稱太尉，居含元殿。上以奉天隘，欲幸鳳翔，壬子，鳳翔軍亂，殺節度使張鎰，乃止。癸丑，李希烈陷襄城，哥舒曜走洛陽。乙卯，賜檢校司空崔寧死。丁巳，以吏部尚書蕭復、刑部侍郎劉從一、諫議大夫姜公輔並以本官同中書門下平章事。邠寧節度韓遊瓌與論惟明率兵三千至，纔入奉天，賊軍亦至，乃出拒之，王師不利。賊乘勝攻門，自卯至午，殺傷殆半，會有草車在門外，渾瑊令焚之，賊衆遂退。癸巳，泚賊三面攻城，渾瑊力戰禦之，方退，大將呂希倩死之。賊自丁未攻城，至己巳二十餘日，矢石不絕。

十一月乙亥，以隴右節度判官、隴州留後、殿中侍御史韋皐爲隴州刺史、兼御史大夫、奉義軍節度使。靈武留後杜希全、鹽州刺史戴休顏、夏州刺史時常春合兵六千來援〔一四〕，至漠谷，爲賊所敗而退。賊由是攻城愈急，矢石雨下，死傷者衆，人心危蹙，上與渾瑊對泣。朱泚據乾陵作樂，下瞰城中，詞多侮慢。戊子，賊造雲橋，攻東北隅，兵仗不能及，城中憂恐，相顧失色。渾瑊預爲地道，及雲橋傅城，脚陷不得進，瑊命焚之，風迴焰轉，橋焚而賊退。朔方節度李懷光遣兵馬使張韶奉表，言大軍將至，乃令昇韶巡城，叫呼歡聲動地，賊不之測，疑懼緩攻。癸巳，懷光軍次醴泉，是夜賊解圍而去。神策將李晟自定州率師赴難，軍於渭橋。甲午，以商州都虞候王仙鶴權商州防禦使。

十二月壬戌，貶門下侍郎、平章事盧杞爲新州司馬，貶行在都知兵馬使白志貞爲恩州司馬，戶部侍郎、判度支趙贊爲播州司馬。癸亥，以京兆少尹裴腆判度支。甲子，以湖南觀察留後趙憬爲湖南觀察使。乙丑，以祠部員外郎陸贄爲考功郎中，金部員外郎吳通微爲職方郎中，翰林學士並如故。以侍御史吳通玄爲起居舍人，充翰林學士。己巳，以河中尹李齊運爲宗正卿。庚午，李希烈陷汴州。以右庶子崔縱爲京兆尹。癸酉，以中書侍郎、平章事關播爲刑部尚書，司封郎中杜黃裳爲給事中。命給事中孔巢父淄青宣慰，華州刺史董晉河北宣慰。

興元元年春正月癸酉朔，上在奉天行宮受朝賀，詔曰：

立政興化，必在推誠；忘己濟人，不吝改過。朕嗣服丕構，君臨萬邦，失守宗祧，越在草莽。不念率德，誠莫追於既往；永言思咎，期有復於將來。明徵其義，以示天下。小子懼德不嗣，罔敢怠荒。然以長於深宮之中，暗於經國之務，積習易溺，居安忘危，不知稼穡之艱難，不恤征戍之勞苦。致澤靡下究，情不上通，事既壅隔，人懷疑阻。猶昧省己，遂用興戎，徵師四方，轉餉千里。賦車籍馬，遠近騷然；行賫居送，衆庶勞止。力役不息，田萊多荒。暴令峻於誅求，疲民空於杼軸，轉死溝壑，離去鄉里，邑里丘墟，人煙斷絕。天譴于上而朕不寤，人怨于下而朕不知。馴致亂階，變起都邑，賊臣乘釁，肆逆滔天，曾莫愧畏，敢行凌逼。萬品失序，九廟震驚，上累於祖宗，下負于蒸庶。痛心靦面，罪實在予，永言愧悼，若墜泉谷。賴天地降祐，人祇協謀，將相竭誠，爪牙宣力，羣盜斯屏，皇維載張。將弘遠圖，必布新令。朕晨興夕惕，惟省前非。乃者公卿百僚用加虛美，以「聖神文武」之號，被蒙暗寡昧之躬，固辭不獲，俯遂羣議。昨因內省，良所瞿然。自今已後，中外書奏不得言「聖神文武」之號。

今上元統曆，獻歲發祥，宜革紀年之號，式敷在宥之澤，可大赦天下，改建中五年爲興元元年。李希烈、田悅、王武俊、李納，咸以勳舊，繼守藩維，朕撫馭乖方，致其疑懼，皆由上失其道而下罹其災。一切並與洗滌，復其爵位，待之如初，仍即遣使宣諭。朱滔以泚連坐，路遠必不同謀，永念舊勳，務存弘貸，如能效順，亦與惟新。朱泚反易天常，盜竊名器，暴犯陵寢，所不忍言，獲罪祖宗，朕不敢赦。除泚外，並從原宥。應赴奉天并進收京城將士，並賜名「奉天定難功臣」，身有過犯，減罪三等，子孫過犯，減罪二等。先稅除陌、間架等錢，竹木茶漆等稅，並停。奉天升爲赤縣。

分命朝臣諸道宣諭。以奉天行營都團練使楊惠元檢校工部尙書〔一六〕。丙戌，以吏部侍郎蕭復爲門下侍郎、同平章事，以吏部侍郎盧翰爲兵部侍郎、同平章事。戊子，命宰臣蕭復往山南、荆南、湖南、江西、鄂岳、浙江東西、福建等道宣慰。己丑，以京兆尹裴腆爲戶部侍郎、判度支。丙申，以山南東道行軍司馬樊澤爲襄州刺史、山南東道節度使；以渾瑊爲行在都知兵馬使；以前趙州觀察使康日知兼同州刺史，充奉誠軍節度使。辛丑，詔六軍各置統軍一員，秩從二品；左右常侍各加一員；太子賓客加四員。

二月戊寅，詔故司農卿張掖王段秀實贈太尉，謚曰忠烈，賜實封五百戶。贈滑州兵馬使賈隱林左僕射，以滑州刺史李澄兼汴州刺史、汴滑節度使。是日，李晟自咸陽移兵東渭橋，避懷光也。晟以懷光反狀已明，請上幸蜀。王武俊効順，加中書門下平章事，兼幽州節度使，令討朱滔。吐蕃遣使來朝，請以兵助國討逆，乃令御史大夫于頎入蕃宣諭之。甲子，加李懷光太尉，仍賜鐵券，赦三死罪。懷光怒曰：「凡人臣反逆，乃賜鐵券，今賜懷光，是反必矣！」乃投之於地。上命翰林學士陸贄曉諭之。是日人心恐駭。懷光奪楊惠元、李建徽所將兵，惠元被害。丁卯，車駕幸梁州，留戴休顏守奉天，以御史中丞齊映爲沿路置頓使。李晟大集兵賦，以收復爲己任。李懷光患之，移軍涇陽，連朱泚，欲同滅晟。晟卑詞厚意，致書諭之，冀其感悟，懷光頗增愧懼。

三月甲申，以秘書監崔漢衡爲上都留守，右散騎常侍于頎爲京兆尹。是日，懷光燒營，走歸河中。其將孟涉、段威勇等千人奔歸李晟。丙戌，以前饒州刺史杜佑爲廣州刺史、嶺南節度使，加神策節度使李晟兼京畿渭北鄜坊丹延節度觀察使。庚寅，車駕次城固。唐安公主薨，上愛女，悼惜之甚。壬申，至梁州。丁丑，宣武節度使劉洽加同平章事。己亥，以行在都知兵馬使渾瑊檢校左僕射、同平章事、靈州大都督，充朔方節度使、邠寧振武永平奉天行營副元帥。是日，詔授李懷光太子太保，其餘官職並罷。涇州亂，牙將田希鑒殺其帥馮河清，自稱留後。

四月辛丑朔。時將士未給春衣，上猶夾服，漢中早熱，左右請御暑服，上曰：「將士未易多服，獨御春衫可乎！」俄而貢物繼至，先給諸軍而始御之。壬寅，詔奉天隨從將士並賜號「元從功臣」。以邠寧兵馬使韓遊瓌爲邠寧節度使。尚書左丞趙涓卒。己巳，以陝虢防遏使唐朝臣爲河中尹、河中同晉絳節度使，御史大夫李齊運兼京兆尹。魏博行軍司馬田緒殺其帥田悅，詔贈悅太尉，以緒爲魏州長史、魏博節度觀察使。甲寅，以諫議大夫、平章事姜公輔爲左庶子，加劍南節度使張延賞同平章事，以前山南東道節度使賈耽爲工部尚書。甲子，入蕃使、左僕射李揆卒於鳳州。乙丑，渾瑊與吐蕃將論莽羅之衆破賊將韓旻之衆於武功，斬首萬級。丙寅，加李納平章事。丁卯，義王玭薨。

五月，淮南節度使陳少遊加檢校司徒，東川節度使李叔明太子太傅，鎮海軍韓滉檢校右僕射。癸酉，涇王侹薨。徐沂海團練使高承宗卒，以其子明應知徐州事。丙子，李抱眞、王武俊破朱滔於經城東南〔一七〕，斬首三萬級，擒僞相朱良祐、李俊以獻。朱滔遁歸幽州。癸未，岳州李兼、黔南元全柔、桂管盧嶽加御史大夫，嶽加中丞〔一八〕。庚寅，李納上章稟命，乃贈李正己太尉。壬辰，商州尚可孤破賊於藍田。乙未，安西四鎮節度使郭昕、北庭都護李元忠加左右僕射。是夜，李晟自渭北移軍於光泰門外。賊來薄，我軍爭奮擊，大敗之，壁入光泰門，斬馘數千計，賊黨慟哭而入白華。戊辰，列陣於光泰門外。遣騎將史萬頃往神麐村，開苑牆二百餘步，賊樹柵當之。我軍爭柵，雲合電擊，與賊血戰，賊黨大敗，追擊至白華，朱泚、姚令言率衆萬餘遁去。晟收復京城。是日，渾瑊與戴休顏亦破賊三千於咸陽，韓遊瓌追朱泚於涇州。

六月庚子朔，升恆州爲大都督府。癸卯，贈神策兵馬使楊惠元右僕射。是日，李晟上收京城露布，上覽之，涕下霑襟。涇州田希鑒斬姚令言，幽州軍士韓旻於彭原斬朱泚，並傳首至行在。乙巳，遣吏部侍郎班宏入京宣諭。己酉，加李晟司徒、兼中書令，實封一千戶；駱元光、尙可孤加檢校左右僕射，皆實封五百戶。以涇州將田希鑒爲涇州刺史、涇原節度使。癸丑，詔以梁州爲興元府，南鄭縣爲赤畿〔二九〕，官名品制視京兆、河南，百姓給復二年，見任官員加兩階，耆老與版授，南鄭縣令賜緋。加興元尹嚴震檢校右僕射，賜實封一百戶。加渾瑊侍中，實封八百戶；韓遊瓌檢校左僕射，實封四百戶；戴休顏檢校右僕射，實封二百戶。考功郎中、知制誥陸贄，司封郎中、知制誥吉中孚，並爲諫議大夫；水部員外郎顧少連爲禮部郎中：並依前充翰林學士。行在左右廂兵馬使令狐建、時常春並加散騎常侍。丙辰，斬僞相李忠臣，籍沒其家。李晟奏受賊僞署同惡抵法之家，所沒財物、牛馬、奴婢，請以賞軍士。從之。戊午，車駕還京，發興元，是日大雨，及入斜谷，晴霽，從官將士懽然以爲天助。

秋七月丙子，車駕次鳳翔府。詔放管內今年秋稅；耆壽侍老八十已上，各與版授刺史，賜紫，其餘版授上佐，賜緋；府、縣置頓官，考滿日放選。受僞署官喬琳、蔣鎭、張光晟、李通、蔣鎭伏誅。朱泚害郡王、王子、王孫七十七人於馬璘宅，丁丑，令所司具凶禮收殮於淨域寺。庚辰，詔：

李懷光往因職任，頗著幹能，朕嗣位之初，首加拔擢，託爲心膂，授以節旄。頃歲河朔不寧，俾令征討，任兼將相，恩極丘山。及朱泚猖狂，擾亂京邑，懷光迴軍赴難，宗社再寧，保佑朕躬，厥功甚茂。故元帥、河中之權，太尉、中書之秩，仍加實封，爰及宗親，人臣之榮，孰可爲比？非朕於懷光不厚，豈朕報懷光不崇！賊寇未除，猜嫌已構，受朱泚姦兇之說，聽張佋罔惑之言，曾不沈思，遂生疑阻，交通逆孽，殘害忠良。朕志在推誠，事皆掩覆，禮遇轉厚，委任益隆。懷光都不改圖，愈深不軌。敕書慰問將士，懷光並不令宣；三軍咸欲收城，懷光並不令出。自云已共朱泚定約，不能更事國家。朕以眇身，獲承鴻業，務全大計，移幸山南，倉皇之間，備歷危險。據其罪狀，情實難容，然以解圍奉天，其功不細，昨又遣男璀謝罪，請束身歸朝。朕憫其知過之心，念其赴難之効，以功贖罪，務在優恩。今遣給事中孔巢父賚先授懷光太子太保敕牒，往河中宣諭，三日內便與懷光同赴上都，如欲家口同行，亦聽懷光自便。朕必能保全終始，寵待如初。

朔方將士，嘗立大功，子儀再收京城，咸是此軍之効，昨遠從河朔，赴難奉天，逆賊畏威，望風奔遁，永言勞績，朕不暫忘。將士各竭忠謀，中遭迫脅，朕每念及，痛心自咎。比者君臣阻隔，只爲懷光一人，懷光既請入朝，尙捨其罪，況諸將士並是功臣，各宜坦然，勿更憂慮。先賜官封，一切如舊。

壬午，至自興元。時渾瑊、韓遊瓌、戴休顏以其衆扈從，李晟、駱元光、尙可孤以其衆奉迎，步騎十餘萬，旌旗連亙數十里，都民僧道，歡呼感泣。李晟見於三橋，自陳收城遲晚之咎，伏地請罪，上慰勞遣之。丁亥，河中宣慰使孔巢父、中官啖守盈並爲懷光所害。辛卯，御丹鳳樓，大赦天下。賜李晟永崇里第，女樂八人。甲午，命宰臣諸將送晟入新賜第，教坊樂〔一〇〕，京兆府供帳食饌，鼓吹導從，京城以爲榮觀。

八月辛丑，詔所司爲贈太尉段秀實樹碑立廟。淄青節度使承前帶陸海運、押新羅渤海兩蕃等使，宜令李納兼之。癸卯，加司徒、中書令、合川郡王李晟兼鳳翔尹，充鳳翔隴右節度等使、涇原四鎭北庭行營兵馬副元帥，改封西平郡王。河東保寧軍節度使、太原尹、北都留守、檢校司徒、平章事、北平郡王馬燧爲奉誠軍晉絳慈隰節度行營兵馬副元帥；以靈鹽節度使、侍中、兼靈州大都督、樓煩郡王渾瑊爲河中尹、晉絳節度使、河中同陝虢等州及管內行營兵馬副元帥，改封咸寧郡王〔一一〕。時方命瑊與馬燧各出師討懷光故也。甲辰，以金吾大將軍杜希全爲靈州大都督、西受降城天德軍靈鹽豐夏節度營田等使；以同絳節度使唐朝臣爲鄜坊丹延等州節度使；以保義軍節度使、鳳翔尹李楚琳爲金吾大將軍；以奉義軍節度使、隴州刺史韋臯爲左金吾衞大將軍。戊申，以奉天行營節度戴休顏爲左龍武統軍。己酉，以延王玢、隨王迅、西平長公主薨，廢朝。己未，前湖州刺史袁高爲給事中。

九月庚午，宗正卿李琬卒。賜渾瑊大寧里第，并女樂五人，詔宰臣諸將賜樂饋贈如送李晟入第故事。壬午，贈故右僕射致仕李涵太子太保。乙亥，王武俊加檢校司徒，李抱眞檢校司空，並賜實封五百戶，賞破朱滔之功也。甲申，以前嶺南節度使元琇爲戶部侍郎、判度支。丁亥，上顧謂宰臣曰：「今大盜雖除，時猶多難，宜廣延納，以達下情。近日諫官都無論奏，自今每正衙及延英坐日，常令朝臣三兩人面奏時政得失，庶有弘益也。」

是秋，螟蝗蔽野，草木無遺。

冬十月乙丑，馬燧收絳州。戊辰，令中官竇文場、王希遷監左右神策軍都知兵馬使。

閏月庚午，詔：「朕臨御萬方，失於君道，兵革不息，于今五年。閔衆庶之勞，悔征伐之事。而李希烈蔑義棄德，反道虐人。朕哀彼生靈，陷于塗炭，苟存拯物，不憚屈身。故於歲首特布新令，赦其殊死，待以至誠。使臣纔及於郊圻，巨猾已聞其僭竊，酷烈滋甚，吞噬無厭。將相大臣，咸懷憤激，繼陳章疏，固請討除。朕以所行天誅，本去人害，兵戈既接，玉石難分。

言念勳臣，橫遭脅制，雖思改革，厥路無由。受汚終身，銜冤沒代，淪胥以逞，誠可痛傷。豈孽自一夫，而毒流萬姓，爲人父母，寧不愧懷！宜令諸道節度使明行曉諭，罪止元兇，脅制之徒，一切不問。」唐朝臣奏收永樂縣。癸酉，以右龍武大將軍李觀爲涇州刺史、涇原節度使。乙亥，詔宋亳、淄青、澤潞、河東、恆冀、幽、易定、魏博等八節度，螟蝗爲害，蒸民饑饉，每節度賜米五萬石，河陽、東畿各賜三萬石，所司般運，於楚州分付。丁丑，李晟至涇州，誅節度使田希鑒，罪其殺馮河清也。戊子，希烈將李澄以滑州歸國。甲午，以李澄爲汴州刺史、汴滑節度使，封武威郡王。神策行營節度使、檢校尙書右僕射、馮翊郡王尙可孤卒。

十一月癸卯，宋亳節度使劉洽與曲環破希烈之衆於陳州，俘斬三萬級，生擒賊將翟崇暉以獻。戊午，劉洽大破希烈之衆，擒其僞相鄭賁等五人以獻。希烈遁歸蔡州，汴州平。乙丑，宰相蕭復三上章乞罷免，許之。

十二月乙亥，淮南節度使、檢校司空、平章事陳少遊卒。贈蕭定太子太師。以壽州刺史張建封爲濠壽都團練使。庚辰，以刑部侍郎杜亞爲揚州長史、淮南節度使。戊子，以吏部郎中崔造爲給事中。辛卯，以諫議大夫陸贄爲中書舍人，依前翰林學士。詔翰林學士朝服班序，宜同諸司官知制誥例。

貞元元年正月丁酉朔，御含元殿受朝賀，禮畢，宣制大赦天下，改元貞元。戊戌，大風雪，寒。去秋螟蝗，冬旱，至是雪，寒甚，民饑凍死者踣於路。丁未，以饒州刺史盧惎爲福州刺史、福建觀察使。癸丑，始聞太子太師、魯郡公顏眞卿爲希烈所害〔三〕，追贈司徒，廢朝五日，謚曰文忠。仍特授男頵、碩等官。壬戌，以吉州長史盧杞爲澧州別駕，尋卒。

二月丙寅朔，遣工部尚書賈耽、侍郎劉太眞分往東都、兩河宣慰。河南、河北饑，米斗千錢。癸未，李抱眞、嚴震來朝。寒食節，上與諸將擊鞠於內殿。丙戌，以檢校秘書監金良相爲檢校太尉、使持節、大都督、雞林州刺史、寧海軍使，襲封新羅王。辛卯，大雨。

三月丙申朔，以蜀州刺史韓洄爲兵部侍郎，以汴東水陸運等使、左庶子包佶爲刑部侍郎。辛丑，戶部侍郎、判度支元琇兼諸道水陸運使。丁未，李希烈陷南陽，殺守將黃金嶽。甲寅，詔宰臣宣諭御史，今後上封彈奏，人自陳論，不得羣署章疏。戊午，宣武帥劉洽檢校司空；以汴滑節度使李澄爲滑州刺史，充鄭滑節度使。加李納司空。

夏四月乙丑朔，普王誼改封舒王。癸酉，鄂岳觀察使李謙爲洪州刺史、江西都團練觀察使。丁丑，以江西節度使嗣曹王皐爲江陵尹、荊南節度使。己卯，改滑州永平軍名曰義成。江陵度支院失火，燒租賦錢穀百餘萬。時關東大饑，賦調不入，由是國用益窘。關中饑民蒸蝗蟲而食之。汴帥劉洽賜名玄佐。

五月癸卯，分命朝臣禱羣神以祈雨。蝗自海而至，飛蔽天，每下則草木及畜毛無復孑遺。穀價騰踊。辛酉，以河陽都知兵馬使雍希顏爲河陽懷都團練使。

六月丙子，以兵部侍郎韓洄爲京兆尹。辛巳，劉玄佐兼汴州刺史。壬午，以工部尚書賈耽兼御史大夫、東都留守、都畿汝州防禦使，以汴州刺史薛珏爲河南尹。辛卯，以左金吾衞大將軍韋皐檢校戶部尚書，兼成都尹、御史大夫、劍南西川節度觀察使。以國子祭酒董晉爲左金吾衞大將軍。幽州朱滔卒，贈司徒。

秋七月甲午朔，河東節度使馬燧自河中行營來朝。庚子，大風拔樹。辛丑，以左散騎常侍李泌爲陝州長史、陝虢都防禦觀察陸運使。丙午，以鎮海軍、浙江東西道節度使韓滉檢校尚書左僕射、同平章事、江淮轉運使，以河南尹薛珏爲河南水陸運使。戊申，馬燧還行營。辛亥，加檢校工部尚書王士眞爲德棣都團練觀察使。壬子，以前涿州刺史、兼御史中丞劉怦爲幽州長史、御史大夫、幽州盧龍節度副大使，兼知節度管理度支營田觀察〔三〕、押奚契丹經略盧龍等軍使。丁巳，以左散騎常侍柳渾爲兵部侍郎。庚申，以諫議大夫高參爲中書舍人。關中蝗食草木都盡，旱甚，灞水將竭，井多無水。有司計度支錢穀，纔可支七旬。甲子，詔：「夫人事失於下，則天變形於上，咎徵之作，必有由然。自頃已來，災沴仍集，雨澤不降，綿歷三時，蟲蝗繼臻，彌亙千里。菽粟翔貴，稼穡枯瘁，嗷嗷蒸人，聚泣田畝，興言及此，實切痛傷。徧祈百神，曾不獲應，方悟禱祠非救災之術，言詞非謝譴之誠。憂心如焚，深自刻責。得非刑法舛繆，忠良鬱湮，暴賦未蠲，勞師靡息。事或無益，而重爲煩費；任或非當，而橫肆侵蠹。有一於茲，足傷和氣。本其所以，罪實在予，萬姓何辜，重罹饑殍。所宜出次貶食，節用緩刑，側身增修，以謹天戒。朕自今視朝不御正殿，有司供膳並宜減省，不急之務，一切停罷。除諸軍將士外，應食糧人諸色用度，本司本使長官商量減罷，以救兇荒。俟歲豐登，即令復舊。」

甲子，李懷光大將尉珪以焦籬堡降。丁卯，懷光將徐庭光以長春宮兵六千人降。甲戌，朔方大將牛名俊斬李懷光，傳首闕下。馬燧收復河中。丁丑，始雨。己卯，詔：「朕誠信未著，撫御失宜，致使功臣陷於誅戮，謂之克敵，能不愧心！然以懷光一家，在法無捨；念其昔居將相，嘗寄腹心，罪雖挂於刑書，功已藏於王府。以干紀之迹，固合滅身；以赴難之勳，所宜有後。宜以懷光男一人爲嗣，賜莊宅各一區。仍還懷光屍首，任其收葬。懷光妻、諸兒女，遞送灃州，委李皐逐便安置，使得存立。其出嫁女、諸親並釋放。陷賊將士，一切並與洗雪。河中、絳百姓，給復一年。北平王馬燧、咸寧王渾瑊並與一子五品正員官。燧可侍中，瑊可檢校司空。駱元光、韓遊瓌、唐朝臣各賜實封二百戶，與一子六品正員官。昨河中行營將士，共賜二十萬端匹以充宴賞，放歸本道。」新除中書侍郎、平章事張延賞爲尚書左僕射。時宰相劉從一病，詔徵延賞。李晟與延賞有隙，自鳳翔上表論之。延賞罷鎮西川還，行至興元，改授左僕射。戊子，前河陽節度使、檢校尚書左僕射、開陽郡王李芃卒〔三〕。

九月己亥，幽州節度劉怦病，請以子濟權知軍州事，從之。癸卯，以牛名俊爲丹州刺史。御史大夫崔縱奏：「准制勘會內外官員，商量併省停減，詳議聞奏者。伏以兵戎未息，仕進頗多，在官者既合序遷，有功者又須褒賞。比來每至選集，不免據闕留人，嘗歎遺才，仍招怨望。況有恩詔，甄錄功勞，諸道敍優，人數甚廣，見須處置，不可稽留。今若停減吏員，實恐未便於事，非但承優者無官可授，抑又敍進者無路可容，本冀便人，翻成斂怨。事仍舊貫，以適時宜，更待事平，然後經度。」制從之。乙巳，上御正殿，策賢良方正、能直言極諫等三科舉人。辛亥，宰相劉從一以疾辭任，授戶部尚書。庚申，劉從一卒。幽州節度使劉怦卒。辛巳，以權知幽州盧龍軍府事劉濟爲幽州長史、兼御史大夫、幽州盧龍節度觀察、押奚契丹兩蕃等使。丙戌，渾瑊自河中來朝。

十一月癸巳朔，山南嚴震來朝。癸卯，上親祀昊天上帝於圓丘。時河中渾瑊、澤潞李抱眞、山南嚴震、同華駱元光、邠寧韓遊瓌、鄜坊唐朝臣、奉誠康日知等大將侍祠。郊壇畢，還宮，御丹鳳樓，大赦天下。丁丑，詔文武常參官共賜錢七百萬貫，以歲凶穀貴，衣冠窘乏故也。

十二月戊辰，詔延英視事日，令常參官七人引對，陳時政得失。自是羣官互進，有不達理道者，因多詆訐，不適事宜，上亦優容遣之。

二年春正月壬辰朔，以歲饑罷元會，禮也。丙申，詔以民饑，御膳之費減半，宮人月共糧米都一千五百石，飛龍馬減半料；臺郎御史與兼官出爲畿赤令。庚子，大雪，平地尺餘。壬寅，以散騎常侍劉滋、給事中崔造、中書舍人齊映並守本官，同中書門下平章事。門下侍郎、平章事盧翰爲太子賓客。丁未，以禮部侍郎鮑防爲京兆尹，京兆尹韓洄爲刑部侍郎，國子祭酒包佶知禮部貢舉。以江陵少尹李復爲容州刺史、本管經略使。癸丑，以御史大夫崔縱爲吏部侍郎。諫議大夫、知制誥、翰林學士吉中孚爲戶部侍郎、判度支兩稅，元琇判諸道鹽鐵、榷酒。詔宰相齊映判兵部，李勉判刑部，劉滋判吏部、禮部，崔造判戶部、工部。甲寅，詔天下兩稅錢物，委本道觀察使、刺史差人送上都；其先置諸道水陸轉運使及度支巡院、江淮轉運等使並停。時崔造專政，改易錢穀，職事多隳敗；造尋以憂病歸第。

二月癸亥，山南樊澤奏破希烈將杜文朝之衆五千，擒文朝以獻。乙丑，鹿入含元殿，衞士執之。甲戌，戶部侍郎元琇爲尚書左丞，京兆少尹李竦爲戶部侍郎、判鹽鐵榷酒。

三月壬寅，滑州李澄奏破希烈之衆於鄭州。乙巳，以司農卿李模爲黔中觀察使。

四月丙寅，淮西李希烈爲其牙將陳仙奇所酖，幷誅其妻子，仙奇以淮西歸順。戊辰，以前黔中觀察使元全柔爲湖南觀察使。辛巳，陝州觀察使李泌奏盧氏山冶出瑟瑟，請禁以充貢奉。上曰：「瑟瑟不產中土，有則與民共之，任人採取。」甲申，詔以淮西牙將陳仙奇爲蔡州刺史、淮西節度使，都統劉玄佐、李澄、曲環、李皐、賈耽、張建封各與一子正員官，賞平淮、蔡功也。丁未，以劍南東川節度使李叔明爲太子太傅，以東川兵馬使王叔邕爲梓州刺史、劍南東川節度使。

五月丙申，自癸巳大雨至於兹日，饑民俟夏麥將登，又此霖澍，人心甚恐，米斗復千錢。丁酉，以伊西北庭節度留後楊襲古爲北庭大都護、伊西北庭節度度支營田瀚海等使。己亥，百僚請上復常膳；是時民久饑困，食新麥過多，死者甚衆。伊西北庭節度使李元忠卒，贈司空。辛酉，大風雨，街陌水深數尺，人有溺死者。癸未，橫海軍使、滄州刺史程日華卒，以其子懷直權知軍州事。

秋七月戊子，黔中觀察使理所復在黔州。辛卯，以開州別駕白志貞爲果州刺史。乙未，福建觀察盧惎卒。己酉，以虔王諒爲申光隨蔡節度大使，以淮西兵馬使吳少誠爲蔡州刺史、知節度留後，加東都留守賈耽東都畿唐汝鄧都防禦觀察使，以隴右行營節度使曲環爲陳許節度使。戊午，以鄜坊節度唐朝臣爲單于大都護、振武綏銀節度使，右金吾大將軍論惟明爲鄜州刺史、鄜坊都防禦觀察使。己巳，以金吾大將軍董晉爲尚書右丞。庚辰，右散騎常侍蔣沇卒。丙戌，吐蕃寇涇、隴、邠、寧，諸鎭守閉壁自固，京師戒嚴。遣河中節度駱元光鎭咸陽〔三五〕。

九月，詔：「左右金吾及十六衞將軍，故事皆擇勳臣，出鎭方隅，入居侍從。自天寶艱難之後，衞兵雖然廢闕，將軍品秩尤高。此誠文武勳臣出入轉遷之地，宜增祿秩，以示優崇。並宜加給料錢及隨身糧課，仍舉故事，置武班朝參，其廊下食亦宜加給。其十六衞各置上將軍一人，秩從二品；左右金吾上將軍，俸料次於六統軍支給。欲求致理，必藉兼才，文武遞遷，不全限隔。自今內外文武缺官，於文武班中量才望相參敍用。仍依故事，於本衞量置衞兵。所司條件以聞。」丁酉，義成軍節度、鄭滑觀察等使、檢校尚書左僕射、滑州刺史、武威郡王李澄卒。以東都畿唐鄧汝等防禦觀察使賈耽檢校尚書右僕射，兼滑州刺史、義成軍節度、鄭滑等州觀察使。戊戌，以吏部侍郎崔縱檢校禮部尚書、東都留守、東都畿唐鄧汝防禦觀察使。己亥，敕左右衞上將軍、大將軍並於衙內宿。乙巳，吐蕃寇好畤，京師戒嚴。李晟部將王佖擊吐蕃於汧陽城，敗其中軍。辛亥，寇鳳翔，李晟出師禦之，一夕而退。

冬十月壬午，奏關內、河中、河南等道秋夏兩稅、青苗等錢，悉折納粟麥，兼加估收糴以便民，從之。是月，李晟破吐蕃摧沙堡。

十一月甲午，册淑妃王氏爲皇后。乙未，兩浙節度使韓滉來朝。丁酉，册皇后王氏；是日后崩，謚曰昭德。辛丑，吐蕃陷鹽州。壬寅，劉玄佐、曲環、鄂岳盧玄卿並來朝。

十二月丁巳，以韓滉兼度支、諸道鹽鐵轉運使。吐蕃陷夏州，又陷銀州。庚申，以給事中、同平章事崔造爲右庶子。貶尚書右丞、度支元琇爲雷州司戶，爲韓滉誣奏，人以爲非罪，諫官屢論之。辛未，鳳翔李晟來朝。壬申，京城畿內榷酒，每斗榷錢一百五十文，蠲酒戶差役，從度支奏也。

三年春正月丙戌朔。壬寅，以左僕射張延賞同中書門下平章事。乙巳，禮部侍郎薛播卒。辛亥，以戶部侍郎李竦爲鄂岳觀察使。壬子，以兵部侍郎柳渾同中書門下平章事；劉滋守本官，罷知政事；中書舍人、平章事齊映貶夔州刺史。戊寅，度支鹽鐵轉運使、鎮海軍節度、浙江東西道觀察等使、檢校左僕射、同中書門下平章事、晉國公韓滉卒，贈太傅。以果州刺史白志貞爲潤州刺史、兼御史大夫、浙西觀察使，宣州刺史皇甫政爲越州刺史、浙東觀察使。

三月庚寅，詔今年朝集使宜停。丙午，鳳翔隴右元帥副兵馬使吳詵爲福建觀察使，鳳翔都虞候邢君牙爲鳳翔尹、本府團練使。丁未，制鳳翔隴右涇原四鎮北庭管內兵馬副元帥、鳳翔隴右道節度使、奉天靖難功臣、司徒兼中書令、鳳翔尹、上柱國、西平郡王、食實封一千五百戶李晟可太尉兼中書令。庚戌，以晟甥元帥兵馬使王佖爲右威衞上將軍。辛亥，河東馬燧來朝。時蕃相尚結贊使大將論頰熱卑辭厚意告馬燧，請兩國同盟和好，上疑其不誠，不允，故燧自將論頰熱入朝，盛言蕃相請盟，可以保信。上乃從之，許盟于平涼。

夏四月庚申，詔：「蕃寇雖退，疆理猶虞，安邊之策，必有良算，宜令常參官各陳邊事，隨所見封進以聞。」入蕃使崔翰奏於蕃中誘問給役者，求蕃國人馬眞數，云凡五萬九千餘人，馬八萬六千匹，可戰者僅三萬人，餘悉老幼。庚午，御麟德殿，試定難樂曲，馬燧所獻。

五月丁亥，以侍中渾瑊爲吐蕃清水會盟使，兵部尚書崔漢衡副之；瑊與駱元光率師二萬往會盟所。丁酉，以左丞暢悅爲湖南觀察使。戊戌，左右神策、左右龍武各加將軍一員。丙午，以嶺南節度使杜祐爲尚書右丞，以容管經略使李復爲廣州刺史、嶺南節度使。蕃相尚結贊請改會盟之所於原州之土梨樹，神策將馬有麟奏：「土梨地多險阨，恐蕃軍隱伏；不如平涼川，其地坦平，又近涇州。」乃改盟於平涼川。十月〔二六〕，東都、河南、江陵、汴州、揚州大水，漂民廬舍。

閏月乙卯，以國子司業裴胄爲潭州刺史、湖南觀察使。戊午，陝虢李泌獻瑞麥，一莖五穗。庚申，詔省州縣官員，上州留上佐、錄事、參軍、司戶、司士各一員，中州上佐、錄事、參軍、司戶、司兵各一員，下州上佐、錄事、司戶各一員，京兆河南兩府司錄、判司及四赤丞、簿、尉量留一半，諸赤畿縣留令、丞、尉各一員。時宰相張延賞請減官收俸料以助軍討吐蕃故也。壬戌，日有黑暈，自辰及申方散。癸亥，以荆南節度使、檢校戶部尚書、嗣曹王皋爲襄州刺史、山南東道節度、襄鄧郢安隨唐等州觀察使，以山南東道節度使樊澤爲江陵尹、荆南節度使。辛未，侍中渾瑊與吐蕃宰相尚結贊同盟于平涼，爲蕃兵所劫，瑊狼狽遁而獲免，崔漢衡已下將吏陷沒者六十餘人。癸酉，遣使齎書以讓結贊，蕃界不受。戊寅，枉矢墜于虛危。辛巳，以少府監盧嶽爲陝虢觀察使。是月，太白晝見，凡四十餘日。

六月丙戌，以檢校司徒、侍中馬燧爲司徒兼侍中，以贊吐蕃之盟失策而罷兵柄也。以陝虢觀察使李泌爲中書侍郎、平章事，以左龍武將軍李自良爲檢校工部尚書、太原尹、河東節度使。乙巳，浙西觀察使白志貞卒。是月，吐蕃驅鹽、夏二州居民，焚其州城而去。

七月甲寅，渾瑊自盟所來，素服待罪，釋之。乙卯，詔：「朕頃緣興師備邊，資用不給，遂權議減官，以務集事。近聞授官者皆已隨牒之任，扶老攜幼，盡室而行。俸祿未請，歸還無所，衣冠之弊，流寓何依？其先敕所減官員，並宜仍舊。」初既減員，內外咨怨張延賞，李泌初入相，乃諷諫官論之，乃下此詔。丙辰，平涼陷蕃官員崔漢衡已下各與一子正員官。以左羽林大將軍韓潭爲夏州刺史、夏綏銀等州節度使。壬申，賜駱元光姓曰李元諒〔二七〕。尚書左僕射、同中書門下平章事張延賞薨，贈太保。癸酉，復置吏部小選。

八月辛巳朔，日有蝕之。丁亥，陷蕃兵部尚書崔漢衡得還。己丑，以兵部侍郎、平章事柳渾爲散騎常侍，罷知政事。壬申，以給事中王緯爲潤州刺史、浙西觀察使〔三八〕，常州刺史劉贊爲宣州刺史、宣歙池觀察使。戊戌，貶前門下侍郎、同平章事蕭復爲太子左庶子，饒州安置，坐宗人位、佩、儒、偲、鼎等連郜國長公主姦蠱事也。戊辰，吐蕃犯塞，諸軍戒嚴。

九月丁巳，吐蕃大掠汧陽、吳山、華亭界民庶，徙於安化峽西。庚申，左庶子崔造卒。癸亥，迴紇可汗遣使合闕將軍請昏於我，許以咸安公主降之〔三九〕。丙寅，吐蕃陷華亭，又陷涇州之連雲堡。甲戌，吐蕃退，俘掠邠、涇、隴等州民戶殆盡。自是蕃寇常至涇、隴。

冬十月，吐蕃修原州城，屯據之。丁亥，太子太傅李叔明卒。丙戌，神策將魏循上言：「射生將韓欽緒等十餘人與資敬寺妖僧李廣弘同謀不軌；廣弘自言當爲人主，約十月十日大舉，已署置將相名目。」詔捕劾之，連坐死者百餘人；欽緒，遊瓌之子，特赦之。是月，復降魚書停刺史務。

十一月丁丑，以湖南觀察使趙憬爲給事中。是夜，京師地震者三，鳥巢散落。壬申，禁商人不得以口馬兵械市於党項。辛丑，鄜坊節度使論惟明卒。是歲，作玄英觀於大明宮北垣。

校勘記

〔一〕關內支度鹽池六城水運大使　「度」字各本原無，據唐大詔令集卷六一補。

〔二〕加李正己司徒　册府卷八九「司徒」下有「兼太子太保寶臣爲司空兼」十一字。

〔三〕柳冕　各本原作「柳晃」，據新書卷一三二柳冕傳改。

〔四〕首領　局本作「首歸」，合鈔卷一二德宗紀作「首領」。

〔五〕東棘烏蠻守　册府卷九七二作「東爨烏蠻守愈等」。蠻書名類卷云：「西爨，白蠻也。東爨，烏蠻也。」

〔六〕國初以來　「初」字各本原無，據唐會要卷四五、册府卷一三三改。下文「據功績分爲三等」，唐會要、册府「三等」均作「二等」。

〔七〕淄青齊海登萊沂密德棣曹濮徐兗鄆十五州之地　「徐」字各本原無，據本書卷一二四李正己傳補。

〔八〕山南東道　「東道」二字各本原無，據本書卷一一五李承傳、通鑑卷二二七補。

〔九〕襲隴西郡王　「隴西」，各本原作「高麗朝鮮」，據本書卷一四二李寶臣傳改。

〔一〇〕幽州節度使朱滔張孝忠　合鈔卷一二德宗紀「朱滔」下有「成德軍節度使」六字。

〔一〕郢蔵餘卒　「郢」字各本原作「尹」，據本卷上文、新書卷一四五嚴郢傳改。

〔二〕汴西水陸運兩稅鹽鐵使　「陸」字各本原無，據本書卷一〇八崔渙傳、唐會要卷八四補。

〔三〕李元平　各本原作「李元吉」，據本書卷一三〇關播傳、新書卷七德宗紀、通鑑卷二二八改。

〔四〕所由吏　「由」字各本原無，據本書卷四九食貨志、册府卷五一〇補。

〔五〕時常春　「時」字各本原無，據本卷下文、通鑑卷二二九補。

〔六〕楊惠元　本書卷一四四陽惠元傳作「陽惠元」。

〔七〕經城　各本原作「京城」，據本書卷一三二李抱眞傳、新書卷七德宗紀改。

〔八〕岳州李兼黔南元全柔桂管盧嶽加御史大夫嶽加中丞　校勘記卷六說：「加御史大夫當在桂管上，下嶽字衍。」

〔九〕南鄭縣　「南」字各本原無，據本書卷三九地理志、陸宣公翰苑集卷四改。下同。

〔一〇〕敎坊樂　本書卷一三三李晟傳作「賜敎坊樂具」。

〔一一〕自「河東保寧軍節度使」至「改封咸寧郡王」一段內，先云馬燧爲「晉絳慈隰節度」，後又云渾瑊爲「晉絳節度使」，明顯有矛盾。據唐大詔令集卷五九所記，馬燧當是「晉慈隰節度」，渾瑊當是「河中絳州節度」。

〔一二〕魯郡公　「公」字各本原作「王」，據本書卷一二八顔眞卿傳、唐會要卷八〇改。

〔三三〕劉怦爲幽州長史御史大夫幽州盧龍節度副大使兼知節度　局本原作「劉怦爲幽州御史大夫幽州盧龍節度副大使長史兼知節度」，餘各本「使」字在「兼」字下。今據本書卷一四三劉怦傳改。

〔三四〕開陽郡王　「開陽」，各本原作「開封」，據本卷上文、合鈔卷一二二德宗紀改。

〔三五〕遣河中節度駱元光鎮咸陽　「河中節度駱元光」中有脫誤，新書卷二一六下吐蕃傳作「河中渾瑊、華州駱元光」。

〔三六〕十月　合鈔卷一二二德宗紀作「是月」。十七史商榷卷七三亦云：「此十月當作是月。」

〔三七〕賜駱元光姓曰李元諒　通鑑卷二三二、合鈔卷一二二德宗紀「姓」下有「名」字。

〔三八〕浙西觀察使　「浙西」，各本原作「江西」，據本書卷一四六王緯傳改。

〔三九〕咸安公主　「咸」字各本原作「盛」，據冊府卷九七九、新書卷八三德宗十一女傳改。

舊唐書卷十三

本紀第十三

德宗下

貞元四年春正月庚戌朔，上御丹鳳樓，制曰：「朕以菲薄，託於王公之上，恭承天地之序，虔奉祖宗之訓，遐想至理，思臻大和。而誠不感物，化不柔遠，聲教猶鬱，征賦仍繁。頃者務於安人，不憚屈己，與西蕃結好，申以齊盟。而戎心不厭，背義虧信，劫脅士庶，屢犯封疆。元元何辜，皆朕之失。乃者輦轂之下，兇狂結構，上帝垂祐，悉自伏誅，刑以止殺，諒非獲已。今三陽布和，萬物資始，思與羣公兆庶，惟新政理，宜敷在宥之澤，以覃作解之恩。可大赦天下，大辟已下罪咸赦除之。」是日質明，含元殿前階基欄檻壞損三十餘間，壓死衞士十餘人。京師地震，辛亥又震，壬子又震。壬戌，以左龍武大將軍王栖曜爲鄜州刺史、鄜坊丹延節度使。丁卯，京師地震，戊辰又震，庚午又震。以宣武軍行營節度使劉昌爲涇州刺史、四鎮北庭行軍涇原等州節度使。癸酉，京師地震。甲戌，以華州潼關節度使李元諒兼隴右節度使、臨洮軍使。乙亥，地震，金、房尤甚，江溢山裂，廬舍多壞，居人露處。陳留雨木如大指，長寸餘，有孔通中，下而植於地，凡十里許。辛巳，李泌以京官俸薄，請取中外給用除陌錢，及闕官俸外一分職田、額內官俸，及刺史執刀司馬軍事等錢，令戶部別庫貯之，以給京官月俸，令御史中丞竇參專掌之。歲得錢三百萬貫，謂之戶部別處錢，朝臣歲支不過五十萬，常有二百餘萬以資國用。壬午，地震，甲申又震，乙酉又震，丙申又震。甲辰，太僕郊牛生犢六足，又豕生兩首四足。築延喜門北複道屬永春門。涇原劉昌復築連雲堡。戊辰，鹿入京師市門。甲寅，地震。宴羣臣於麟德殿，設九部樂，內出舞馬，上賦詩一章，羣臣屬和。己未，地震。丁卯，有司條奏省官，其左右常侍、太子賓客請依前置四員，從之。庚午，地震。詔涇原劉昌於平涼會盟所收被害將士骸骨，葬於淺水原，爲二冢，立石堠志之，題曰懷忠冢。辛未，地震。中書省梧樹有鵲以泥爲巢。癸巳，以太子左庶子暢悅爲桂管觀察使。改左右射生爲左右神威軍。福建兵亂，逐觀察使吳詵。丁未，隴右李元諒築良原城。丁巳，右龍武統軍張伯儀卒。辛酉，以吉州刺史張庭爲安南都護、本管經略使。升鄆州爲大都督府。壬戌，加置諫議大夫八員，分中書四員爲右，門下四員爲左。檢校左庶子蕭復卒於饒州。丙寅，地震，丁卯又震。月犯歲星。辛未，太子賓客吳湊爲福建觀察使。乙亥，熒惑、歲、鎭三星聚營室，凡二十日。是月，吐蕃寇涇、邠、寧、慶、鄜等州，焚彭原縣，邊將閉城自固。賊驅人畜三萬計，凡二旬而退。吐蕃入寇以秋冬，今盛暑而來，華人陷蕃者道之也。

六月丁丑，鄂岳觀察使李竦卒。乙酉，以尚書左丞杜祐爲陝州長史、陝虢觀察使。徵夏縣處士先除著作郎陽城爲諫議大夫。城以褐衣詣闕，上賜之章服而後召。乙丑，桂管都防禦觀察使暢悅卒。乙未，以諫議大夫何士幹爲鄂岳沔蘄黃等州都團練觀察使。乙亥，封皇子、皇弟邕王謜等七人爲王，兼卿、監、祭酒等官。癸卯，熒惑退行入羽林。

秋七月庚戌，以左金吾將軍張獻甫爲邠寧節度使；陳許防禦兵馬使韓全義檢校工部尚書，充長武城及諸軍行營節度使。癸丑，邠寧軍因韓遊瓌受代，憚張獻甫之嚴，乘其無帥，縱兵大掠，仍脅監軍楊明義奏請范希朝爲帥。都虞候楊朝晟斬其亂首二百餘人，方定。朝命仍以希朝副獻甫。己未，奚、室韋寇振武軍。壬戌，詔以太尉、中書令、西平郡王李晟長子愿爲銀青光祿大夫、太子賓客，賜勳上柱國，與晟門並列戟。乙丑，以前撫州刺史戴叔倫爲容州刺史、兼御史中丞、本管經略使。丁丑，以兵部尚書崔漢衡爲晉州刺史、晉慈隰觀察使。壬申，詔：「嗣王、郡王朝會，班位在本官班之上。左右庶子准令在左右丞侍郎之下、諸司四品之上，今在少卿之下，非也，宜改之。」乙亥，以蘇州刺史孫晟爲桂州刺史、桂管觀察使。荆河自陜州至河陰，水色如墨，流入汴口，至汴州，一宿而復。又汴鄭管內烏皆入田緒、李納之境，銜柴爲城，方十餘里，高二三尺，緒、納惡而去之，信宿復如之，烏口皆流血。

八月，以權判吏部侍郎吉中孚爲中書舍人。乙酉，檢校司徒、兼太子太師、汧國公李勉薨。甲午，京師地震，其聲如雷。

九月丙午，詔：「比者卿士內外，左右朕躬，朝夕公門，勤勞庶務。今方隅無事，烝庶小康，其正月晦日、三月三日、九月九日三節日，宜任文武百僚選勝地追賞爲樂。每節宰相及常參官共賜錢五百貫文，翰林學士一百貫文，左右神威、神策等軍每廂共賜錢五百貫文，金吾、英武、威遠諸衞將軍共賜錢二百貫文，客省奏事共賜錢一百貫文，委度支每節前五日支付，永爲常式。」戊申，晉慈隰觀察使崔漢衡加都防禦使名。癸丑，賜百僚宴於曲江亭，仍作重陽賜宴詩六韻賜之。羣臣畢和，上品其優劣，以劉太眞、李紓爲上等，鮑防、于邵爲次等，張濛、殷亮等二十人又次之，唯李晟、馬燧、李泌三宰相之詩不加優劣。庚申，吐蕃寇邠、寧、坊等州。

冬十月，詔中書門下選常參官曾爲牧宰有理行者以名聞。宰臣奏于頎、董晉等十二人前任有治迹，詔頎等於左右丞廳各言政要，左右丞條奏，上乃御宣政殿親試其言而後用之。

丙戌，以右神策將軍李長榮爲河陽三城懷州團練使，仍賜名元。戊子，迴紇公主將妾媵六十餘人、馬二千匹來迎咸安公主，命刑部尚書關播送公主歸蕃。

十二月辛巳，少府監李觀卒。

五年春正月壬辰朔。乙卯，詔：「四序嘉辰，歷代增置，漢崇上巳，晉紀重陽。或說禳除，雖因舊俗，與衆共樂，咸合當時。朕以春方發生，候及仲月，勾萌畢達，天地和同，俾其昭蘇，宜助暢茂。自今宜以二月一日爲中和節，以代正月晦日，備三令節數，內外官司休假一日。」宰臣李泌請中和節日令百官進農書，司農獻穜稑之種，王公戚里上春服，士庶以刀尺相問遺，村社作中和酒，祭勾芒以祈年穀，從之。丁卯，右散騎常侍宜城縣子柳渾卒。

二月己丑，貶京兆尹鄭叔則爲永州長史。戊戌，以滄景留後程懷直爲滄景觀察使。庚子，以大理卿董晉爲門下侍郎、同中書門下平章事；以御史中丞竇參爲中書侍郎、平章事，兼轉運使；以戶部侍郎班宏爲戶部尚書，依前度支轉運副使。

三月甲辰，中書侍郎、同平章事李泌卒。乙卯，以兵部郎中姚南仲爲御史中丞，司農卿薛珏爲京兆尹，以大理卿李速爲黔州刺史、黔州觀察使。癸亥，以資州刺史龐復爲安南都護、本管經略使。丙寅，貶禮部侍郎劉太眞爲信州刺史。以給事中杜黃裳爲河南尹。戊辰，詔以李懷光外孫燕八八爲左衞率府冑曹參軍，賜姓名曰李承緒，仍賜錢千貫，俾自營居業。夏四月乙未，以太子少師蕭昕爲工部尚書，致仕，給半祿、料，永爲常式。初，致仕官只給半祿，無料，上加之以待老臣，半料自昕始也。

五月戊辰，宋州麥一莖九岐者百餘本。

六月乙未，以光祿卿裴腆爲桂管觀察使。

秋七月，以嗣滕王湛然爲太子賓客、入迴紇使。

八月辛未，以同州刺史竇覦爲戶部侍郎。

九月壬戌，詔以褚遂良已下至李晟等二十七人，圖形於凌煙閣，以繼國初功臣之像。

冬十月丙午，西川韋皋奏與東蠻合力大破吐蕃於故巂州，擒其將臧遮遮。自是吐蕃挫銳，竟復巂州。庚午，百僚請復徽號，不允。己丑，易定節度使、檢校司空、平章事張孝忠以擅出兵襲蔚州，降檢校司空爲左僕射。桂管觀察、御史中丞孫晟卒。癸巳，以戶部侍郎竇覦爲揚州長史、兼御史大夫、淮南節度使。

十二月庚午，迴紇汨咄祿長壽天親毗伽可汗卒。辛未，以淮南節度使杜亞爲東都留守、畿汝州都防禦使，兵部侍郎裴諝爲河南尹，司農卿李翼爲陝虢都防禦觀察使。壬申，以陝虢觀察使杜祐檢校禮部尚書，兼揚州長史、淮南節度使。

六年春正月戊辰朔。戊申，大雪。

二月戊辰朔，百僚會宴於曲江亭，上賦中和節羣臣賜宴七韻。是日，百僚進兆人本業三卷，司農獻黍粟各一斗。岐州無憂王寺有佛指骨寸餘，先是取來禁中供養，乙亥，詔送還本寺。丙戌，以中書舍人陸贄權兵部侍郎。甲午，以吏部侍郎劉滋爲吏部尚書。丁酉，王武俊守棣州將趙鎬以郡歸李納，武俊怒，以兵攻之。

三月庚子，百僚宴于曲江亭，上賦上巳詩一篇賜之。壬寅，渾瑊自河中來朝。戊午，牂柯蠻來朝。甲子，以旱，日色如血，無光。

夏四月甲辰，大風雷。

閏月庚申，太白、辰星聚東井。戊午，始雨。

五月丙寅朔，上御紫宸受朝。上以是月一陰生，臣子道長，父子必以是朔面焉，故取朔日受朝。壬午，以寧州刺史范希朝爲單于大都護、麟勝節度使。

是夏，淮南、浙東西、福建等道旱，井泉多涸，人渴乏，疫死者衆。

秋七月丙寅，淮南節度使竇覦卒。癸酉，復呼親王母曰太妃，公主母曰太儀。

八月丁未，工部尚書致仕鮑防卒。

九月乙丑，收諸道進奏院官印，悉毁之。己卯，詔：「十一月八日，有事於南郊太廟，行從官吏將士等，一切並令自備食物。其諸司先無公廚者，以本司闕職物充。其王府官，度支量給廩物。其儀仗禮物，並仰御史撿節處分。」

冬十月己亥，文武百僚京城道俗抗表請徽號，上曰：「朕以春夏亢旱，粟麥不登，朕精誠祈禱，獲降甘雨，既致豐穰，告謝郊廟。朕倘因禋祀而受徽號，是有爲爲之。勿煩固請也。」辛亥，迴紇弔祭使、鴻臚卿郭鋒復命，迴紇遣達北勒梅錄將軍來，告九姓迴紇登里邏沒密施俱錄忠貞毘伽可汗之喪。

十一月庚午，日南至，上親祀昊天上帝於郊丘。禮畢還宮，御丹鳳樓宣赦，見禁囚徒減罪一等。立仗將士及諸軍兵，賜十八萬段匹。今後刺史、縣令以四考爲限。青州李納以棣州還王武俊，并其兵士三千。

是歲，吐蕃陷我北庭都護府，節度使楊襲古奔西州。迴紇大相頡干迦斯紿襲古，請合軍收復北庭，乃殺襲古，安西因是阻絕，唯西州猶固守之。迴紇亦爲吐蕃所逼，取浮圖川，乃遷部落羊馬於牙帳之南以避之。

七年春正月壬戌朔。己巳，襄王僙薨。庚辰，以湖南觀察使裴胄爲洪州刺史、江西觀察使，以常州刺史李衡爲潭州刺史、湖南觀察使。蔡州置汝南縣。黑衣大食遣使朝貢。以中書舍人韓臯爲御史中丞。

二月己巳，涇原帥劉昌復築平涼城。城去故原州一百五十里，本原之屬縣，地當禦戎之衝要。昌復㴱辰而功畢，分兵戍之，邊患稍弭。庚子，侍中渾瑊自河中來朝。

三月辛酉，陳許節度使曲環奏請權停當道冗官，待一二年後，民力稍給，則復之。壬戌，左龍武統軍戴休顏卒。甲子，涇原節度使劉昌築胡谷堡，改名彰義堡。堡在平涼西三十五里，亦禦戎之要地。壬申，詔：「頃來賜衣，文彩不常，非制也。朕今思之，宜有定制，節度使宜以鶻銜綬帶，觀察使宜以鴈銜威儀。」威儀，瑞草也。關輔牛疫死，十亡五六。上遣中使以諸道兩稅錢買牛，散給畿民無牛者。辛巳，詔神威、神策六軍將士自相訟，軍司推劾；與百姓相訟，委府縣推劾；小事移牒，大事奏取處分，軍司、府縣不得相侵。癸未，義武軍節度使、檢校司空、平章事張孝忠卒。

夏四月庚子，太子少師致仕蕭昕卒。汴州獻白烏。戊午，詔：「仲夏之時，萬物敷暢，陽德方茂，陰事始承。昔者覩于法象，因天地交會之序，爲父子相見之儀，沿習成風，古今不易。王者制事，在於因人，酌其情而用中，順其俗以爲禮。咸覿之義，既行於父子之間；資事之情，豈隔於君臣之際。申恩卿士，自我爲初。起今年五月朔，御正殿，召見文武百官，外官因朝奏，咸聽就列。仍編禮式，以爲常典。」己未，安南首領杜英翰叛〔一〕，攻都護府，都護高正平憂死。

五月庚申朔，上御宣政殿見百官，從新制也。辛未，置柔遠軍於安南都護府。甲申，端王遇薨。許州獻白烏。戊子，以衡州刺史齊映爲桂管觀察使。

六月庚子朔。乙巳，太常卿崔縱卒。

秋七月庚午，以信州刺史鄭叔則爲福建觀察使。癸酉，上幸章敬寺，賦詩九韻，皇太子與羣臣畢和，題之寺壁。戊寅，以邕王源爲義武軍節度使、易定觀察等大使，以定州刺史張昇雲爲留後。庚辰，以虔州刺史趙昌爲安南都護、經略招討使。

八月己丑，以翰林學士歸從敬爲工部尚書。甲午，給事中鄭瑜爲中書舍人。丙申，貶宗正卿李翰爲雅王傅；翰林學士陸贄爲兵部侍郎，罷學士。庚戌，夏州奏開延化渠，引烏水入庫狄澤，溉田二百頃。

九月庚申，兵部尚書致仕馬炫卒。

冬十月癸丑，每御延英令諸司官長二人奏本司事。尋又敕常參官每一日二人引對，訪以政事，謂之巡對。

十一月乙丑，令常參官趨朝入閤，不得奔走。周親已下喪者禁慘服，朝會須服本色綾袍金玉帶。丁酉，以前福建觀察使吳湊爲陝州長史、陝虢觀察使。

是冬無雪。

八年春正月丙辰朔。癸酉，罷桂管經略招討使。

二月丁亥，許州人李狗兒持杖入含元殿，擊欄檻，又格擒者。誅之。庚子，京師雨土。己酉，吏部尚書李紓卒。乙丑，山南東道節度使、檢校戶部尚書嗣曹王皋薨。庚午，宣武軍節度使、司徒、平章事劉玄佐卒。癸酉，劍南西川節度使韋皐奏請，有當道閑員官吏，增其俸祿，從之。己亥，以湖南觀察使李衡爲洪州刺史、江西觀察使。襄州軍亂，掠府庫民財殆盡，都將徐誠斬其亂首楊清潭，方止。丙子，以荊南節度使樊澤爲襄州刺史、山南東道節度使，以江西觀察使裴胄爲江陵尹、荊南節度使。以戶部尚書班宏判度支，戶部侍郎張滂爲諸道鹽鐵轉運使。己卯，以陝虢觀察使吳湊爲汴州刺史、宣武軍節度、汴宋等州觀察使。辛巳，以同州刺史姚南仲爲陝虢觀察使。壬午，以左庶子李充爲京兆尹〔三〕，以蘇州刺史齊抗爲潭州刺史、湖南觀察使。

夏四月丁丑，貶左金吾大將軍嗣虢王則之爲昭州司馬，左諫議大夫、知制誥吳通玄爲泉州司馬，給事中竇申道州司馬。戊子，以雅王傅李翰爲金吾衞大將軍。翰前爲竇參所惡貶官，至是參敗，上遽召翰，口授將軍，便令金吾仗上事，翌日除書方下。庚寅，以汴州長史劉士寧爲汴州刺史、宣武軍節度使。時吳湊行次汜水，聞其有變而還。乙未，貶中書侍郎、平章事竇參爲郴州別駕，竇申景州司戶。尋杖殺申。諸竇皆貶。以尙書左丞趙憬、兵部侍郎陸贄爲中書侍郎、同中書門下平章事。丁酉，韋皐請十二而稅，以給官吏，從之。丙午，以東都、河南、淮南、江南、嶺南、山南東道兩稅等物，令戶部侍郎張滂主之；以河內〔三〕、河東、劍南、山南西道等財，戶部尙書、判度支班宏主之。一遵大曆故事，如劉晏、韓滉分掌焉。給事中韋夏卿左遷常州刺史，坐交諸竇也。是月，吐蕃寇靈州〔四〕。

五月乙卯朔，上御宣政殿受朝。丙辰，初增稅京兆青苗畝三錢，以給掌閑彍騎。戊午，以光祿少卿崔穆爲黔州觀察使。己未，大風，吹壞廬舍、門闕。丙寅，以大理卿王翃爲福建觀察使。戊辰，初令授臺省官者各具舉主於授官詔。先是郎官缺，左右丞舉之，御史缺，大夫、中丞舉之，詔書不具所舉。及趙憬、陸贄爲相，建議郎官不宜專於左右丞，宜令尙書、丞、郎各舉其可，詔書具所舉官名，御史亦如之，異日考殿最以舉主能否。從之。癸酉，平盧淄青節度使、檢校司徒、平章事李納卒。癸未，前太僕少卿劉士幹有罪賜死，劉玄佐養子也。

六月，吐蕃寇涇州。

秋七月甲寅朔，戶部尚書、判度支蕭國公班宏卒。以桂管觀察使齊映爲洪州刺史、江西觀察使；以翰林學士歸崇敬爲兵部尚書，致仕。辛巳，大雨。

八月乙丑，以天下水災，分命朝臣宣撫賑貸。河南、河北、山南、江淮凡四十餘州大水，漂溺死者二萬餘人。辛卯，以青州刺史李師古爲鄆州大都督府長史、平盧淄青等州節度觀察海運陸運、押新羅渤海兩蕃等使。丁未，詔以歲凶罷九日賜宴。

九月丁巳，韋皋攻吐蕃之維州，獲蕃將論莽熱以獻。貶太子賓客于邵江州別駕，尋卒。乙亥，以太子賓客薛珏爲嶺南節度使。

冬十月己亥，追封故皇弟遐爲均王。庚戌，復命金吾置門籍。

十一月壬子朔，日有蝕之。己巳，貶右庶子姜公輔泉州別駕。嚴震奏破吐蕃於芳州。壬申，詔自今死刑勿決，先杖。

十二月庚寅，詔賜澧水縣乏絕戶米三十萬石。丁未，以給事中李巽爲潭州刺史、湖南觀察使。

閏月癸酉，門下省奏：「郵驛條式，應給紙券。除門下外，諸使諸州不得給往還券；至所詣州府納之，別給俾還朝。常參官在外除授及分司假寧往來，並給券。」從之。甲戌，牂柯、室韋、靺鞨皆遣使朝貢。

九年春正月庚辰朔，朝賀畢，上賦退朝觀仗歸營詩。乙酉，劍南東川節度使王叔邕來朝。癸卯，初稅茶，歲得錢四十萬貫，從鹽鐵使張滂所奏。茶之有稅，自此始也。甲辰，禁賣劍銅器。天下有銅山，任人採取，其銅官買，除鑄鏡外，不得鑄造。

二月庚戌朔。先是宰相以三節賜宴，府縣有供帳之弊，請以宴錢分給，各令諸司選勝宴會，從之。是日中和節，宰相宴于曲江亭，諸司隨便，自是分宴焉。易定留守張昇雲爲義武軍節度使。辛酉，詔復築鹽州城。貞元三年，城爲吐蕃所毀，自是塞外無堡障，犬戎入寇，既城之後，邊患息焉。

三月己亥，以駕部郎中、知制誥張式爲虢州刺史。

夏四月辛酉，地震，有聲如雷，河中、關輔尤甚，壞城壁廬舍，地裂水涌。

五月庚申，廢諸州府執刀。甲辰，以義成軍節度使、檢校右僕射賈耽爲左僕射、同中書門下平章事，以尚書左丞盧邁本官同平章事。以鄭州刺史李融爲滑州刺史、義成軍節度使。乙巳，韋皐奏，遣軍出西山，破吐蕃峨和城、定廉城、通鶴軍，凡平堡五十餘所。是日以蕃俘器仗來獻。丙戌，以門下侍郎、平章事董晉爲禮部尚書，罷知政事。甲寅，加韋皐檢校右僕射，以司農少卿裴延齡爲戶部侍郎、判度支。庚申，以給事中李衡爲戶部侍郎、諸道鹽鐵轉運使。

秋七月乙未，勅縣令以四考爲限，無替者宜至五考。庚子，以信州刺史孫公器爲邕管經略使。故事，宰相秉筆決事，每人十日一易。至是賈耽、趙憬、陸贄、盧邁同平章政事，百僚有所關白，更相讓而不言。始詔令旬日秉筆，後詔每日更秉筆。劍南西山羌女國王湯立志〔五〕、哥鄰王董臥庭、白狗王羅陀忽、弱水王董避和、逋租王弟鄧吿知、南水王姪尙悉曩等六國君王，自來朝貢。六國初附吐蕃，韋皋出西山討吐蕃，故六蠻內附，各授官秩遣之。

八月庚戌，太尉、中書令、西平郡王李晟薨，贈太師，廢朝五日。己巳，皇太子長男廣陵王淳納妃郭氏。

九月己卯，罷九日宴，以太師晟喪也。

冬十月己酉，侍中馬燧對于延英。燧足疾，詔令不拜，行仆於地，命宦者扶持之。上謂之曰：「前日卿與太尉晟俱來，今公獨至。」因歔欷泣下。及燧退，上送及階。癸酉，環王國獻犀牛，上令見于太廟。

十一月乙酉，日南至，上親郊圜丘。是日還宮，御丹鳳樓，制曰：「朕以寡德，祗膺大寶，勵精理道，十有五年。夙夜惟寅，罔敢自逸，小大之務，莫不祗勤。皇靈懷顧，宗社垂祐，年穀豐阜，荒服會同，遠至邇安，中外咸若。永惟多祐，實荷玄休。是用虔奉禮章，躬薦郊廟，克展因心之敬，獲申報本之誠。慶感滋深，悚惕惟勵，大福所賜，豈獨在予，思與萬方，均其惠澤，可大赦天下。」辛卯，華州潼關鎮國軍、隴右節度使李元諒卒於良原，以其部將阿史那敍統元諒之衆，戍良原。壬寅，河南尹、東都留守裴諝卒。甲辰，制以多薦官〔六〕，宜令尚書丞、郎於都堂訪以理術，試時務狀，考其通否及歷任考課事迹，定爲三等，幷舉主姓名。仍令御史一人爲監試。如授官後政事能否，委御史臺、觀察使以聞，而殿最舉主。

十二月丙午朔，制：「今後使府判官、副使、行軍已下，使罷後，如是檢校試五品以上官，不合集於吏部選，任準罷使郎官、御史例，冬季聞奏。」丙辰，宣武軍亂，逐節度使劉士寧。壬戌，以通王諶爲宣武軍節度使，以宣武軍節度副使李萬榮爲汴州刺史、宣武軍節度、汴宋等州觀察留後。朔方靈鹽節度副大使、太子少師、檢校左僕射、餘姚郡王杜希全卒。

十年春正月乙亥朔。乙酉，以虔王諒爲朔方靈鹽豐節度大使，以朔方等道行軍司馬李欒爲留後。壬辰，南詔異牟尋大破吐蕃於神川，使來獻捷。己亥，昭義節度使、檢校司空、平章事李抱眞請降官，乃授檢校左僕射。時抱眞病，巫祝言宜降爵，故有是請。

二月丙午，以瀛州刺史劉澭爲秦州刺史、隴右經略軍使，理普潤縣，仍以普潤軍爲名。乙卯，以給事中齊抗爲河南尹。乙丑，義成軍節度使、鄭滑觀察使李融卒。丁卯，詔：「君臣之際，義莫重焉，每聞薨殂，良深悼惻。應文武朝臣薨卒者，其月俸、料宜全給，仍更准本官一月俸、料，以爲賻贈。」

三月乙亥，黃霧四塞，日無光。以華州刺史李復爲滑州刺史、義成軍節度使。滄州程懷直來朝，賜安業坊宅，妓一人，復令還鎭。庚辰，南詔異牟尋攻收吐蕃鐵橋已東城壘一十六，擒其王五人，降其民衆十萬口。壬申，以同州刺史盧徵爲華州刺史、潼關防禦、鎭國軍等使。辛丑，以延州刺史李如暹所部蕃落賜名曰安塞軍，以如暹爲軍使。

夏四月戊辰，地震，癸丑復震。恆州奏見巨人迹。以雲南告捷使高細龍爲左武衞將軍。是月，太白晝見。有大鳥飛集宮中，食雜骨。是春霖雨，罕有晴日。

六月壬寅朔，昭義軍節度使、檢校左僕射、同中書門下平章事、義陽王李抱眞卒，詔以其將王延貴權知昭義軍事。癸丑，以祠部郎中袁滋兼御史中丞，爲册南詔使。甲寅，以辰州刺史房孺復爲容管經略使。丙寅，韋臯奏西山峨和城擊破吐蕃城栅，斬首二千八百級。庚午，度支使裴延齡兼靈、鹽等州鹽池井榷使。辛未晦，有水鳥集於左藏庫，是夜暴雨，大風折木。

秋七月壬申朔，以邕王源爲昭義軍節度使，以昭義軍押衙王延貴爲潞府左司馬，充昭義節度留後，賜名虔休。抱眞別將權知洺州事元誼不悅虔休爲留後，據洺州叛，陰結田緒。庚辰，賜南詔異牟尋金印銀窠，其文曰「貞元册南詔印」。先是，吐蕃以金印授南詔，韋臯因其舊而請之。汴州軍亂，攻節度留後李萬榮，不勝而潰，萬榮悉捕斬其孥。己亥，前汴州節度使劉士寧宜於郴州安置。欽州守鎭黄少卿叛，攻邕管經略使孫公器，又陷欽、横、潯、貴等州。吐蕃大將論乞髯、陽沒藏、悉諾硉以其家內附，授歸義將軍。因置四品已下武官，以授四夷歸附者，仍定懷化大將軍已下俸錢。

九月辛未朔，以袁州刺史董鎭爲邕管經略使。戊子，賜百僚九日宴，上賦詩賜之。辛卯，南詔獻鐸槊、浪人劍、吐蕃印八紐。戊戌，定州張昇雲改名茂昭〔七〕。

冬十月癸卯，御宣政殿，試賢良方正、能直言極諫等舉人。壬戌，刑部尚書劉滋卒。

十一月乙酉，諸道鹽鐵轉運使張滂爲衞尉卿，以浙西觀察使王緯爲諸道鹽鐵轉運使。庚寅，秘書監致仕穆寧卒。

十二月庚子朔。壬戌，貶中書侍郎、平章事陸贄爲太子賓客。

十一年春正月庚午朔。乙亥，嶺南節度使薛珏卒。乙未，以秘書少監王礎爲黔中經略觀察使，衞尉少卿武少儀爲邕管經略使。丙申，以邕管經略使王鍔爲廣州刺史〔八〕、嶺南節度使。

二月癸卯，以衢州刺史李若初爲福建觀察使。乙巳，册渤海大欽茂之子嵩爲渤海郡王、忽汗州都督。乙卯，於涇州彰信堡置潘原縣。甲子，九姓迴紇骨咄祿毗伽奉誠可汗卒。

三月庚午，司徒兼侍中馬燧以疾請罷侍中，不許。辛未，賜宰臣兩省供奉官宴於曲江亭。乙丑，以吏部侍郎鄭瑜爲河南、淮南水陸轉運使。丙申，諸州準例薦隱居丘園不求聞達蔡廣成等九人，各授試官，令給公乘，到京日量才敍用。

夏四月，旱。壬戌，貶太子賓客陸贄爲忠州別駕，京兆尹李充信州長史〔九〕，衞尉卿張滂汀州長史。癸亥，以兵部侍郎韓皐爲京兆尹。甲子，賜南詔敕書，始列中書三官奉宣行，復舊制也。丙寅，幽州劉濟奏大破奚王啜刺等六萬餘衆。

五月丁卯朔。庚午，命有司慮囚，旱故也。丁丑，以宣武留後李萬榮爲汴州刺史、宣武節度副使、知節度事。以昭義軍節度留後王虔休爲潞州大都督府長史、昭義軍節度副大使、知節度事、管內度支營田、潞澤磁邢洺觀察使。又以朔方留後李欒爲靈州大都督府長史、朔方靈鹽豐夏四州受降定遠城天德軍節度副大使、知節度事、管內度支營田觀察押蕃落等使。甲申，河東節度使、檢校工部尚書、太原尹李自良卒。庚寅，遣使册九姓迴紇騰里羅羽錄沒密施合胡六骨咄祿毗伽懷信可汗。癸巳，以通王諶爲河東節度使，以河東行軍司馬李悅爲河東節度營田觀察留後、北都副留守。甲午，初鑄河東監軍印。監軍有印，自王定遠始也。

六月，河陽獻白烏。甲辰，晉慈隰觀察使崔漢衡卒。癸丑，以絳州刺史姚齊梧爲晉慈隰都防禦觀察使。

秋七月丙寅朔，右諫議大夫陽城爲國子司業。河東監軍王定遠配流崖州，坐專殺也。辛卯，江西觀察使、洪州刺史齊映卒。

八月辛亥，司徒兼侍中、北平郡王馬燧薨，贈太傅。丙辰，以楚州刺史路寰爲洪州刺史、江西觀察使。

閏月己丑，國子司業裴澄表上乘輿月令十二卷，禮典十二卷。

九月己卯，賜宰臣兩省供奉官宴於曲江，賦詩六韻賜之。丁巳，加韋皋統押近界諸蠻及西山八國、雲南安撫等使。滄州大將程懷信逐其帥程懷直。

冬十月丁丑，以虔王諒爲橫海軍節度大使，以兵馬使程懷信爲留後。

十一月丙申，日南至，不受朝賀，以司徒馬燧葬也。辛丑，太常定馬燧謚曰「景武」，上曰：「景，太祖謚，改莊武可也。」己酉，潭州獻赤烏。

十二月戊辰，上獵苑中，戒多殺，止行三驅之禮，勞士而還。

十二年春正月甲午朔。庚子，元誼、李文通率洺州兵五千、民五萬家東奔田緒。壬子，以前滄州節度使程懷直爲左龍武統軍。乙丑，成德軍節度使、檢校司徒、兼侍中渾瑊兼中書令〔一〇〕；興元節度使嚴震、魏博田緒、西川韋皐並加檢校左右僕射、同中書門下平章事。於是方鎭皆敍進兼官。上制貞元廣利藥方五百八十六首，頒降天下。

三月癸巳朔。甲午，韋皐奏收降蠻七千戶，得吐蕃所賜金字告身五十五片。乙巳，以戶部侍郎裴延齡爲戶部尙書。戊申，以兵部尙書董晉充東都留守、判東都尙書省、東畿汝州都防禦使。

四月壬戌朔。戊辰，左右十軍使奏：去年冬車駕幸諸營，欲於銀臺亭子門外立碑以紀聖迹。從之。庚午，魏博節度使、度支營田觀察使、檢校左僕射、平章事、魏州長史、駙馬都尉、鴈門郡王田緒卒。庚辰，上降誕日，命沙門、道士加文儒官討論三教，上大悅。

五月辛卯朔。丙申，邠寧節度使張獻甫卒。甲辰，以邠寧都虞候楊朝晟爲邠州刺史、邠寧慶節度使。銀夏節度使韓潭讓所授禮部尙書，乞雪崔寧，許其家收葬。丁巳，駙馬郭曖、王士平、曖弟煦暄，坐代宗忌辰飲宴，貶官歸第。

六月壬戌，故驩州司戶竇參，許其家收葬。乙丑，初置左右護軍中尉監、中護軍監，以授宦官。以左右神策軍使竇文場、霍僊鳴爲左右神策護軍中尉監，以左右神威軍使張尚進、焦希望爲左右神威中護軍監。辛巳，宣歙觀察使、宣州刺史劉贊卒。

七月乙未，以東都留守、兵部尚書董晉檢校左僕射、同中書門下平章事、汴州刺史、宣武軍節度使、宋亳潁觀察使。時李萬榮病，萬榮子迺自署爲兵馬使，軍人又逐迺，汴州亂，故命董晉帥之。以太子賓客王翃爲東都留守、判東都尚書省事、東畿汝都防禦使。是日，汴州節度使李萬榮卒。

八月辛未朔，日有蝕之。己巳，以前魏博節度副使田季安爲魏州長史、魏博節度觀察等使。庚午，增修望仙門，廣夾城、十王宅、六王宅。癸酉，以虢州刺史崔衍爲宣歙池觀察使，以乞膂子湯忠義爲歸德將軍。丙子，以汝州刺史陸長源爲宣武行軍司馬。丙戌，門下侍郎、平章事趙憬薨。

九月甲午，以河東行軍司馬李景略爲豐州刺史、天德軍豐州西受降城都防禦使。丙午，戶部尚書、判度支裴延齡卒。庚戌，幸魚藻宮，即日還內。壬子，吐蕃寇慶州。

冬十月壬戌，詔以京畿旱，放租稅。甲戌，諫議大夫崔損、給事中趙宗儒並同中書門下平章事，俱賜金紫。以少府監崔穆爲晉州刺史、晉慈隰觀察使。

十一月辛卯，昭義王虔休造誕聖樂曲以獻。

十二月己未，大雪平地二尺，竹柏多死。環王國所獻犀牛，甚珍愛之，是冬亦死。上著刑政箴一首。癸未，迴紇、南詔、劍南西山國女國王並來朝賀。

十三年春正月戊子朔。庚寅，太子少師致仕關播卒。壬寅，吐蕃贊普遣使修好，塞上以聞，上以犬戎負約，不受其使。東都尙書省火。

二月丁巳，賜宰臣、兩省供奉官宴於曲江亭。乙亥，度支郎中蘇弁爲戶部侍郎、判度支，兵部郎中王紹判戶部〔一〕。

三月戊子，造會慶亭於麟德殿前。乙巳，以福建都團練使李若初爲明州刺史、浙東觀察使，以婺州刺史柳冕爲福建觀察使。

夏四月壬戌，上幸興慶宮龍堂祈雨。乙丑，大雪。庚午，義成軍節度使、鄭滑觀察營田、檢校左僕射、滑州刺史李復卒。己卯，以大理卿于頔爲陝州長史、陝虢觀察使。庚辰，以陝虢都防禦觀察轉運等使姚南仲爲滑州刺史、義成軍節度、鄭滑觀察使。

五月丙戌朔，韋皐收復巂州，畫圖來上。壬子，以庫部郎中、翰林學士鄭餘慶爲工部侍郎、知吏部選事。

六月己卯朔，以衡州刺史陳雲爲邕管經略使。辛巳，引龍首渠水自通化門入，至太淸宮前。壬午，韋臯奏於巂州破吐蕃，生擒大籠官七人〔三〕，馬畜器械不可勝紀。

秋七月丙戌，宰相盧邁請告累月，四表避相位，是日，命宰臣問疾於盧邁私第。己丑，右神策中尉霍僊鳴病，賜馬十匹，令於諸寺齋僧。壬辰，浚湖渠、魚藻池，深五尺。乙未，地震。甲辰，以兵部郎中、判戶部王紹爲戶部侍郎。乙丑，詔今後嗣王薨葬，所司並供鹵簿，永爲常式。

八月丁巳，詔京兆尹韓臯修昆明池石炭、賀蘭兩堰兼湖渠。壬午，容管經略使房孺復卒。

九月己丑，盧邁懇讓相位，乃授太子賓客。辛卯九日，宴宰臣百官於曲江，上賦詩以賜之。己未，江西觀察使路寰卒。甲辰，升定州爲大都督府。以湖南觀察使李巽爲江州刺史、江西觀察使，以禮部侍郎呂渭爲潭州刺史、湖南觀察使。

冬十月癸丑朔，以前滁州刺史房濟爲容管經略使。丙辰，黔中觀察使奏：「溪州人戶訴，被前刺史魏從琚於兩稅外，每年加進朱砂一千觔、水銀二百馱，戶民疾苦，請停。」從之。淮西吳少誠擅開淘刁河〔三〕、汝河，詔使不能禁。癸酉，宰相賈耽以疾避相位，不允。丁丑，徐泗節度使張建封來朝，上嘉之，次日於延英召對。癸巳，贈太傅馬燧祔廟，命所司供少牢祭，仍給鹵簿，從宅至廟。

十二月庚辰，右龍武統軍韓遊瓌卒。

十四年春正月壬午朔。庚寅，詔諸道州府應貞元八年至十一年兩稅及榷酒錢，在百姓腹內者，總五百六十萬七千貫，並除放。甲午，敕：「比來朝官或相過從，金吾皆上聞。其間如是親故，或嘗同僚，伏臘歲時，須有還往，亦人倫常禮，今後不須奏聞。」因張建封奏議也。

二月壬子朔。戊午，上御麟德殿，宴文武百僚，初奏破陣樂，徧奏九部樂，及宮中歌舞妓十數人列於庭。先是上制中和樂舞曲，是日奏之，日晏方罷。比詔二月一日中和節宴，以雨雪，改用此日。上又賦中春麟德殿宴羣臣詩八韻，羣臣頌賜有差。乙亥，賜光蔡節度曰彰義軍。

三月丙申，右神策行營節度、鳳翔隴右觀察使、檢校尚書右僕射、鳳翔尹邢君牙卒。以右神策將軍張昌爲鳳翔尹、右神策行營節度、鳳翔隴右節度使，仍改名敬則。

夏四月乙丑，以左諫議大夫、平章事崔損爲修奉八陵使。先是昭陵寢殿爲火所焚，至是獻、昭、乾、定、泰五陵各造屋三百八十間，橋、元、建三陵據闕補造。

五月庚辰朔。甲午，前東都留守、東畿汝都防禦使、檢校吏部尚書杜亞卒。丙午，戶部侍郎、判度支蘇弁爲太子詹事。上特召度支郎中于頔于延英，兼御史中丞，賜金紫，令判度支。

閏月庚申，以左神策行營節度韓全義爲夏州刺史，兼鹽夏綏銀節度使，以代韓潭。甲子，貶太子詹事蘇弁爲汀州司戶，兄贊善大夫衮爲永州司戶，前京兆府士曹冕爲信州司戶。

六月癸卯，太子賓客盧邁卒。乙巳，以旱儉，出太倉粟賑貸。

秋七月，以吉州刺史杜春爲邕管經略使。乙卯，貶京兆尹韓皐爲撫州司馬。召右金吾將軍吳湊于延英，面授京兆尹，即令入府視事。

是夏，熱甚。壬申，以給事中、同中書門下平章事趙宗儒爲太子左庶子，以左諫議大夫、平章事崔損爲門下侍郎、平章事，以工部侍郎鄭餘慶爲中書侍郎、同平章事。左神策護軍中尉霍僊鳴卒。丁丑，以宦者第五守亮代僊鳴爲中尉。己卯，左右神策置統軍，品秩奉給視六軍統軍例。甲午，崔損修奉八陵寢宮畢，羣臣於宣政殿行稱賀。浙西觀察使、潤州刺史王緯卒。

九月丁未朔。己酉，山南東道節度使、檢校尚書右僕射、襄州刺史樊澤卒。乙卯，以同州刺史崔宗爲陝州大都督府長史、陝虢觀察水陸轉運使，以浙東觀察李若初爲潤州刺史、浙西觀察使及諸道鹽鐵轉運使，又以常州刺史裴肅爲越州刺史、浙東觀察使。丙辰，以陝虢觀察使于頔爲襄州刺史、山南東道節度使。丁卯，杞王倕薨。以太常卿杜確爲同州刺史、本州防禦、長春宮使。癸酉，諫議大夫田登奏言：「兵部武舉人持弓挾矢，數千百人入皇城，恐非所宜。」上聞之瞿然，乃命停武舉。

冬十月癸酉，以歲凶穀貴，出太倉粟三十萬石，開場糶以惠民。庚子，夏州韓全義奏破吐蕃鹽州。

十一月己未，韋皐進開西南蠻事狀十卷，敍開復南詔之由。

十二月戊子，太子少師致仕郢國公韋倫卒。癸酉，出東都含嘉倉粟七萬石，開場糶以惠河南饑民。己亥，南詔異牟尋遣使賀正旦。明州鎮將栗鍠殺刺史盧雲。

十五年春正月丙午朔。甲寅，雅王逸薨。甲戌，浙西觀察使李若初卒。

二月，罷中和節宴會，年凶故也。丁丑，宣武軍節度使、檢校左僕射、平章事、汴州刺史董晉卒。乙酉，以行軍司馬陸長源檢校禮部尚書、汴州刺史、御史大夫、宣武軍節度度支營田、汴宋亳潁觀察等使。以常州刺史李錡爲潤州刺史、浙西觀察使及諸道鹽鐵轉運使。是日，汴州軍亂，殺陸長源及節度判官孟叔度、丘穎，軍人臠而食之。監軍俱文珍以宋州刺史劉逸準久爲汴之大將，以書招之，俾靜亂。乙丑，以宋州刺史劉逸準檢校工部尚書、兼汴州刺史、宣武軍節度使，仍賜名全諒。乙未，裴肅奏於台州擒栗鍠以獻，斬於獨柳樹。癸卯，罷三月羣臣宴賞，歲饑也。出太倉粟十八萬石，糶於京畿諸縣。

三月甲寅，吳少誠寇唐州，殺監軍邵國朝，掠居民千餘而去。丁巳，以度支郎中、兼中丞于頔爲戶部侍郎，依前判度支。戊午，昭義軍節度使、檢校工部尙書王虔休卒。戊辰，以河陽三城節度使李元爲潞州長史、昭義軍節度、澤潞磁邢洺觀察使，以河陽節度押衙衡濟爲懷州刺史、河陽三城懷州節度使。辛未，太子少師致仕于頎卒。壬申，於易州滿城縣置永淸軍。癸酉，令江淮歲運米二百萬石。雖有是命，然歲運不過四十萬石。

四月丁丑，以久旱，令陰陽人法術祈雨。壬午，內侍省加置內給事二員。癸未，以安州刺史伊愼爲安黃節度營田觀察使。庚寅，應京城內外諸軍縣鎭職員官，見共五萬八千二百七十一人，宜令每人賜粟一石。乙未，特進、兵部尙書歸崇敬卒。

五月甲辰朔。戊辰，宗正卿嗣吳王巘薨。

六月己卯，黔中觀察使、御史中丞王礎卒。癸巳，山南西道節度使、檢校尙書左僕射、平章事嚴震卒。

秋七月乙巳，以興州刺史、興元都虞候嚴礪爲興元尹、兼御史大夫、山南西道節度度支營田觀察等使。丙午，故唐安公主賜諡曰莊穆。公主賜諡，自唐安始也。丁未，以王礎卒，廢朝一日。觀察使卒廢朝，自礎始也。戊午，貶諫議大夫苗拯萬州刺史，左拾遺李繁播州參軍，以私議除拜嚴礪不當而無章疏，而僞言累上疏故也。鄭、滑大水。

八月壬申朔。丙申，陳許節度使、檢校尙書右僕射、許州刺史曲環卒。丁酉，以洋州刺史韋士宗爲黔中觀察使。丙午，以陳許兵馬使、前陳州刺史上官涗爲許州刺史、陳許節度使。吳少誠謀逆漸甚，陷臨潁，進圍許州。庚戌，宣武軍節度使、檢校工部尙書、汴州刺史劉全諒卒。丙辰，制：「吳少誠非次擢用，授以節旄，秩居端揆之榮，任總列城之重。期申報效，奉我典章，而秉心匪彝，自底不類。兇狡成性，扇構多端，擅動甲兵，暴越封壤。壽州茶園，輒縱凌奪；唐州詔使，潛搆殺傷。干犯國章，罪在無赦。朕以王者之德，在乎好生；人君之體，務於含垢。寧屈己以宥罪，不殘人以興師。以上稽宗社之威，外抑忠賢之請，庶有悛革，尙議優容。幸鄰境之喪，逞貪亂之志，焚略縣邑，殘暴吾民。朕尤冀知非，爲之忍恥，亟頒恩命，未許出師。至乃攻逼許州，肆其蠆毒，恣行殺戮，流害黎蒸。惡稔禍盈，人神同棄，興言致討，實悼于懷。宜令諸道各出師徒，掎角齊進。吳少誠在身官爵，並宜削奪。」己巳，自今中和、重陽二節，每節只禁屠一日。辛酉，以大理評事宣武軍都知兵馬使韓弘檢校工部尙書，兼汴州刺史、御史大夫、宣武軍節度使。

冬十月己丑，邕王謜薨。吏部侍郎奚陟卒。

十一月乙巳，冬至，罷朝會，兵興也。壬子，襄州于頔奏，于朗山破淮西賊三千人。

十二月庚午，朔方等道副元帥、河中絳州節度使、檢校司徒、兼奉朔中書令渾瑊薨〔一四〕。乙未，戰淮西賊於小溵河，王師不利，諸軍自潰。丁酉，以同州刺史杜確爲河中尹、河中絳州觀察使。

十六年春正月庚子朔。乙巳，恆冀、定州、許、河陽四鎮之師與賊戰，皆不利而退。南詔獻奉聖樂舞曲，上閱於麟德殿前。

二月己酉，以左神策行營、銀夏節度等使韓全義爲蔡州行營招討使，陳許節度使上官涚副之。己丑，左龍武統軍程懷直卒。己酉，華州刺史、潼關防禦、鎮國軍使盧徵卒。壬子，以尚書右丞袁滋爲華州刺史、潼關防禦、鎮國軍使。

夏四月丁亥，黔中知宴設吏傅近逐觀察使韋士宗。己丑，以義成軍節度使姚南仲爲右僕射〔一五〕。以權知新羅國事金俊邕襲祖開府檢校太尉、雞林州都督、新羅國王。辛卯，以義成軍行軍司馬盧羣爲滑州刺史、兼御史中丞、義成軍節度使。壬申，檢校兵部尚書、京兆尹吳湊卒。

五月戊戌朔，以雨罷朝。庚戌，韓全義與蔡賊將吳少誠戰於溵水南，王師敗績。徐泗濠節度使、檢校尚書右僕射、徐州刺史張建封卒。壬子，徐州軍亂，不納行軍司馬韋夏卿，迫建封子愔爲留後。丙寅，韋士宗却入黔州。丁卯，以吏部侍郎顧少連爲京兆尹。

六月丙午，鄆州李師古、淮南杜祐並加同平章事，以祐兼領徐泗濠節度，以前虢州參軍張愔起復驍衞將軍，兼徐州刺史、御史中丞、本州團練使、知徐州留後。

秋七月，湖南觀察使呂渭卒。

八月癸酉，以河中尹王□爲潭州刺史、湖南觀察使。

九月，宥吳少誠。駙馬都尉郭曖卒。義成軍節度使盧羣卒。丙午，前太常卿裴郁卒。戊辰，以左丞李元素爲滑州刺史〔一六〕、兼御史大夫、義成軍節度使。庚戌，貶中書侍郎、同中書門下平章事鄭餘慶爲郴州司馬，戶部侍郎、判度支于頔爲泉州司戶。以戶部侍郎王紹判度支，以戶部郎中崔從質爲戶部侍郎。癸酉，吳少誠賊迫官軍溵水砦下營，韓全義退保陳州，諸軍散還本道，官軍不振。以河南少尹張式爲河南尹、水陸轉運使。庚申，以太常卿齊抗爲中書侍郎、同平章事。癸亥，以虔王諒爲徐州節度使，張愔爲留後。

冬十月辛未，興元嚴礪希監軍旨，誣奏流人通州別駕崔河圖，長流崖州，賜死，人士傷之。吳少誠引兵歸蔡州，上表待罪。戊子，詔雪吳少誠，復其官爵。乙丑，河東節度使、檢校禮部尙書、太原尹、兼御史大夫、北都留守李悅卒。甲午，以河東行軍司馬鄭儋檢校工部尙書、太原尹、河東節度使。

十一月癸卯，泗州、濠州宜隸淮南觀察使。戊申，以太府卿韋渠牟爲太常寺卿。

十二月戊寅，罷吏部復考判官及禮部別頭貢舉〔一七〕。

十七年春正月甲午朔。甲寅，韓全義自蔡州行營還，詔歸鎭華州。

二月癸巳朔，賜羣臣宴於曲江亭，上賦中和節賜宴曲江詩六韻賜之。丁酉，雨雹。己亥，雨霜。戊申夜，雷震，雨雹。庚戌，大雨雪兼雹。

三月乙丑，賜羣臣宴於曲江亭。己巳，黔中觀察使韋士宗復爲三軍所逐。癸酉，衢州刺史鄭式瞻進絹五千匹，銀二千兩，上曰：「式瞻犯贓，已詔御史按問，所進宜付左藏庫。」丁丑，省天下州府別駕、司馬、田曹、參軍；京兆、河南、太原三府外，諸府判司雙曹者省一。

夏四月丁未，始命駙馬及郡縣主壻無子者，養男不用母蔭。辛亥，以諫議大夫裴佶爲黔中觀察使。

五月壬戌朔，日有蝕之。乙酉，邠寧節度使、檢校工部尚書、邠州刺史楊朝晟卒。丙戌，以工部侍郎趙植爲廣州刺史、兼御史大夫、嶺南節度使。

六月戊戌，以定平鎭兵馬使李朝宋檢校工部尚書，兼邠州刺史、朔方邠寧慶節度使；以中官楊志廉爲右神策護軍中尉。浙西人崔善貞詣闕上書，論浙西觀察使李錡罪狀。上覽旻不悅，令械善貞送於李錡。爲鑿坑待善貞，既至，和械推而埋之。由是錡恣橫叛。己酉，以邠寧兵馬使高固爲邠州刺史、兼御史大夫、邠寧慶節度使。丁巳，成德軍節度使、恆冀深趙德棣觀察等使、恆州大都督府長史、檢校太尉、中書令、琅邪郡王王武俊薨，贈太師，謚曰忠烈。

秋七月戊寅，吐蕃寇鹽州。辛巳，以前成德軍節度副使、檢校工部尚書、知恆府事、清河郡王王士眞起復授恆州長史，充成德軍節度使。乙酉，太常卿韋渠牟卒。己丑，吐蕃陷麟州，殺刺史郭鋒，毀城壘而去。

八月戊午，以河東行軍司馬嚴綬檢校工部尚書、兼太原尹、御史大夫、河東節度使。

九月壬戌，韋皐奏大破吐蕃於雅州。戊辰，羣臣宴曲江，上賦九日賜宴曲江亭詩六韻賜之。丁丑，禮部尚書李齊運卒。

冬十月，加韋皐檢校司徒、中書令，封南康郡王，賞破吐蕃功也。戊午，鹽州刺史杜彥先委城奔慶州。辛未，宰相賈耽上海內華夷圖及古今郡國縣道四夷述四十卷。甲戌，翰林待詔戴少平死十六日復生。庚戌，以京兆尹顧少連爲吏部尚書，以吏部侍郎韋夏卿爲京兆尹。淮南節度使杜祐進通典，凡九門，共二百卷。

十八年春正月戊午朔，大雨雪，罷朝賀。乙丑，驃國王遣使悉利移來朝貢，并獻其國樂十二曲與樂工三十五人。乙亥，韋臯以所擒蕃相論莽熱來獻。庚辰，以常州刺史賈全爲越州刺史、浙東觀察使。

二月戊子朔，賜羣臣宴於馬璘之山池。

三月癸未，以劍南東川行軍司馬李康爲梓州刺史、兼御史大夫、劍南東川節度使。乙丑，賜羣臣宴於馬璘之山池。己巳，以蘄州刺史鄭紳爲鄂州刺史、鄂岳蘄沔觀察使。癸酉，以浙東團練副使齊總爲衢州刺史，總以橫賦進奉希恩，給事中許孟容封還制書。丙戌，以河中行軍司馬鄭元爲河中尹、兼御史大夫、河中絳節度使。

五月癸亥，以竇羣爲左拾遺。庚辰，以祠部員外郎裴泰爲檢校兵部郎中，充安南都護、本管經略使。

六月癸巳，以吏部尚書顧少連爲兵部尚書、東都留守、東都畿汝防禦使。前東都留守、檢校禮部尚書王翃卒。

秋七月庚辰，蔡、申、光三州春水夏旱，賜帛五萬段，米十萬石，鹽三千石。

八月壬寅，以邕管經略使徐申爲廣州刺史〔二七〕、嶺南節度使。甲辰，以嶺南節度掌書記、試大理評事張正元爲邕州刺史、御史中丞、邕管經略使，給事中許孟容以非次遷授〔二九〕，封還詔書。丁未，以戶部侍郎、判度支王紹爲戶部尙書、判度支。

九月乙卯朔，以太常少卿楊憑爲潭州刺史、湖南觀察使。癸亥，賜羣臣宴於馬璘山池，上賦九日賜宴詩六韻賜之。

冬十月丁亥，以刑部尙書王鍔爲淮南節度副使兼行軍司馬。己酉，鄜坊丹延節度使、檢校禮部尙書王栖曜卒。

十一月丙辰，以同州刺史劉公濟爲鄜州刺史、鄜坊丹延節度使。

十二月乙巳，貶大理卿李正臣爲衞尉少卿，正臣爲御史彈劾下獄，不堪其辱而死。戊申，黎州蠻、牂柯使入朝。

十九年春正月癸丑朔。

二月壬午朔，賜宴馬璘山池。丁亥，修含元殿。賜安黃節度曰奉義軍。丙申，以桂管留後韋武爲桂州刺史、桂管觀察使。己亥，安南經略使裴泰爲州將王季元所逐。甲辰，淮南節度使杜祐來朝。

三月壬子朔，以杜祐檢校司空、同中書門下平章事、太淸宮使。以淮南行軍司馬王鍔檢校尙書右僕射，兼揚州大都督府長史、淮南節度使。丁卯，以今年孟夏禘饗，前議太祖、懿、獻之位未決，至此禘祭，方正太祖東向之位，已下列序昭穆。其獻祖、懿祖祔于德明、興聖之廟，每禘祫年就本室饗之。乙亥，以司農卿李實爲京兆尹。

夏四月乙未，涇原節度使劉昌奏請移行原州於平涼城，從之。戊戌，百官以祔廟畢，蹈舞稱賀。

五月辛亥，荆南節度使、檢校工部尚書、江陵尹裴胄卒。乙未，以荆南行軍司馬裴均爲江陵尹、兼御史大夫、荆南節度使。甲子，四鎮北庭行軍涇原節度使、檢校右僕射、涇州刺史劉昌卒。甲戌，以涇原節度留後段佑爲涇州刺史、兼御史大夫、四鎮北庭行軍涇原節度使。乙亥，吐蕃遣使論頰熱入朝。甲辰，以陳許行軍司馬劉昌裔檢校工部尚書，兼許州刺史、陳許節度使。自正月至是未雨，分命祈禱山川。

秋七月戊午，以關輔饑，罷吏部選、禮部貢舉。己未，中書侍郎、平章事齊抗爲太子賓客，病免也。甲戌，始雨。乙亥，尚書右僕射姚南仲薨。貸京畿民麥種。

八月乙未，大雨霖。

冬十月乙未，以太子賓客韋夏卿爲東都留守、東都畿汝都防禦使。

閏月丁巳，門下侍郎、同平章事崔損卒。

十一月戊寅朔，以鹽州兵馬使李興幹爲鹽州刺史，許專達于上，不隸夏州。丙午，振武麟勝節度使范希朝來朝。戊午，以振武行軍司馬閻巨源檢校工部尙書，兼單于大都護、振武麟勝節度使。庚申，以太常卿高郢爲中書侍郎、同中書門下平章事。壬申，監察御史崔薳入臺近，不練故事，違式入右神策軍；上怒，笞四十，配流崖州。

二十年春正月丁丑朔。丙申，天德軍防禦團練使、豐州刺史李景略卒，以其判官任迪簡代領其任。己亥，以鄜坊丹延節度使劉公濟爲工部尙書，以其行軍司馬裴玢代領其任。

二月丙午朔，罷中和節宴，歲儉也。庚戌，大雷震，雨雹。

三月甲申，以吐蕃贊普卒，廢朝。己亥，以國子祭酒趙昌爲安南都護、御史大夫、本管經略使。

夏四月辛酉，太子賓客齊抗卒。丙寅，吐蕃使臧河南觀察使論乞冉等五十四人來朝貢。陳許節度賜號忠武軍。

五月甲戌朔，罷御宣政殿〔三〇〕。乙亥，以史館修撰、秘書監張薦爲工部侍郎、兼御史大夫，充入吐蕃弔祭使。

七月癸酉朔，大雨雹。辛卯，福建觀察使柳冕奏置萬安監牧於泉州界，置羣牧五，悉索部內馬牛羊近萬頭匹，監吏主之。

八月戊申，以房州刺史郄士美爲黔中觀察使。己未，以昭義兵馬使盧從史爲檢校工部尚書，兼潞州長史、昭義軍節度、澤潞磁邢洺觀察使。

九月庚辰，賜羣臣宴於馬璘山池。

冬十月甲辰，於景州南皮縣置唐昌軍。辛亥，易定節度使張茂昭來朝。

十一月丁酉，以監察御史李程、秘書正字張聿、藍田縣尉王涯並爲翰林學士。

十二月，吐蕃、南詔、日本國並遣使朝貢。庚午，以桂管防禦使顏証爲桂州刺史、桂管觀察使。

二十一年春正月辛未朔，御含元殿受朝賀〔三〕。是日，上不康。丙子，以浙東觀察判官凌準爲翰林學士。癸巳，會羣臣於宣政殿，宣遺詔：皇太子宜於柩前即位。是日，上崩於會寧殿，享壽六十四。甲午，遷神柩於太極殿。丙申，發喪，羣臣縞素。皇太子即位。永貞元年九月丁卯，羣臣上謚曰神武孝文，廟號德宗。十月己酉，葬于崇陵，昭德皇后王氏祔焉。

史臣曰：德宗皇帝初總萬機，勵精治道。思政若渴，視民如傷。凝旒延納於讜言，側席思求於多士。其始也，去無名之費，罷不急之官；出永巷之嬪嬙，放文單之馴象；減太官之膳，誠服玩之奢；解鷹犬而放伶倫，止榷酤而絕貢奉。百神咸秩，五典克從，御正殿而策賢良，輟廷臣而治畿甸。此皆前王之能事，有國之大猷，率是而行，夫何敢議。加以天才秀茂，文思雕華。灑翰金鑾，無愧淮南之作；屬辭鉛槧，何慚隴坻之書。文雅中興，敻高前代；二南三祖，豈盛於茲。然而王霸迹殊，淳醨代變，揆時而理，斟酌斯難。苟於交喪之秋，輕取鄙夫之論，歷觀近世，靡不敗亡。德宗在藩齒冑之年，曾爲統帥；及出震承乾之日，頗負經綸。故從初罷郭令戎權，非次聽楊炎謬計，遂欲混同華裔，束縛奸豪，南行襄漢之誅，北舉恆陽之伐。出車雲擾，命將星繁，罄國用不足以餽軍，竭民力未聞于破賊。一旦德音掃地，愁歎連甍，果致五盜僭擬於天王，二朱憑陵於宗社。奉天之窘，可爲涕零，罪己之言，補之何益。所賴忠臣戮力，否運再昌。雖知非竟逐於楊炎，而受佞不忘於盧杞。用延賞之私怨，奪李晟之兵符；取延齡之奸謀，罷陸贄之相位。知人則哲，其若是乎！貞元之辰，吾道窮矣。

贊曰：聰明文思，惟睿作聖。保姦傷善，聽斷不令。御曆三九，適逢天幸。賜宴之辰，徒矜篇咏。

校勘記

〔一〕杜英翰　「翰」字各本原作「輸」，據新書卷七德宗紀、通鑑卷二三三改。

〔二〕李充　各本原作「李允」，據本書卷一三五裴延齡傳及卷一三九陸贄傳、通鑑卷二三五改。

〔三〕河內　校勘記卷六云：影宋本作關內。

〔四〕靈州　各本原作「雲州」，據本書卷一九六下吐蕃傳、通鑑卷二三四改。

〔五〕劍南西山羌女國王湯立志　「山」字各本原作「川」，「湯」字原作「楊」，據本書卷一四〇韋臯傳及卷一九七東女國傳、通鑑卷二三四改。

〔六〕制以冬薦官　「以」字各本原無，「冬」字原在「制」上，今據冊府卷六三〇補改。

〔七〕張昇雲　各本原作「張雲昇」，據本卷上文及本書卷一四一張孝忠傳改。

〔八〕邕管　本書卷一五一王鍔傳作「容管」。

〔九〕李充　各本原作「李元」，據本書卷一三五裴延齡傳及卷一三九陸贄傳、通鑑卷二三五改。

〔一〇〕成德軍節度使檢校司徒兼侍中渾瑊兼中書令　校勘記卷六云：「按此有脫文。冊府一七六以成德軍節度檢校司徒王武俊兼中書令，下乃云河中絳州節度檢校司徒兼侍中渾瑊中書令。」

〔一一〕王紹　各本原作「王召」，據本書卷一二三王紹傳改。下同。

〔一二〕七人　各本原作「士人」，據本書卷一九六下吐蕃傳改。

〔一三〕淮西　各本原作「淮南」，據本書卷一二德宗紀、卷一四五吳少誠傳改。

〔一四〕兼奉朔中書令　合鈔卷一三德宗紀無「奉朔」二字。

〔一五〕義成軍　各本原作「昭義軍」，據本卷上文、通鑑卷二三五改。

〔一六〕李元素　「元」字各本原作「光」，據本書卷一三二李澄傳、新書卷一四七李元素傳改。

〔一七〕別頭貢舉　「頭」字各本原作「項」，據唐會要卷七六、冊府卷六四〇改。

〔一八〕徐申　各本原作「徐中」，據新書卷一四三徐申傳改。

〔一九〕非次遷授　各本原作「非先賜授」，據唐會要卷五四改。十七史商榷卷七三云：「當作非次越授。」

〔二〇〕罷御宣政殿　「罷」字各本原無，據冊府卷一〇七補。

〔二一〕受朝賀　「賀」字各本原作「貢」，據御覽卷一一三、冊府卷一〇七補。

舊唐書卷十四

本紀第十四

順宗　憲宗上

順宗至德大聖大安孝皇帝諱誦，德宗長子，母昭德皇后王氏。上元二年正月生於長安之東內。大曆十四年六月，封宣王。建中元年正月丁卯，立爲皇太子。貞元二十一年正月癸巳，德宗崩，丙申，即位於太極殿。上自二十年九月風病，不能言，暨德宗不豫，諸王親戚皆侍醫藥，獨上臥病不能侍。德宗彌留，思見太子，涕咽久之。大行發喪，人情震懼。上力疾衰服，見百僚於九仙門。既即位，知社稷有奉，中外始安。庚子，羣臣上書請聽政。

二月辛丑朔。甲申，以河陽三城行軍司馬元韶爲懷州刺史、河陽懷州節度使。丙午，罷翰林醫工、相工、占星、射覆、冗食者四十二人。己酉，以易定張茂昭兼同平章事，以來朝，故寵之。是夜，太白犯昴。辛卯，以吏部郎中韋執誼爲尚書左丞〔一〕、同中書門下平章事。辛酉，貶京兆尹李實通州長史，尋卒。壬子，淄青李師古以兵寇滑之東鄙，聞國喪也。甲寅，釋仗內囚嚴懷志、呂温等一十六人。平涼之盟陷蕃，久之得還，以習蕃中事，不欲令出外，故囚之仗內，至是方釋之。日本國王并妻還蕃，賜物遣之。壬寅，以太子侍書、翰林待詔王伾爲左散騎常侍，充翰林學士。以前司功參軍、翰林待詔王叔文爲起居舍人，充翰林學士。以鴻臚卿王權爲京兆尹。甲子，御丹鳳樓，大赦天下。諸道除正敕率稅外，諸色榷稅並宜禁斷；除上供外，不得別有進奉。百姓九十已上，賜米二石，絹兩匹，版授上佐、縣君，仍令本部長吏就家存問；百歲已上，賜米五石，絹二匹，綿一屯，羊酒，版授下州刺史、郡君。戊辰，以開府儀同三司、檢校太尉、使持節、大都督雞林州諸軍事、雞林州刺史、上柱國、新羅王金重熙兼寧海軍使，以重熙母和氏爲太妃，妻朴氏爲妃。

三月庚午，出宮女三百人于安國寺，又出掖庭教坊女樂六百人于九仙門，召其親族歸之。戊寅，以韋皋兼檢校太尉，李師古、劉濟兼檢校司空，張茂昭司徒。丙戌，檢校司空、同平章事杜佑爲度支鹽鐵使。戊子，徐州節度賜名武寧軍。蔡州吳少誠兼同平章事。以翰林學士王叔文爲度支鹽鐵轉運使副，杜佑雖領使名，其實叔文專總。宰相賈耽兼檢校司空，鄭珣瑜吏部尚書，高郢刑部尚書，韋執誼中書侍郎，鎮冀王士眞、淮南王鍔、魏博田季安皆檢校司空。癸巳，詔册廣陵郡王淳爲皇太子，改名純。

夏四月壬寅，制第十弟諤封欽王，第十一弟誠封珍王。男建康郡王渙封郯王，改名經；洋川郡王沔封均王，改名緯；臨淮郡王洵封漵王〔三〕，改名縱；弘農王浼封莒王，改名紓；漢東郡王泳封密王，改名綢；晉陵郡王湜封郇王，改名總；高平郡王漵封邵王，改名約；雲安郡王滋封宋王，改名結；宣城郡王淮封集王，改名緗；德陽郡王湑封冀王，改名絿；河東郡王浥封和王，改名綺。十七男絢封衡王，十九男纁封會王，二十男綰封福王，二十一男紘封撫王，二十三男緄封岳王，二十四男紳封袁王，二十五男綸封桂王，二十七男繟封翼王。彌臣國嗣王道勿禮封彌臣國王。西平郡王晟男左羽林大將軍愿襲封岐公，食邑三千戶。戊申，詔以册太子禮畢，赦京城繫囚，大辟降從流，流以下減一等。以給事中陸質、中書舍人崔樞並爲太子侍讀。庚戌，封太子男寧、寬、宥、察、寰、寮等六人爲郡王，並食邑三千戶。癸丑，贈入吐蕃使、工部侍郎、兼御史大夫張薦禮部尚書。丙寅，罷萬安監牧。戊辰，以杭州刺史韓皐爲尚書右丞。

五月己巳，以右金吾衞大將軍范希朝爲右神策統軍，充左右神策、京西諸城鎮行營兵馬節度使。丁丑，以邕管經略使韋丹爲河南少尹，以萬年縣令房啓爲容管經略招討使。癸未，以郴州司馬鄭餘慶爲尚書左丞。甲辰，以檢校司空、忽汗州都督、渤海國王大嵩璘檢校司徒。承徽王氏、趙氏可昭儀，崔氏、楊氏可充儀，王氏可昭媛，王氏可昭容，牛氏可修儀，張氏可美人。以右丞韓皐爲鄂岳沔蘄都團練觀察使。丁亥，升襄州爲大都督府。臨漢縣仍徙于鄧城。辛卯，以鹽鐵轉運使副王叔文爲戶部侍郎。

六月丙申，詔二十一年十月已前百姓所欠諸色課利、租賦、錢帛，共五十二萬六千八百四十一貫、石、匹、束，並宜除免。

七月戊辰朔，吐蕃使論悉諾來朝貢。丙子，鄆州李師古加檢校侍中。贈故忠州別駕陸贄兵部尚書，謚曰宣；贈故道州刺史陽城爲左散騎常侍。戊寅，以戶部侍郎潘孟陽爲度支鹽鐵轉運使副。丙戌，關東蝗食田稼。癸巳，橫海軍節度使、滄州刺史程懷信卒，以其子副使執恭起復滄州刺史、橫海軍節度使。甲午，度支使杜佑奏：「太倉見米八十萬石，貯來十五年，東渭橋米四十五萬石，支諸軍皆不悅。今歲豐阜，請權停北河轉運，於濱河州府和糴二百萬石，以救農傷之弊。」乃下百僚議，議者同異不決而止。乙未，詔：「朕承九聖之烈，荷萬邦之重。顧以寡德，涉道未明，虔恭寅畏，懼不克荷。恐上墜祖宗之訓，下貽卿士之憂，夙夜祗勤，如臨淵谷。而積疾未復，至于經時，怡神保和，常所不暇。永惟四方之大，萬務之殷，不躬不親，慮有曠廢。加以山陵有日，霖潦踰旬，是用儆于朕心，以答天戒。其軍國政事，宜令皇太子勾當。」時上久疾，不復延納宰臣共論大政。事無巨細皆決于李忠言、王伾、王叔文。物論喧雜，以爲不可。藩鎮屢上牋於皇太子，指三豎之撓政，故有是詔。以太常卿杜黃裳爲門下侍郎，左金吾衞大將軍袁滋爲中書侍郎，並同中書門下平章事；鄭珣瑜爲吏部尚書，高郢刑部尚書，並罷知政事。皇太子見百僚於朝堂。丙申，皇太子於麟德殿西亭見奏事官。

八月丁酉朔。庚子，詔：「惟皇天佑命烈祖，誕受方國，九聖儲祉，萬邦咸休。肆予一人，獲纘丕業，嚴恭守位，不遑暇逸。而天佑不降，疾恙無瘳，將何以奉宗廟之靈，展郊禋之禮！疇咨庶尹，對越上玄，內愧于朕心，上畏于天命。夙夜祗慄，深惟永圖。一日萬機，不可以久曠；天工人代，不可以久違。皇太子純睿哲溫文，寬和仁惠，孝友之德，愛敬之誠，通乎神明，格于上下。是用法皇王至公之道〔三〕，遵父子傳歸之制，付之重器，以撫兆人。必能宣祖宗之重光，荷天地之休命，奉若成憲，永綏四方。宜令皇太子即皇帝位，朕稱太上皇，居興慶宮，制稱誥。」辛丑，誥：「有天下傳歸於子，前王之制也。欽若大典，斯爲至公，式揚耿光，用體文德。朕獲奉宗廟，臨御萬方，降疾不瘳，庶政多闕。乃命元子，代予守邦，爰以令辰，光膺册禮，宜以今月九日册皇帝於宣政殿。國有大命，恩俾惟新，宜因紀元之慶，用覃在宥之澤。宜改貞元二十一年爲永貞元年。自貞元二十一年八月五日已前，天下死罪降從流，流以下遞減一等。」誥立良娣王氏爲太上皇后，良媛董氏爲太上皇德妃。壬寅，貶右散騎常侍王伾爲開州司馬，前戶部侍郞、度支鹽鐵轉運使王叔文爲渝州司戶。

元和元年正月丙寅朔，皇帝率百僚上太上皇尊號曰應乾聖壽。甲申，太上皇崩於興慶宮之咸寧殿，享年四十六歲。六月乙卯，皇帝率羣臣上大行太上皇謚曰至德大聖大安孝皇帝，廟號順宗。秋七月壬申，葬于豐陵。

史臣韓愈曰：順宗之爲太子也，留心藝術，善隸書。德宗工爲詩，每賜大臣方鎭詩制，必命書之。性寬仁有斷，禮重師傅，必先致拜。從幸奉天，賊泚逼迫，常身先禁旅，乘城拒戰，督勵將士，無不奮激。德宗在位歲久，稍不假權宰相。左右倖臣如裴延齡、李齊運、韋渠牟等，因間用事，刻下取功，而排陷陸贄、張滂輩，人不敢言，太子從容論爭，故卒不任延齡、渠牟爲相。嘗侍宴魚藻宮，張水嬉，綵艦雕靡，宮人引舟爲櫂歌，絲竹間發，德宗歡甚，太子引詩人「好樂無荒」爲對。每於敷奏，未嘗以顏色假借宦官。居儲位二十年，天下陰受其賜。惜乎寢疾踐祚，近習弄權；而能傳政元良，克昌運祚，賢哉！

憲宗上

憲宗聖神章武孝皇帝諱純，順宗長子也，母曰莊憲王太后。大曆十三年二月生于長安之東內。六七歲時，德宗抱置膝上，問曰：「汝誰子，在吾懷？」對曰：「是第三天子。」德宗異而憐之。貞元四年六月，封廣陵王。順宗即位之年四月，冊爲皇太子。七月乙未，權勾當軍國政事。

八月丁酉朔，受內禪。乙巳，即皇帝位於宣政殿。先是，連月霖雨，上即位之日晴霽，人情欣悅。丙午，昇平公主進女口十五人，上曰：「太上皇不受獻，朕何敢違！其還郭氏。」丁未，始御紫宸對百僚。己酉，以道州刺史路恕爲邕管經略使。庚戌，荊南獻龜二，詔曰：「朕以寡昧，纂承丕業，永思理本，所寶惟賢。至如嘉禾神芝，奇禽異獸，蓋王化之虛美也。所以光武形於詔令，春秋不書祥瑞。朕誠薄德，思及前人。自今已後，所有祥瑞，但令准式申報有司，不得上聞；其奇禽異獸，亦宜停進。」癸丑，劍南西川節度使、檢校太尉、中書令、南康郡王韋皋薨。甲寅，以常州刺史穆贊爲宣歙池觀察使，以前宣歙觀察使崔衍爲工部尚書。己未，以中書侍郎、平章事袁滋爲劍南東西兩川、山南西道安撫大使，時韋皋卒，劉闢據蜀邀節鉞故也。辛酉，太上皇誥册良娣王氏爲太上皇后。癸亥，以朝請大夫、守尙書左丞、輕車都尉、賜紫金魚袋鄭餘慶同中書門下平章事。丙寅，以饒州刺史李吉甫爲考功郎中，夔州刺史唐次爲吏部郎中，並知制誥。

九月丁卯朔。己巳，罷敎坊樂人授正員官之制。辛未，河陽三城節度使元韶卒。癸酉，以陳州刺史孟元陽爲懷州刺史、河陽三城孟懷節度使。丙子，敕申光蔡、陳許兩道比遭亢旱，宜加賑恤，申光蔡賑米十萬石，陳許五萬石。丁丑，前戶部侍郎蔡弁卒。襄州于頔進鷹，詔還之。己卯，京西神策行營節度行軍司馬韓泰貶撫州刺史，司封郎中韓曄貶池州刺史，禮部員外郎柳宗元貶邵州刺史，屯田員外郎劉禹錫貶連州刺史，坐交王叔文也。辛巳，給事中陸質卒。

冬十月丙申朔。丁酉，集百僚發會太皇太后沈氏哀於肅章門外。檢校司空兼右僕射、同中書門下平章事、魏國公賈耽卒。戊戌，以宰臣劍南安撫使袁滋檢校吏部尙書、同中書門下平章事、成都尹、劍南西川節度觀察等使，以西川行軍司馬劉闢爲給事中。舒王誼薨。庚子，南詔使趙迦寬來赴山陵。浙東觀察使賈全卒。辛丑，吐蕃使論乞縷貢助山陵金銀衣服。太常上大行曾太皇太后沈氏諡曰睿眞皇后。丙午，以華州刺史楊於陵爲越州刺史、浙東觀察使。丁未，改桂州純化縣爲慕化縣，蒙州純義縣爲正義縣。己酉，葬德宗皇帝于崇陵。甲寅，以刑部尚書高郢爲華州刺史、潼關防禦、鎮國軍使，御史中丞李鄘爲京兆尹。貶京兆尹王權爲雅王傅。久雨，京師鹽貴，出庫鹽二萬石，糶以惠民。乙巳，祔睿眞皇后神主、德宗皇帝神主于太廟。壬申，貶正議大夫、中書侍郎、平章事韋執誼爲崖州司馬，以交王叔文也。潤、池、揚、楚、湖、杭、睦、江等州旱。貶劍南西川節度使袁滋爲吉州刺史，以其慰撫三川逗留不進故也。以左驍衞將軍李演爲夏州刺史、夏綏銀等州節度使，以右庶子武元衡爲御史中丞。己卯，再貶撫州刺史韓泰爲虔州司馬，河中少尹陳諫台州司馬，邵州刺史柳宗元爲永州司馬，連州刺史劉禹錫朗州司馬，池州刺史韓曄饒州司馬，和州刺史凌準連州司馬，岳州刺史程异郴州司馬，皆坐交王叔文。初貶刺史，物議罪之，故再加貶竄。辛巳，宣、撫、和、郴、郢、袁、衢七州旱。壬午，吏部尚書鄭珣瑜卒。甲申，以湖南觀察使楊憑爲洪州刺史、江西觀察使，以虢州刺史薛苹爲潭州刺史、湖南觀察使。鄂、岳、婺、衡等州旱。癸巳，宣歙觀察使穆贊卒。

十二月丙申朔。庚子，以東都留守韋夏卿爲太子少保，以兵部尚書王紹爲東都留守。壬寅，改淳州爲巒州，還淳縣爲淸溪縣〔四〕，淳風縣爲從化縣，姓淳于者改姓于。甲辰，襄陽于頔加平章事。丙申，月犯畢。己酉，以新除給事中、西川行軍司馬劉闢爲成都尹、劍南西川節度使。歲星犯太微西垣。庚戌，金州復析漢陰縣置石泉縣。壬子，以右諫議大夫韋丹爲梓州刺史，充劍南東川節度使，以常州刺史路應爲宣州刺史、宣歙池觀察使。壬戌，以朝請大夫、守中書舍人、翰林學士、上柱國鄭絪爲中書侍郎、同平章事、集賢殿學士。以考功郎中、知制誥李吉甫爲中書舍人，以考功員外郎裴垍爲考功郎中、知制誥，並充翰林學士。

元和元年春正月丙寅朔，皇帝率羣臣於興慶宮奉上太上皇尊號曰應乾聖壽太上皇。丁卯，御含元殿受朝賀。禮畢，御丹鳳樓，大赦天下，改元曰元和。自正月二日昧爽已前，大辟罪已下，常赦不原者，咸赦除之。辛未，以鄂岳沔觀察使韓臯爲鄂岳蘄安黃等州節度使。丁丑，太子少保韋夏卿卒。辛巳，以興元元從功臣、右神策護軍使副薛盈珍爲右神策護軍中尉。壬午，成德軍節度使、檢校司空王士眞同中書門下平章事。癸未，詔以太上皇舊恙愆和，親侍藥膳，起今月十六日已後，權不聽政。以左神策長武城防秋都知兵馬使高崇文檢校工部尚書，充神策行營節度使。甲申，太上皇崩于興慶宮，遷殯于太極殿，發喪。乙酉，宰相杜佑攝冢宰，杜黃裳爲禮儀使，右僕射伊愼大明宮留守，視事於尚書省。壬辰，復置斜谷路館驛。戊子，制：「劍南西川，疆界素定，藩鎭守備，各有區分。頃因元臣薨謝，鄰藩不睦，劉闢乃因虛構隙，以忿結讎，遂勞王軍，兼害百姓。朕志存含垢，務欲安人，遣使諭宣，委之旄鉞。如聞道路擁塞，未息干戈，輕肆攻圍，擬圖吞併。爲君之體，義在勝殘，命將興師，蓋非獲已。宜令興元嚴礪、東川李康掎角應接，神策行營節度使高崇文、神策兵馬使李元奕率步騎之師，與東川、興元之師類會進討。其糧料供餉，委度支使差官以聞。」甲午，高崇文之師由斜谷路，李元奕之師由駱谷路，俱會于梓潼。辛卯，羣臣請聽政。

二月乙未朔，以度支郎中敬寬爲山劍行營糧料使。嚴礪奏收劍州。乙丑，入朝奚王梅落可銀青光祿大夫、檢校司空，封饒樂郡王，放還蕃。癸卯，贈宣武軍節度使陸長源爲右僕射，贈故吉州刺史姜公輔禮部尚書。甲辰，以錢少，禁用銅器。癸丑，以魏博田季安同平章事。戊戌，謂宰臣曰：「前代帝王，或怠于聽政，或躬決繁務，其道如何？」杜黃裳對曰：「帝王之務，在於修己簡易，擇賢委任，宵旰以求民瘼，捨己從人以厚下，固不宜怠肆安逸。然事有綱領小大，當務知其遠者大者；至如簿書訟獄，百吏能否，本非人主所自任也。昔秦始皇自程決事，見嗤前代；諸葛亮王霸之佐，二十罰以上皆自省之，亦爲敵國所誚，知不久堪；魏明帝欲省尙書擬事，陳矯言其不可；隋文帝日旰聽政，令衞士傳餐，文皇帝亦笑其煩察。爲人主之體固不可代下司職，但擇人委任，責其成效，賞罰必信，誰不盡心。傳稱帝舜之德曰：『夫何爲哉？恭己南面而已！』誠以能舉十六相，去四兇也。豈與勞神疲體自任耳目之主同年而語哉！但人主常勢，患在不能推誠，人臣之弊，患在不能自竭。由是上疑下詐，禮貌或虧，欲求致理，自然難致。苟無此弊，何患不至於理。」上稱善久之。以京兆尹李鄘爲尚書右丞，以金吾大將軍鄭雲逵爲京兆尹。

三月乙丑朔。戊辰，詔常參官寒食拜墓，在畿內聽假日往還，他州府奏取進止。辛未，御史中丞武元衡奏：「中書門下御史臺五品已上官、尚書省四品已上、諸司正三品已上、從三品職事官、東都留守、轉運鹽鐵節度觀察使、團練防禦招討經略等使、河南尹、同華州刺史、諸衞將軍三品已上官除授，皆入閤謝，其餘官許於宣政南班拜訖便退。」詔曰：「如此例中有加使及職掌並准此。」又「兵部、吏部、禮部貢院官員，每舉選限內，有十月至二月不奉朝參。若稱事繁，則中書門下、御史臺、度支、京兆府公事至重，朝謁如常。況旬節已賜歸休，又許分日，一月之內，纔奉十日朝參，甚暑甚寒，又蒙矜放。臣求故實，以爲王顏任中丞日嘗論其事，舉對甚詳。伏請准貞元十二年四月二十七日敕，永爲常式。」從之。丙子，嚴礪收梓州。丁丑，制削奪劉闢在身官爵。先是，韓全義入朝，令其甥楊惠琳知留後，俄有詔除李演爲節度，代全義。演赴任，惠琳據城叛，詔發河東、天德兵誅之。辛巳，夏州兵馬使張承金斬惠琳，傳首以獻。壬辰，大行太上皇德妃董氏卒。以右神策行營節度高崇文檢校兵部尚書、梓州刺史、劍南東川節度。

戊戌，以安南經略副使張舟爲安南都護、本管經略使。己亥，以前劍南東川節度使韋丹爲晉絳觀察使。壬寅，以前安南經略使趙昌爲廣州刺史、嶺南節度使。癸卯，前嶺南節度使徐申卒。丙午，命宰臣監試制舉人於尚書省，以制舉人先朝所徵，不欲親試也。丁未，以檢校司空、平章事杜佑爲司徒，所司備禮册拜，平章事如故；罷領度支、鹽鐵、轉運等使，從其讓也，仍以兵部侍郎李巽代領其任。戊申，以隴右經略使、秦州刺史劉澭爲保義軍節度使。賑浙東米十萬石。己未，武元衡奏，常參官兼御史大夫、中丞者，准檢校省官例，立在本品同類之上。壬戌，邵王約薨。武元衡奏：「正衙待制官，本置此官以備問。比來正衙多不奏事。自今後請以尚書省六品以上職事官、東宮師傅賓詹、王傅等，每坐日令兩人待制〔五〕，退朝，詔於延英候對。」從之。

五月甲子朔。丁卯，京兆尹鄭雲逵卒。辛未，以兵部侍郎韋武爲京兆尹兼御史大夫。壬申，貶劍南東川節度使李康爲雷州司馬。陳、許、蔡等州旱。以橫海軍留後程執恭橫海軍節度使。庚辰，左丞、同平章事鄭餘慶爲太子賓客，罷知政事。辛卯，册太上皇后王氏爲皇太后。

六月癸巳朔，以册太后禮畢，赦天下繫囚，死罪降從流，流以下遞減一等。文武內外官加母邑號，太后諸親，量與優給。丙申，册德宗充容武氏爲崇陵德妃。大風折樹。丁酉，高崇文破賊萬人於鹿頭關。加幽州劉濟侍中，淄青李師古檢校司徒。癸卯，高崇文收漢州。

閏六月壬子朔，淄青李師古卒。戊辰，以祕書監董叔經爲京兆尹。壬午，諫議大夫去左、右字，只置四員。以前司封員外郎韋況爲諫議大夫。甲申，吐蕃論勃藏來朝貢。

秋七月壬辰朔。壬寅，葬順宗于豐陵。己酉，太子少保致仕韓全義卒。

八月辛酉朔。癸亥，以左衞大將軍李愿檢校禮部尚書、夏州刺史，充夏綏銀節度使。甲子，郇王母王昭儀、宋王母趙昭儀、郯王母張昭訓、衡王母閻昭訓等，各以其王並爲太妃。以許氏爲美人，尹氏、段氏爲才人。潯陽公主母崔昭訓爲太妃。韓全義子進女樂八人，詔還之。丁卯，封王子平原郡王寧爲鄧王，同安郡王寬爲澧王，建安郡王宥爲遂王〔六〕，彭城郡王察爲深王，高密郡王寰爲洋王，文安郡王寮爲絳王，第十男審爲建王。己巳，以建王審爲鄆州大都督、平盧淄青節度使；以節度副使李師道權知鄆州事，充節度留後。乙亥，册妃郭氏爲貴妃。靈武李欒奏，黃河岸塌處得古錢三千三百，其形小，方孔，三足。壬午，左降官韋執誼、韓泰、陳諫、柳宗元、劉禹錫、韓曄、凌準、程异等八人，縱逢恩赦，不在量移之限。癸未，京兆尹董叔經卒。甲申，御史臺奏，常參官在城未上及在外未到、假故等，在外未到，計水陸程外，滿百日，並停解，從之。丙戌，以尚書右丞李鄘爲京兆尹。

九月辛卯朔。癸卯，詔自今後兩省官每坐日一人對。丙午，以太子賓客鄭餘慶爲國子祭酒。辛亥，高崇文奏收成都，擒劉闢以獻。癸丑，以山人李渤爲左拾遺，徵不至。甲子，易定張茂昭來朝。丙寅，以劍南東川節度使、檢校兵部尚書、梓州刺史、封渤海郡王高崇文檢校司空，兼成都尹、御史大夫，充劍南西川節度副大使、知節度事、管內度支營田觀察使、處置統押近界諸蠻及西山八國兼雲南安撫等使，仍改封南平郡王，食邑三千戶。戊戌，以山南西道節度使嚴礪爲梓州刺史、劍南東川節度使；以將作監柳晟檢校工部尚書，兼興元尹，充山南西道節度使。庚辰，以吉州刺史袁滋爲御史大夫，充義成軍節度使。壬午，以淄青節度使留後李師道檢校工部尚書，兼鄆州大都督府長史，充平盧淄青節度副大使、知節度事。丙戌，以渤海國王大嵩璘檢校太尉。戊子，斬劉闢幷子超郎等九人於獨柳樹下。

十一月庚寅朔。己巳，以簡王傅王權爲河南尹。丁未，以司農卿李上公爲陝州大都督府長史，充陝虢觀察使。甲申，以武寧軍節度張愔爲工部尚書，以東都留守王紹檢校右僕射，兼徐州刺史、武寧軍節度使、徐泗濠等州觀察等使。庚戌，以吏部侍郎趙宗儒爲東都留守、東畿汝防禦使，以國子祭酒鄭餘慶爲河南尹。甲寅，以給事中劉宗經爲華州刺史、潼關防禦、鎭國軍等使。丙辰，以內常侍吐突承璀爲神策護軍中尉。

十二月丙申朔，太常奏隱太子、章懷、懿德、節愍、惠莊、惠文、惠宣〔七〕、靖恭、昭靖以下九太子陵，代數已遠，官額空存，今請陵戶外並停。乙亥，工部尚書張愔卒。丙戌，新羅、渤海、牂柯、迴紇各遣使朝貢。

二年春正月己丑朔，上親獻太清宮、太廟。辛卯，祀昊天上帝于郊丘，是日還宮，御丹鳳樓，大赦天下。先是，將及大禮，陰晦浹辰，宰臣請改日，上曰：「郊廟事重，齋戒有日，不可遽更。」享獻之辰，景物晴霽，人情欣悅。丁酉，司徒杜佑辭知政事，詔令每月三度入朝，便於中書商量政事。庚子，迴紇請于河南府、太原府置摩尼寺，許之。乙巳，以門下侍郎、同平章事、南陽郡開國公杜黃裳檢校司空、同平章事，兼河中尹、河中晉絳等州節度使。停諸陵留守。己卯，以戶部侍郎、賜緋魚袋武元衡爲門下侍郎、同平章事，賜紫金魚袋，以中書舍人、翰林學士李吉甫爲中書侍郎、同平章事。丁巳，停中和、重陽二節賜宴；其上巳宴，仍舊賜之。

二月辛酉，詔僧尼道士全隸左右街功德使，自是祠部司封不復關奏。丙寅，左右羽林軍應管月番飛騎總五千六百一十三人，並停。己巳，起居舍人鄭隨次對，面受進止；令宣與兩省供奉官，自今已後，有事卽進狀，次對官宜停。庚午，司天造新曆成，詔題爲元和觀象曆。壬申夜，月掩歲星。丁丑，寒食節，宴羣臣於麟德殿，賜物有差。壬午，以第五國軫爲右神策軍中尉。

三月辛卯，賜羣臣宴於曲江亭。癸卯，判度支李巽爲兵部尚書，依前判度支鹽鐵轉運使。

夏四月甲子，禁鉛錫錢。以右金吾衞大將軍范希朝爲檢校司空、靈州長史、朔方靈鹽節度使。戊寅，近置英武軍額，宜停。庚辰，嶺南節度使趙昌進瓊管儋、振、萬安六州六十二洞歸降圖。

六月丁巳朔，始置百官待漏院於建福門外。故事，建福、望仙等門，昏而閉，五更而啓，與諸坊門同時。至德中有吐蕃囚自金吾仗亡命，因敕晚開門，宰相待漏於太僕寺車坊。至是始令有司據班品置院。戊午，鳳翔節度使張敬則卒。乙丑，五坊色役戶及中書門下兩省納課陪廚戶及捉錢人，並歸府縣色役。己巳，停舒、廬、滁、和四州團練使額。癸酉，東都莊宅使織造戶，並委府縣收管。乙亥，停潤州丹陽軍額。丙子，左神策軍新築夾城，置玄化門晨耀樓。辛巳，以京兆尹李鄘爲鳳翔尹、鳳翔隴右節度使。蔡州水，平地深七八尺。

秋七月丙戌朔，敕刑部侍郎許孟容等刪定開元格後敕。丁亥，敕外命婦朝謁皇太后，多有前却，今後諸親委宗正寺，百官母妻委臺司，如有違越者，夫子奪一月俸，頻不到，有司具狀奏聞。戊子，錄配享功臣之後，得蘇瓌孫繫，用爲京兆府司錄；崔玄暐孫元方、張說孫嵠，並爲監察御史；狄仁傑後玄範，爲右拾遺；敬暉孫元亮、袁恕己孫德師，相次敍用。癸巳，太僕寺丞令狐丕進亡父峘所撰代宗實錄四十卷，詔贈峘工部尚書。

八月丙辰朔。辛酉，宰相武元衡兼判戶部事。壬戌，刑部奏改律卷第八爲鬬競律。甲子，以職方員外郎王潔爲嶺南選補使，監察御史崔元方監之。甲戌，中書奏：「先停諸道奏祥瑞。伏以所獻祥瑞，皆緣臘饗、告廟、元會奏聞，今後諸大瑞隨表聞奏，中瑞、下瑞申有司，其元日奏祥瑞，請依令式。」從之。辛巳，封杜黃裳爲邠國公，于頔爲燕國公。沒蕃僧惟良闐等四百五十人自蕃中還。

九月乙酉，密王綢薨。

十月己酉，以浙西節度使李錡爲左僕射；以御史大夫李元素爲潤州刺史，鎮海軍、浙西節度使。庚申，李錡據潤州反，殺判官王澹、大將趙琦。時錡詐請入朝，署澹爲留後，因諷兵士亂，殺澹、琦，遂令蘇、常、杭、湖、睦五州戍將殺刺史，修石頭故城，謀欲僭逆。壬戌，詔：「李錡屬列宗枝，任居方伯，竊赫奕之貴，飽綢繆之恩。待以親賢，報之以逆節；授其師旅，用之以亂常。累獻表章，亟請覲會，初則詐疾，後乃縱兵。僚佐以獻規受屠，王臣以傳命見脅。朕切於含垢，未忍發明，累降中人，令遵前旨。無軺車之戒路，有沴氣之滔天，加以日逞淫刑，月興暴賦。朕爲人父母，聞甚惻然，顧惟紀綱，焉敢廢墜！李錡在身官爵，並宜削奪。」以淮南節度使王鍔充諸道行營招討使，內官薛尚衍爲監軍，率汴、徐、鄂、淮南、宣歙之師，取宣州路進討。丁卯，以門下侍郎、平章事武元衡檢校吏部尚書，兼門下侍郎、平章事、成都尹，充劍南西川節度使，仍封臨淮郡公。將行，上御安福門慰勞之。癸酉，潤州大將張子良〔八〕、李奉僊等執李錡以獻。辛巳，錡從父弟宋州刺史銛、通事舍人銑坐貶嶺外。

十一月甲申，斬李錡於獨柳樹下，削錡屬籍。丙戌，以擒李錡潤州牙將張子良爲左金吾衞將軍，封南陽郡王；田少卿、李奉僊等爲羽林將軍，並封公。甲辰，詔司徒杜佑筋力未衰，起今後每日入中書視事。

十二月甲寅，宰相李吉甫封贊皇侯。丙辰，上謂宰臣曰：「朕覽國書，見文皇帝行事，少有過差，諫臣論諍，往復數四。況朕之寡昧，涉道未明，今後事或未當，卿等每事十論，不可一二而止。」丁巳，東都國子監增置學生一百人。癸亥，御史臺奏：「文武常參官准乾元元年三月十四日敕，如有朝堂相弔慰及跪拜、待漏行立失序，語笑諠譁；入衙入閤，執笏不端，行立遲慢；立班不正，趨拜失儀，言語微諠，穿班穿仗，出入閤門，無故離位；廊下飲食，行坐失儀諠鬧；入朝及退朝不從正衙出入；非公事入中書等：每犯奪一月俸。班列不肅，所由指摘，猶或飾非，即具聞奏貶責。臣等商量，於舊條每罰各減一半，所貴有犯必舉。」從之。丙寅，以劍南西川節度使高崇文檢校司空、同平章事，兼邠州刺史、邠寧慶節度使，充京西諸軍都統。壬申，禮部舉人，罷試口義，試墨義十條，五經通五，明經通六，即放進士。舉人曾爲官司科罰，曾任州縣小吏，雖有辭藝，長吏不得舉送，違者舉送官停任，考試官貶黜。丙子，令宰臣宣敕：百僚遊宴過從餞別，此後所由不得奏報，務從歡泰。保義軍節度使劉澭卒。己卯，史官李吉甫撰元和國計簿，總計天下方鎮凡四十八，管州府二百九十五，縣一千四百五十三，戶二百四十四萬二百五十四，其鳳翔、鄜坊、邠寧、振武、涇原、銀夏、靈鹽、河東、易定、魏博、鎮冀、范陽、滄景、淮西、淄青十五道，凡七十一州，不申戶口。每歲賦入倚辦，止於浙江東西、宣歙、淮南、江西、鄂岳、福建、湖南等八道，合四十九州，一百四十四萬戶。比量天寶供稅之戶，則四分有一。天下兵戎仰給縣官者八十三萬餘人〔九〕，比量天寶士馬，則三分加一，率以兩戶資一兵。其他水旱所損，徵科發斂，又在常役之外。吉甫都纂其事，成書十卷。

是歲，吐蕃、迴紇、奚、契丹、渤海、牂柯、南詔並朝貢。

三年春正月癸未朔。癸巳，羣臣上尊號曰睿聖文武皇帝。御宣政殿受册，禮畢，移仗御丹鳳樓，大赦天下。庚子，涇原段祐請修臨涇城，在涇州北九十里，扼犬戎之衝要，詔從之。戊申，罷左右神威軍，合爲一，號天威軍。

二月丙申，宰相李吉甫進封趙國公。己丑，以武昌軍節度使韓皐爲潤州刺史、鎮海軍節度、浙西觀察使〔一〇〕。辛未，贈故布衣崔善貞睦州司馬，忠諫而死於李錡也。癸丑，以鄜坊節度使裴玢爲興元尹、山南西道節度使。丙子，以右金吾衞大將軍路恕爲鄜州刺史、鄜坊節度使。戊寅，咸安大長公主卒於迴紇。

三月癸巳，郇王總薨。庚子，以定平鎭兵馬使朱士明爲四鎭北庭涇原等州節度使。乙巳，御宣政殿試制科舉人。

夏四月癸丑，中使郭里旻酒醉犯夜，杖殺之，金吾薛伾、巡使韋纁皆貶逐。賜朱士明名曰忠亮。乙丑，貶翰林學士王涯虢州司馬，時涯甥皇甫湜與牛僧孺、李宗閔並登賢良方正科第三等，策語太切，權倖惡之，故涯坐親累貶之。壬申，大風毀含元殿欄檻二十七間。乙亥，以嶺南節度使趙昌爲江陵尹、荆南節度使，以戶部侍郎楊於陵爲廣州刺史、嶺南節度使。丁丑，以荆南節度使裴均爲右僕射、判度支。敕五月一日御殿受朝賀禮宜停。己卯，裴均於尙書省都堂上僕射。其送印及呈孔目唱案授案〔二〕，皆尙書郎爲之，文武三品已上升階列坐，四品五品及郎官、御史拜於廳下，然後召御史中丞、左右丞、侍郎升階答拜。雖修故事行之，議者論其太過。

五月壬辰，兵部請復武舉，從之。甲午，敕東都畿汝州都防禦使及副使宜停，所管將士三千七百三十人，隨畿汝界分留守及汝州防禦使分掌之。辛丑，右僕射裴均請取荆南雜錢萬貫修尙書省，從之。丙午，正衙册九姓迴紇可汗爲登囉里汨密施合毗伽保義可汗。

六月戊辰，詔以錢少，欲設畜錢之令，先告諭天下商賈畜錢者，並令逐便市易，不得畜錢。天下銀坑，不得私採。癸亥，以邕管將黃少卿爲歸順州刺史，弟少高、少溫並授官，西原蠻酋也，貞元中屢寇邕管，至是歸款。乙丑，罷江淮私堰埭二十二，從轉運使奏也。甲戌，以河南尹鄭餘慶爲東都留守。丁丑，沙陀突厥七百人攜其親屬歸振武節度使范希朝，乃授其大首領葛勒河波陰山府都督。

秋七月辛巳朔，日有蝕之。己亥，復以度支安邑、解縣兩池留後爲榷鹽使。丁未，涪州復隸黔中道。

八月庚申，復置東都防禦兵七百人。

九月己丑，淮南節度使王鍔來朝。庚寅，以山南東道節度使于頔守司空、同平章事；以右僕射裴均檢校左僕射、同平章事、襄州長史，充山南東道節度使；加宣武韓弘同平章事。丙申，以戶部侍郎裴垍爲中書侍郎、同平章事。戊戌，以中書侍郎、平章事李吉甫檢校兵部尚書、兼中書侍郎、平章事、揚州大都督府長史、淮南節度使。以淮南節度使王鍔檢校司徒、河中尹、河中晉絳慈隰節度使。河中節度使、檢校司空、同平章事邠國公杜黃裳卒。

是秋，京師大雨。

十月己酉朔。癸亥，以太常卿高郢爲御史大夫。甲子，以御史中丞竇羣爲湖南觀察使，既行，改爲黔中觀察使。羣初爲李吉甫擢用，及持憲，反傾吉甫，吉甫劾其陰事，故貶之。丁卯，度支使下判案官，以四員爲定。

十一月甲午，橫海軍節度使程執恭來朝。

十二月庚戌，以臨涇縣爲行原州，命鎮將郝玼爲刺史〔三〕。自玼鎮臨涇，西戎不敢犯塞。甲子，南詔異牟尋卒。辛未，以諫議大夫段平仲使南詔弔祭，仍立其子驃信苴蒙閤勸爲南詔王〔三〕。

是歲，淮南、江南、江西、湖南、山南東道旱。

夏四月丙子朔。戊寅，國子祭酒馮伉卒。壬午，裴均進銀器一千五百兩，以違敕，付左藏庫。甲申，令皇太子居少陽院。武功人張英奴撰迴波辭惑衆，杖殺之。丙申，撫州山人張洪騎牛冠履，獻書於光順門，書不足採，遣之。庚子，制故太尉、西平郡王李晟宜編附屬籍。以太常卿李元素爲戶部尙書、判度支，以商州刺史元義方爲福建觀察使。甲辰，以兵部侍郎權德輿爲太常卿，仍賜金紫。以御史大夫高郢爲兵部尙書，以刑部郎中、侍御史知雜李夷簡爲御史中丞。

五月丙午朔。辛酉，刑部尙書鄭元卒。丁卯，鹽鐵使、吏部尙書李巽卒。

六月乙亥朔。丁丑，以河東節度使李鄘爲刑部尙書，充諸道鹽鐵轉運使；以靈鹽節度使范希朝爲太原尹、北都留守、河東節度使；以右衞上將軍王佖爲靈州大都督府長史〔一四〕、靈鹽節度使。辛丑，五嶺已北銀坑任人開採，禁錢不過嶺南。

秋七月乙巳朔，御制前代君臣事迹十四篇，書於六扇屏風。是月，出書屏以示宰臣，李藩等表謝之。丁未，渭南暴水，壞廬舍二百餘戶，溺死六百人，命府司賑給。乙卯，右羽林統軍高固卒。壬戌，御史中丞李夷簡彈京兆尹楊憑前爲江西觀察使時贓罪，貶憑臨賀尉。戊辰，以尚書右丞許孟容爲京兆尹，賜金紫。

八月甲戌朔。癸未，兗州魚臺縣移置於黃臺市。丙申，安南都護張舟奏破環王國三萬餘人，獲戰象、兵械，幷王子五十九人。癸卯，贈太師裴冕宜配享代宗廟庭，贈太師李晟、贈太尉段秀實宜配享德宗廟庭。

九月甲辰朔。庚戌，以成德軍都知兵馬使、鎭府右司馬王承宗起復檢校工部尚書，充成德軍節度使；以德州刺史薛昌朝檢校左常侍，充保信軍節度、德棣等州觀察等使。昌朝，薛嵩之子，婚於王氏，時爲德州刺史。朝廷以承宗難制，乃割二州爲節度，以授昌朝。制纔下，承宗以兵虜昌朝歸鎭州。丁卯，邠寧節度使、檢校司空、同平章事高崇文卒。

冬十月癸酉朔，以右羽林統軍閻巨源爲邠州刺史、邠寧慶節度使，以少府監崔頲爲同州刺史、本州防禦、長春宮等使。癸未，詔：「成德軍節度使王承宗頃在苫廬，潛窺戎鎭。而內外以事君之禮，叛而必誅；分土之儀，專則有辟。朕念其先祖嘗有茂勳，貸以私恩，抑於公議。使臣旁午以告諭，孽童俯伏以陳誠，願獻兩州，期無二事。朕亦收其後效，用以曲全，授節制於舊疆，齒勳賢於列位。況德、棣本非成德所管，昌朝又是承宗懿親，俾撫近鄰，斯誠厚澤，外雖兩鎮，內是一家。而承宗象恭懷姦，肖貌稔惡，欺裴武於得位之後，囚昌朝於授命之中。加以表疏之間，悖慢斯甚，義士之所興嘆，天地之所不容。恭行天誅，蓋示朝典，承宗在身官爵，並宜削奪。」以神策左軍中尉吐突承璀爲鎮州行營招討處置等使，以龍武將軍趙萬敵爲神策先鋒將，內官宋惟澄、曹進玉、馬朝江等爲行營館驛糧料等使。京兆尹許孟容與諫官面論，征伐大事，不可以內官爲將帥，補闕獨孤郁其言激切。詔旨祇改處置爲宣慰，猶存招討之名。己丑，詔軍進討，其王武俊、士眞墳墓，軍士不得樵採，其士平、士則各守本官，仍令士則各襲武俊之封〔三〕。庚寅，册鄧王寧爲皇太子。癸巳，以册儲，肆赦繫囚，死罪降從流，流以下遞降一等。文武常參官、外州府長官子爲父後者，賜勳兩轉。工部侍郎歸登、給事中呂元膺爲皇太子諸王侍讀。己亥，吐突承璀軍發京師，上御通化門勞遣之。

十一月癸卯朔，浙西蘇、潤、常州旱儉，賑米二萬石。甲子，河南尹杜兼卒。己巳，彰義軍節度使、檢校司空、同平章事吳少誠卒。

十二月壬申朔，以戶部侍郎張弘靖爲陝府長史、陝虢觀察陸運等使，賜金紫。以陝虢觀察使房式爲河南尹。中丞李夷簡奏：「諸州府於兩稅外違格科率，請諸道鹽鐵、轉運、度支巡院察訪報臺司，以憑舉奏。」從之。

五年春正月壬寅朔。己巳，浙西觀察使韓皐以杖決安吉令孫澥致死，有乖典法，罰一月俸料。

二月辛未朔。戊子，禮院奏東宮殿閣名及宮臣姓名，與太子名同者改之，其上臺官列、王官爵土無例輒改，從之。東臺監察御史元稹攝河南尹房式於臺，擅令停務，貶江陵府士曹參軍。

三月辛丑朔，宰相杜佑與同列宴於樊川別墅，上遣中使賜酒饌。乙巳，以御史中丞李夷簡爲戶部侍郎、判度支，以兵部侍郎王播爲御史中丞。癸巳，以太子賓客鄭絪檢校禮部尚書、廣州刺史、嶺南節度使。己未，制以遂王宥爲彰義軍節度使，以申州刺史吳少陽爲申光蔡節度留後。甲子，大風折木。丁卯，宰相于頔請依杜佑例一月三朝，從之。

夏四月庚午朔。癸酉，戶部尚書李元素卒。甲申，鎮州行營招討使吐突承璀執昭義節度使盧從史，載從史送京師。丁亥，河東范希朝奏破賊於木刀溝。福州復置侯官、長樂二縣，建州置將樂縣。壬申，以昭義都知兵馬使、潞州左司馬烏重胤爲懷州刺史、河陽三城懷州節度使，以河陽節度使孟元陽爲潞州長史、昭義軍節度、澤潞磁邢洺觀察使。戊戌，貶前昭義節度使盧從史爲驩州司馬。

五月庚子朔。乙巳，昭義軍三千人夜潰奔魏州。右神策軍使段祐卒。庚申，吐蕃使論思卽熱朝貢，并歸鄭叔矩、路泌之柩。

六月庚午朔。戊寅，以太府卿李少和爲洪州刺史、江西觀察使。奚、迴紇、室韋寇振武。癸巳，應給食實封例，節度使兼宰相，每食實封百戶，歲給八百端匹；若是絹，加給綿六百兩；節度使不兼宰相，每百戶給四百端匹〔一六〕；軍使諸衞大將軍，每百戶給三百五十端匹。

秋七月己亥朔。庚子，王承宗遣判官崔遂上表自首，請輸常賦，朝廷除授官吏。丁未，詔昭洗王承宗，復其官爵，待之如初。諸道行營將士，共賜物二十八萬四百三十端匹。時招討非其人，諸軍解體，而藩鄰觀望養寇，空爲逗撓，以弊國賦。而李師道、劉濟亟請昭雪，乃歸罪盧從史而宥承宗，不得已而行之也。幽州劉濟加中書令，魏博田季安加司徒，淄青李師道加僕射，並以罷兵加賞也。乙卯，幽州節度使劉濟爲其子總鴆死。庚申，以虔州刺史馬總爲安南都護、本管經略使。

八月乙巳朔。乙亥，上顧謂宰臣曰：「神仙之事信乎？」李藩對曰：「神仙之說，出於道家；所宗老子五千文爲本。老子指歸，與經無異。後代好怪之流，假託老子神仙之說。故秦始皇遣方士載男女入海求仙，漢武帝嫁女與方士求不死藥，二主受惑，卒無所得。文皇帝服胡僧長生藥，遂致暴疾不救。古詩云：『服食求神僊，多爲藥所誤。』誠哉是言也。君人者，但務求理，四海樂推，社稷延永，自然長年也。」上深然之。以浙東觀察使薛苹爲潤州刺史、浙西觀察使，以常州刺史李遜爲越州刺史、浙東觀察使。以都官郎中韋貫之爲中書舍人，起居舍人裴度爲司封員外郎、知制誥。癸巳，以鄧州刺史崔詠爲邕州刺史、本管經略使。

九月戊戌朔。辛亥，以吐突承璀復爲左軍中尉。諫官以承璀建謀討伐無功，請行朝典。上宥之，降承璀爲軍器使。乃以內官程文幹爲左軍中尉。壬戌，以瀛州刺史劉總起復受幽州長史，充幽州盧龍軍節度使。癸亥，以兵部尚書高郢爲右僕射致仕。丙寅，制以正議大夫、守太常卿、上柱國、襄武縣開國侯、賜紫金魚袋權德輿可守禮部尚書、同中書門下平章事。丁卯，翰林學士獨孤郁守本官起居，以妻父權德輿在中書，避嫌也。

冬十月戊辰朔，以京兆尹許孟容爲兵部侍郎，以中丞王播代孟容，又以呂元膺代播。昇平大長公主薨。庚辰，宰相裴垍進所撰德宗實錄五十卷，賜垍錦綵三百匹、銀器等，史官蔣武、韋處厚等頒賜有差。辛巳，定州將楊伯玉誘三軍爲亂，拘行軍司馬任迪簡。別將張佐元殺伯玉，迪簡謀歸朝，三軍懼，乃殺佐元。壬辰，制以迪簡檢校工部尚書、定州長史，充義武軍節度觀察、北平軍等使。甲午，以前義武軍節度、檢校太尉、兼太子太傅、同平章事張茂昭檢校太尉、兼中書令、河中尹，充河中晉絳慈隰節度使。

十一月戊戌朔，浙西奏當鎮舊有丹陽軍，今請併爲鎮海軍，從之。庚子，右金吾衞大將軍伊愼降爲右衞將軍，以行賂三十萬與中尉第五從直，求爲河東節度故也。甲辰，會王纁薨。庚戌，以前河中節度使王鍔檢校司空、兼太子太傅、太原尹、北都留守、河東節度使。以代州刺史阿跌光進爲單于大都護、振武麟勝節度度支營田觀察押蕃落等使。庚申，以中書侍郎、平章事裴垍爲兵部尚書。以前保信軍節度使、德州刺史薛昌朝爲右武衞將軍，前爲王承宗虜之，囚於鎮州，至是歸朝故也。丙寅，吏部郎中柳公綽獻太醫箴，上深喜納，遣中使撫勞之。

十二月丁卯朔。癸酉，諸道鹽鐵轉運使、刑部尚書李鄘檢校吏部尚書，兼揚府長史，充淮南節度使。以河南尹房式爲宣州刺史、宣歙池觀察、采石軍等使。以前宣歙觀察使盧坦爲刑部侍郎，充諸道鹽鐵轉運使。壬午，以吏部郎中柳公綽爲御史中丞。以前御史中丞呂元膺爲鄂州刺史、鄂黃岳沔蘄安黃等州觀察使。以鄂岳觀察使郗士美爲河南尹。新授諫議大夫蔣武請改名乂。以吏部侍郎崔邠爲太常卿。

六年春正月丙寅朔。丙申，以彰義軍留後吳少陽檢校工部尚書，充彰義軍節度、申光蔡等州觀察使。敕諫議大夫孟簡、給事中劉伯芻、工部侍郎歸登、右補闕蕭俛等於豐泉寺翻譯大乘本生心地觀音經。庚申，以淮南節度使、中書侍郎、同平章事、趙國公李吉甫復知政事、集賢殿大學士、監修國史。

二月丙寅朔。壬申，門下侍郎、同平章事李藩爲太子詹事。藩與吉甫不叶，吉甫既用事，故罷藩相位。丙子，河中節度使、檢校太尉、中書令張茂昭卒。以太府卿裴次元爲福建觀察使。己丑，忻王造薨。癸巳，以陝虢觀察使張弘靖檢校禮部尚書、河中尹、晉絳慈等州節度使，以右丞衞次公爲陝府長史、陝虢觀察使。以中書舍人、翰林學士李絳爲戶部侍郎。以京畿民貧，貸常平義倉粟二十四萬石，諸道州府依此賑貸。

三月乙未朔，以河南尹鄒士美檢校工部尚書，兼潞府長史、昭義軍節度使。丁未，以檢校右僕射嚴綬爲江陵尹、荆南節度使。河東舊使錫錢，民頗爲弊，宜於蔚州置五鑪鑄錢。乙卯，畿內軍鎮牧放，駙馬貴族略獲，並不得帶兵仗，恐雜盜也。

夏四月乙丑朔。戊辰，兵部尚書裴垍爲太子賓客。以諫議大夫裴堪爲同州防禦使。庚午，以戶部侍郎、判度支李夷簡檢校禮部尚書、襄州大都督府長史、山南東道節度使；以刑部侍郎、鹽鐵轉運使盧坦爲戶部侍郎，判度支；京兆尹王播爲刑部侍郎，充諸道鹽鐵轉運使；以福建觀察使元義方爲京兆尹。癸酉，以張茂昭家妓四十七人歸定州。己卯，月近房。以前荆南節度使趙宗儒爲刑部尚書。東都留守鄭餘慶爲兵部尚書，依前留守。王播奏：江淮河嶺已南、兗鄆等鹽院，元和五年都收賣鹽價錢六百九十八萬五千五百貫。校量未改法已前四倍擡估，虛錢一千七百四十六萬三千七百貫。除鹽本外，付度支收管。從之。辛卯，戶部奏置巡官。

五月甲午朔，取受王承宗錢物人品官王伯恭杖死。庚子，以左金吾衞將軍李惟簡檢校戶部尚書、鳳翔尹、隴右節度使。丙午，前山南東道節度使、檢校左僕射、平章事裴均卒。壬子，以振武節度阿跌光進夙彰誠節，久立茂勳，宜賜姓李氏。弟洛州刺史光顏，已從別敕處分。

六月甲子朔，減教坊樂人衣糧。丁卯，中書門下奏：

官省則事省，事省則人清；官煩則事煩，事煩則人濁。清濁之由，在官之煩省。國家自天寶已後，中原宿兵，見在軍士可使者八十餘萬。其餘浮爲商販，度爲僧道，雜入色役，不歸農桑者，又十有五六。則是天下常以三分勞筋苦骨之人，奉七分坐衣待食之輩。今內外官給俸料者不下一萬餘員，其間有職出異名，奉離本局，府寺曠廢，簪組因循者甚衆。況斂財日寡而授祿至多，設官有限而入色無數，九流安得不雜，萬物安得不煩。漢初置郡不過六十，文景醲化，百王莫先，則官少不必政紊，郡多不必事理。今天下三百郡，一千四百縣。故有一邑之地，虛設羣司，一鄉之甿，徒分縣職，所費至廣，所制全輕。伏請敕吏兵部侍郎、郎中、給事中、中書舍人各一人，錯綜利病，詳定廢置，吏員可併省者併省之，州縣可併合者併合之，每年入仕者可停減者停減之。此則利廣而易求，官少而易理，稍減冗食，足寬疲甿。又國家舊章，依品制俸，官一品月俸三十千，其餘職田祿米，大約不過千石，自一品以下，多少可知。艱難已來，禁網漸弛，於是增置使額，厚請俸錢。故大曆中權臣月俸有至九千貫者，列郡刺史無大小給皆千貫。常袞爲相，始立限約，至李泌又量其閑劇，隨事增加，時謂通濟，理難減削。然猶有名存職廢，額去俸存，閑劇之間，厚薄頓異。將爲永式，須立常規。

從之。乃命給事中段平仲、中書舍人韋貫之、兵部侍郎許孟容、戶部侍郎李絳等詳定減省。甲申，以御史中丞柳公綽爲湖南觀察使。丁亥，太白近右執法。戊子，賜御史中丞竇易直緋魚袋。

秋七月癸巳朔，尙書右僕射致仕高郢卒。庚申，贈銀靑光祿大夫、太子賓客裴垍太子少傅。

八月癸亥朔，戶部侍郎李絳奏：「諸州闕官職田祿米，及見任官抽一分職田，請所在收貯，以備水旱賑貸。」從之。乙丑，以天德軍防禦使張煦爲夏州刺史、夏綏銀等州節度使。丁卯，荊南先制永安軍，宜停。辛巳，以常州刺史崔芃爲洪州刺史、江西觀察使。

九月癸巳朔，以蜀州刺史崔能爲黔中觀察使。戊戌，富平縣人梁悅爲父復仇，殺秦杲，投獄請罪。特敕免死，決杖一百，配流循州。職方員外郎韓愈獻議執奏之。減諸司流外總一千七百六十九人。貶黔中觀察使竇羣爲開州刺史，以爲政煩苛，辰、錦二州蠻叛故也。

冬十月，以前夏州節度使李愿檢校兵部尚書、徐州刺史，充武寧軍節度使。戊辰，以戶部尚書韓皐爲東都留守，判東都尚書省事。以太子詹事李藩爲華州刺史、潼關防禦、鎮國軍使。以東都留守鄭餘慶爲吏部尚書。己巳，詔：「朕於百執事、羣有司，方澄源流，以責實效。轉運重務，專委使臣，每道有院，分督其任；今陝路漕引悉歸中都，而尹守職名尙仍舊貫。又諸道都團練使，足修武備以靖一方；而別置軍額，因加吏祿，亦旣虛設，頗爲浮費。思去煩以循本，期省事以便人。其河南水陸運、陝府陸運、潤州鎮海軍、宣州采石軍、越州義勝軍〔七〕、洪州南昌軍〔八〕、福州靖海軍等使額，並宜停。所收使已下俸料一事已來，委本道充代百姓闕額兩稅，仍具數奏聞。」戊寅，詔：

王者之牧黎元也，愛之如子，視之如傷。苟或風雨不時，稼穡不稔，則必除煩就簡，惜力重勞，以圖便安，以阜生業。況邦畿之內，百役所叢，雖勤卹之令亟行，而供億之制猶廣。重以經夏炎暵，自秋霖澍，南畝虧播植之功，西成失豐登之望。內乏口食，外牽王徭，豈惟轉輸之虞，慮有餒殍之患。斯蓋理道猶鬱，和氣未通，永言於茲，良所咎歎。京兆府每年所配折糴粟二十五萬石宜放。於百姓有粟情愿折納者，時估外特加優饒。今春所貸義倉粟，方屬歲饑，容至豐熟歲送納。元和五年巳前諸色逋租並放。百官職田，其數甚廣，今緣水潦，諸處道路不通，宜令所在貯納，度支支用，令百官據數于太倉請受。遭水旱處，通計所損，便與除破，不得檢覆。爲理之本，在乎安人。咨爾尹京宰邑之臣，實爲親人阜俗之寄，必當詢其疾苦，奉我詔條。恤隱爲心，無怠於事，罔或徇利以剝下，吐剛而茹柔，使閭井咸安，惸嫠獲濟。各勉忠孝，宜悉朕懷。丙戌，以諫議大夫孔戣爲皇太子諸王侍讀。

十一月壬辰朔。癸巳，新授華州刺史李藩卒。乙巳，以工部尚書趙昌檢校兵部尚書，兼華州刺史，充潼關防禦、鎮國軍等使。

十二月癸亥朔。壬申，詔委宗正卿選人門嫁十六宅諸王女，仍封爲縣主。甲申，京兆尹元義方、戶部侍郎判度支盧坦以違令立戟，罰一月俸，收奪所請門戟。己丑，制以朝議郎、守尚書戶部侍郎、驍騎尉、賜紫金魚袋李絳爲朝議大夫、守中書侍郎、同中書門下平章事。

閏十二月辛卯朔，右衞上將軍伊愼卒。辛亥，皇太子寧薨，諡曰惠昭，廢朝三日。國典無太子薨禮，國子司業裴茝精禮學，特賜於西內定儀。

校勘記

〔一〕尚書左丞　「左丞」，各本原作「右丞相」，據本書卷一三五韋執誼傳、新書卷七順宗紀改。

〔二〕臨淮郡王洵　「洵」字局本作「詢」，餘各本均作「泂」，據本書卷一五〇滶王縱傳改。

〔三〕是用法皇王至公之道　「法」字各本原無，據御覽卷一一三補。唐大詔令集卷三〇作「舉」字。

〔四〕清溪縣　「清」字各本原作「靑」，據本書卷四〇地理志、寰宇記卷九五、冊府卷三改。

〔五〕令兩人待制　「制」字各本原無，據冊府卷一〇七、新書卷七憲宗紀補。

〔六〕建安郡王　「建」字各本原作「延」，據本書卷一六穆宗紀、唐會要卷一改。

〔七〕惠宣　「宣」字各本原無，據本書卷九五惠宣太子業傳補。

〔八〕張子良　「子」字各本原作「文」，據本書卷一一二李國貞傳、御覽卷一一四、通鑑卷二三七改。下同。

〔九〕天下兵戎　十七史商榷卷七四云：「戎當作戍。」

〔10〕浙西　各本原作「浙江」，據本卷下文及本書卷四〇地理志改。

〔11〕其逿印及呈孔目唱案授案　「及」字各本原爲闕文，據唐會要卷五七補。

〔12〕郝玼　各本原作「郝玭」，據本書卷一五二郝玼傳、新書卷一七〇高固傳、通鑑卷二三七改。下同。

〔13〕爲南詔王　聞本無「王」字，餘各本原皆作「等爲王」，今據唐會要卷九九改。

〔14〕王佖　各本原作「王泌」，據本書卷一三三李晟傳、新書卷一五四李晟傳改。

〔15〕仍令士則各襲武俊之封　冊府卷一六五作「其武俊實封仍特賜士則承襲」。

〔16〕四百端匹　「四」「端」二字各本原無，據冊府卷五〇七補。

〔17〕義勝軍　「勝」字各本原作「成」，據唐會要卷七八、新書卷四一地理志改。

〔18〕南昌軍　「軍」字各本原作「府」，據唐會要卷七八、新書卷四一地理志改。

舊唐書卷十五

本紀第十五

憲宗下

元和七年春正月辛酉朔。己巳，以刑部尚書趙宗儒檢校吏部尚書、興元尹、山南西道節度使。庚午，以兵部尚書王紹判戶部事。辛未，以京兆尹元義方爲鄜州刺史、鄜坊丹延觀察使，以司農卿李銛爲京兆尹。是夜，月掩熒惑。壬申，廢信州永豐縣、越州山陰縣、衢州盈川縣。癸酉，振武河溢，毀東受降城。

二月庚寅朔。壬辰，詔以去秋旱歉，賑京畿粟三十萬石；其元和六年春賑貸百姓粟二十四萬石，並宜放免。辛丑，尚書省重定左、右僕射上事儀注。壬寅，以兵部侍郎許孟容爲河南尹。辛亥，山南西道節度使裴玢卒。癸丑，入蕃使不得與私覿正員官，量別支給以充私覿。舊使絕域者，許賣正員官十餘員，取貨以備私覿，雖優假遠使，殊非典法，故革之。

敕：「錢重物輕，爲弊頗甚。詳求適變，將以便人。所貴緡貨通行，里閭寬恤。宜令羣臣各隨所見利害狀以聞。」

三月己未朔。辛酉，以惠昭太子葬，罷曲江上巳宴。庚午，以旱，敕諸司疏決繫囚。

夏四月戊子朔。癸巳，敕天下州府民戶，每田一畝，種桑二樹，長吏逐年檢計以聞。辛亥，鹽鐵使王播奏元和六年賣鹽鐵，除峽內井鹽外，計收六百八十五萬九千二百貫。

五月戊午朔。庚申，上謂宰臣曰：「卿等累言吳越去年水旱，昨有御史自江淮迴，言不至爲災，人非甚困。」李絳對曰：「臣得兩浙、淮南狀，繼言歉旱。方隅授任，皆朝廷信重之臣。御史非良，或容希媚，此正當姦佞之臣。況推誠之道，君人大本，任大臣以事，不可以小臣言間之。伏望明示御史姓名，正之典刑。」上曰：「卿言是也。朝廷大體，以恤人爲本，一方不稔，卽宜賑救，濟其饑寒，況可疑之也！向者不思而有此問，朕言過矣。」絳等拜賀。癸亥，熒惑近太微右執法。

六月丁亥朔　舒州桐城梅天陂內，有黃白二龍，自陂中乘風雷躍起，高二百尺，行六里，入浮塘陂。癸巳，以金紫光祿大夫、守司徒、同平章事、崇文館大學士、太淸宮使、上柱國、岐國公杜佑爲光祿大夫、守太保致仕，宜朝朔望，佑累表懇請故也。己亥，月近南斗魁第四星。鎭州甲仗庫一十三間災，兵仗都盡。王承宗常畜叛謀，至是始懼天罰，兇氣稍奪，仍殺主庫吏百餘人。乙丑，以兵部員外郎王涯知制誥。乙亥，制立遂王宥爲皇太子，改名恆。己卯，以新羅大宰相金彥昇爲開府儀同三司、檢校太尉、使持節、大都督雞林州諸軍事、雞林州刺史，兼寧海軍使、上柱國，封新羅國王；仍册彥昇妻貞氏爲妃。

八月丁亥朔，新除新羅國大宰相金崇斌等三人，宜令本國准例賜戟。戊戌，魏博節度使田季安卒。辛丑，廢蓬州宕渠縣。甲辰，宣歙觀察使房式卒。丙午，以蘇州刺史范傳正爲宣歙觀察使。戊申，制：「諸州府五品已上官替後，委本道長官量其才行、官業、資歷，每年冬季一度聞薦。其罷使郎官、御史，許朝臣每年冬季准此聞薦。諸使府參佐、檢校官，從元授官月日計，如是五品已上官及臺省官，經三十箇月外，任與轉改；餘官經三十六箇月奏轉改。如未經考便有事故及停替官，本限之外更加十箇月，即任申奏。」辛亥，以左龍武大將軍薛平爲滑州刺史、義成軍節度使。

冬十月乙未，魏博三軍舉其衙將田興知軍州事。時田季安死，子懷諫年十一，爲副大使、知軍府事，軍政一決於家僮蔣士則，數易大將，軍情不安。因田興入衙，兵環而劫請，興頓仆於地，軍衆不散。興曰：「欲聽吾命，勿犯副大使。」衆曰：「諾。」但殺蔣士則等十數人而止。即日移懷諫於外，令朝京師。甲辰，以魏博都知兵馬使、兼御史中丞、沂國公田興爲銀青光祿大夫、檢校工部尚書，兼魏州大都督府長史，充魏博節度使。庚戌，澧王寬改名惲，深王察改名悰，洋王寰改名忻，絳王寮改名悟，建王審改名恪〔二〕。以鄭滑節度使袁滋爲戶部尚書。

十一月丙辰朔。乙丑，詔：「田興以魏博請命，宜令司封郎中、知制誥裴度往彼宣慰，賜三軍賞錢一百五十萬貫，以河陰院諸道合進內庫物充。六州百姓給復一年，兼赦管內見繫囚徒。」及度至魏州，田興禮待甚恭，仍請度至六州諸縣宣達朝旨。辛未，太保致仕杜佑卒。東川觀察使潘孟陽奏龍州武安縣嘉禾生，有麟食之。麟之來，羣鹿環之，光彩不可正視。使畫工圖之以獻。乙亥，以給事中李逢吉、司勳員外郎李巨並充皇太子諸王侍讀。戊寅，吏部尚書鄭餘慶請復置吏部考官三員，吏部郎中楊於陵執奏以爲不便。乃詔考官韋顗等三人祗考及第科目人，其餘吏部侍郎自定。己卯，江西觀察使崔芃卒。辛巳，以前魏博節度副使田懷諫爲右監門衞將軍，賜宅一區、芻粟等。甲申，以同州刺史裴堪爲江西觀察使。

十二月丙戌朔，以吏部尚書鄭餘慶爲太子少傅。丙辰，左拾遺楊歸厚以自娶婦，進狀借禮會院，貶國子主簿分司。戊戌，以京兆尹裴向爲同州防禦使。己亥，魏博奏管內州縣官員二百五十三員，請吏部銓注。

八年春正月乙卯朔。庚午，册大言義爲渤海國王，授秘書監、忽汗州都督。辛未，制以正議大夫、守禮部尚書、同平章事、上柱國、扶風郡開國公權德輿守禮部尚書，罷知政事。癸未，以山南東道節度使李夷簡檢校戶部尚書、成都尹，充劍南西川節度使。以戶部尚書袁滋檢校兵部尚書、襄州刺史，充山南東道節度使。

二月乙酉朔。辛卯，田興改名弘正。宰相李吉甫進所撰元和郡國圖三十卷，又進六代略三十卷，又爲十道州郡圖五十四卷。宰相于頔男太常丞敏專殺梁正言奴，棄溷中。事發，頔與男季友素服待罪。貶頔恩王傅。于敏長流雷州，錮身發遣。殿中少監、駙馬都尉于季友誑罔公主，藏隱內人，轉授兇兄，移貯外舍，傷風黷禮，莫大於茲，宜削奪所任官，令在家修省。贊善大夫于正、秘書丞于方並停見任，皆頔之子也。捕獲受于頔賂爲致出鎮人梁正言，及交構權貴僧鑒虛，並付京兆府杖死。甲子，以劍南西川節度使、銀青光祿大夫、檢校吏部尚書、兼門下侍郎、同平章事、上柱國、臨淮郡開國公、食邑二千戶武元衡復入中書知政事，兼崇玄館大學士、太清宮使。辛未，上以久旱，親於禁中求雨，是夜，澍雨霑足。丙子，大風壞崇陵寢殿鴟尾，折門戟六。

夏四月癸未朔。乙酉，以邕管經略使房啓爲桂管觀察使，以開州刺史竇羣爲邕管經略使〔三〕。丙戌，以錢重貨輕，出庫錢五十萬貫，令兩常平倉收市布帛，每段匹於舊估加十之一。鄜坊觀察使元義方卒。辛卯，以將作監薛伾爲鄜坊觀察使。乙未，長安西市豕生三耳八足二尾。僧鑒虛爲高崇文納賂四萬五千貫與宰相杜黃裳，共引致人永樂縣令吳憑，付錢與黃裳男載。敕吳憑配流昭州，黃裳、崇文已薨殁，所用錢不須勘問，杜載釋放。辛亥，賜魏博田弘正錢二十萬貫，收市軍糧。庚申，河中尹張弘靖奏修古舜城。

六月辛巳朔。時積雨，延英不開十五日。是日，上謂宰臣曰：「今後每三日，雨亦對來。」乙酉，工部尚書致仕裴佶卒。丙戌，以東都留守韓皋檢校吏部尚書，兼許州刺史，充忠武軍節度使。庚寅，京師大風雨，毁屋飄瓦，人多壓死。所在川瀆暴漲，行人不通。辛丑，出宮人二百車，任從所適，以水災故也。壬寅，宰臣武元衡李吉甫李絳、舊相鄭餘慶權德輿，各奉詔令進舊詩。

秋七月辛亥朔。癸丑，以權德輿檢校吏部尚書、東都留守。丁卯，以振武節度使李光進爲靈州大都督府長史、靈武節度使。癸酉，命中尉彭中獻修興唐觀，壯其規制，北拒禁城，開複道以通行幸。是夜，月近五諸侯。丁丑，新授桂管觀察使房啓降爲太僕少卿。啓初拜桂管，啓吏賂吏部主者，私得官告以授啓。俄有詔命中使賫告牒與啓，曰：「受之五日矣。」上怒，杖吏部令史，罰郎官，啓亦即降之。以安南都護馬總爲桂管觀察使，以江州刺史張勔爲安南都護、本管經略招討使。鄜坊觀察使薛伾卒。

八月辛巳朔。癸未，以蘄州刺史裴行立爲安南都護、本管經略招討使，以張勔耄年也。

丁亥，以司農卿裴武爲鄜坊觀察使。庚寅，詔毀家衕國故徐州刺史李洧等一十家子孫，並宜甄奬。甲午，太白近軒轅。辛丑，以東川節度使潘孟陽爲戶部侍郎、判度支，盧坦爲梓州刺史、劍南東川節度使。乙巳，廢天武軍，併入神策軍。

九月庚戌朔。丙辰〔三〕，淄青李師道進鶻十二，命還之。戊午，賜羣臣宴於曲江。乙丑，詔：「比聞嶺南五管并福建、黔中等道，多以南口餉遺，及於諸處博易，骨肉離析，良賤難分。此後嚴加禁止，如違，長吏必當科罰。」淮西吳少陽獻馬三百匹。丙寅，詔：「減死戍邊，前代美政，量其遠邇，亦有便宜。今後兩京、關內、河南、河東、河北、淮南、山南東西道州府，除大辟罪外，輕犯不得配流天德五城。」戊辰，以給事中竇易直爲陝虢防禦使，仍賜金紫。壬申，以恩王傅于頔爲太子賓客。以前朔方靈鹽節度使王佖爲右衞將軍〔四〕。將相出入，翰林草制，謂之白麻。至佖，奏罷中書草制，因爲例也。太常習樂，始復用大鼓。

冬十月庚辰朔。己丑，熒惑近太微西垣南首星。庚寅，以湖南觀察使柳公綽爲岳鄂沔蘄安黃觀察使。辛卯，涇原節度使朱忠亮卒。壬辰，汴州韓弘進所撰聖朝萬歲樂譜〔五〕，共三百首。己巳，以宗正少卿李道古爲黔中觀察使，以蘇州刺史張正甫爲湖南觀察使。丙申，以大雪放朝，人有凍踣者，雀鼠多死。戊戌，以神策普潤鎮使蘇光榮爲涇州刺史、四鎮北庭行軍涇原節度使。翰林學士、司封員外郎韋弘景守本官，以草光榮詔漏敍功勳故也。

壬辰，振武奏迴紇千騎至鸊鵜泉。

十一月庚戌朔。丙辰，以福建觀察使裴次元爲河南尹。丙寅，以鹽州隸夏州。自夏州至豐州，初置八驛。丁卯，以泗州刺史薛謇爲福建觀察使。右龍武統軍劉昌裔卒。癸酉，昭義郗士美奏諸軍就食于臨洺。京畿水、旱、霜，損田三萬八千頃。

十二月庚辰朔，以京兆尹李銛爲鄜坊觀察使，以代裴武入爲京兆尹。辛巳，敕：「應賜王公、公主、百官等莊宅、碾磑、店鋪、車坊、園林等，一任貼典貨賣，其所緣稅役，便令府縣收管。」敕：「張茂昭立功河朔，舉族歸朝，義烈之風，史册收載。如聞身歿之後，家無餘財，追懷舊勳，特越常典，宜歲賜絹二千匹，春秋二時支給。」羣臣上表，請立德妃郭氏爲皇后。丙戌，以桂管觀察使馬總爲廣州刺史、嶺南節度使，以邕管經略使崔詠爲桂管觀察使。庚寅，以夔州刺史馬平陽爲邕管經略使。振武軍亂，逐其帥李進賢，屠其家。乃以夏州節度使張煦代進賢，率兵二千赴鎮，許便宜擊斷。丙午，以金吾衞將軍田進爲夏州刺史、夏綏銀節度使。以河溢浸滑州羊馬城之半，滑州薛平、魏博田弘正徵役萬人，於黎陽界開古黃河道，南北長十四里，東西闊六十步，深一丈七尺，決舊河水勢，滑人遂無水患。

九年春正月己酉朔。乙卯，大霧而雪。李吉甫累表辭相位，不許。乙亥，張煦入單于都護府，誅作亂軍士蘇國珍等二百五十二人。

二月己卯朔，戶部侍郎、判度支潘孟陽兼京北五城營田使。丁丑，貶前振武節度使李進賢爲通州刺史，監軍路朝見配役于定陵〔六〕。丁未，詔以歲飢，放關內元和八年已前逋租錢粟，賑常平義倉粟三十萬石。丙申，賜振武軍絹二萬匹。丁酉，月近心大星。癸卯，制朝議大夫、守中書侍郎、同平章事、上柱國、高邑男李絳守禮部尙書，累表辭相位故也。

三月己酉朔。丙辰，嶲州地震，晝夜八十震，壓死者百餘人。庚申，妖人梁叔高自廣州來，授書與吏部侍郎楊於陵，使爲己輔。於陵執之以告，殺之。辛酉，以太子少傅鄭餘慶檢校右僕射、興元尹、山南西道節度使，代趙宗儒爲御史大夫。丁卯，隕霜殺桑。召大理卿裴棠棣男損、前昭應令杜式方男悰見于麟德殿前，各賜緋，許尙公主。

夏四月戊寅朔。庚寅，詔贈太師咸寧王渾瑊宜配享德宗廟庭。

五月丁未朔，以嶺南節度使鄭絪爲工部尙書。庚申，移宥州於經略軍，郭下置延恩縣，隸夏州觀察使。是月旱，穀貴，出太倉粟七十萬石，開六場糶以惠飢民。乙丑，桂王綸薨。以旱，免京畿夏稅十三萬石、青苗錢五萬貫。

六月丙子朔。戊寅，以天德軍經略使周懷乂卒，廢朝一日。經略使廢朝，自懷乂始也。庚辰，以義武軍節度副使渾鎬檢校工部尙書，兼定州大都督府長史，充義武軍節度使、易定觀察使、北平軍等使。丙戌，以左龍武將軍燕重盱爲豐州刺史、天德軍豐州西城中城都防禦押蕃落等使。乙未，置禮賓院於長興里之北。丙申，以左丞孔戣爲華州刺史、潼關防禦、鎮國軍等使。壬寅，制河中晉絳慈隰等州節度使張弘靖守刑部尚書、同中書門下平章事。

秋七月丙午朔。乙未，以御史大夫趙宗儒檢校尚書右僕射，兼河中尹、河中晉絳等州節度使。戊辰，以太子司議郎杜悰爲銀青光祿大夫、殿中少監、駙馬都尉，尚岐陽公主。

閏八月乙巳朔。辛酉，以河陽節度使烏重胤兼汝州刺史。壬戌，以中書舍人王涯、屯田郎中韋綬爲皇太子諸王侍讀。己巳，加田弘正檢校右僕射，賞三軍錢二十萬貫。

九月甲戌朔，以洺州刺史李光顏爲陳州刺史、忠武軍都知兵馬使。丙戌，以山南東道節度使袁滋檢校兵部尚書，兼江陵尹、荆南節度使。以荆南節度使嚴綬檢校司空、襄州刺史、山南東道節度使。己丑，月掩軒轅。淮西節度使吳少陽卒，其子元濟匿喪，自總兵柄，乃焚劫舞陽等四縣。朝廷遣使弔祭，拒而不納。壬辰，眞臘國朝貢。戊戌，加河東節度使王鍔檢校司空、同平章事，以給事中孟簡爲越州刺史、浙東觀察使，贈吳少陽尚書右僕射。

冬十月甲辰朔。丙午，金紫光祿大夫、中書侍郎、同平章事、集賢大學士、監修國史、上柱國、趙國公李吉甫卒。甲寅，以刑部員外郎令狐楚爲職方員外郎、知制誥。壬戌，以忠武軍節度使韓臯爲吏部尚書，以忠武軍節度副使兼陳州刺史李光顏爲許州刺史、忠武軍節度使。甲子，制：「朕嗣膺寶位，于茲十年。每推至誠，以御方夏，庶以仁化，臻于太和，宵衣旰食，意屬於此。今淮西一道，未達朝經，擅自繼襲，肆行寇掠。將士等迫於受制，非是本心。思去三面之羅，庶遵兩階之義。宜以山南東道節度使嚴綬兼充申光蔡等州招撫使。」仍命內常侍崔潭峻爲監軍。戊辰，以尚書左丞呂元膺檢校工部尚書、東都留守。舊例，命留守賜旗甲與方鎮同，及元膺受命，不賜。諫官援華、汝、壽三州例有賜，居守之重，不宜獨闕，上曰：「此三處亦宜停賜。」

十一月甲戌朔。甲申，以吏部尚書韓臯爲太子賓客。甲午，以御史中丞胡証爲單于大都護、振武麟勝等軍節度使。丁酉，太子太傅范希朝卒。戊戌，以中書舍人裴度爲御史中丞；以左金吾大將軍郭釗檢校工部尚書、邠州刺史，充邠寧節度使；以職方員外郎、知制誥令狐楚爲翰林學士。

十二月甲辰朔。丁未，振武節度使張煦卒。辛亥，邠寧節度使、檢校右僕射閻巨源卒。癸丑，兵部尚書王紹卒。己未，右羽林統軍孟元陽卒。丙寅，太子少保趙昌卒。戊辰，制以中大夫、守尚書右丞、上騎都尉、賜紫金魚袋韋貫之本官同中書門下平章事。

十年春正月癸酉朔。乙酉，宣武軍節度使韓弘守司徒，平章事並如故。丙申，嚴綬帥師次蔡州界。己亥，制削奪吳元濟在身官爵。庚子，桂管奏移富州治於故城。

二月癸卯朔。甲辰，嚴綬軍爲賊所襲，敗於磁丘，退守唐州。田弘正子布、韓弘子公武各率師隸李光顏討賊。辛亥，以禮部尚書李絳爲華州潼關防禦鎮軍等使。壬戌，河東防秋將劉輔殺豐州刺史燕重盱。己巳，以羽林將軍李彙爲涇原節度使。

三月壬申朔，以右金吾將軍李奉仙爲豐州刺史、天德軍西城中城都防禦使。己卯，以劍南西川節度行軍司馬李程爲兵部郎中、知制誥。乙酉，以虔州司馬韓泰爲漳州刺史，以永州司馬柳宗元爲柳州刺史，饒州司馬韓曄爲汀州刺史，朗州司馬劉禹錫爲播州刺史，台州司馬陳諫爲封州刺史。御史中丞裴度以禹錫母老，請移近處，乃改授連州刺史。贈故太常卿崔邠禮部尚書。李光顏破賊於南頓。辛亥，盜焚河陰轉運院，凡燒錢帛二十萬貫匹、米二萬四千八百石、倉室五十五間。防院兵五百人營於縣南，盜火發而不救，呂元膺召其將殺之。自盜火發河陰，人情駭擾。壬戌，以長安縣令徐俊爲邕管經略使。

五月辛未朔。辛巳，御史中丞裴度兼刑部侍郎。時度自淮西行營宣慰還，所言軍機，多合上旨，故以兼官寵之。丙申，李光顏大破賊黨於洄曲。自徵兵討賊，凡十餘鎮之師，環於申、蔡，未立戰功。裴度使還，奏曰：「臣觀諸將，惟光顏見義能勇，必能立功。」至是告捷，京師相賀，上尤賞度之知人。

六月辛丑朔。癸卯，鎮州節度使王承宗遣盜夜伏於靖安坊，刺宰相武元衡，死之；又遣盜於通化坊刺御史中丞裴度，傷首而免。是日，京城大駭，自京師至諸門加衞兵；宰相導從加金吾騎士，出入則彀弦露刃，每過里門，訶索甚諠；公卿持事柄者，以家僮兵仗自隨。武元衡死數日，未獲賊。兵部侍郎許孟容請見，奏曰：「豈有國相橫屍路隅，不能擒賊！」因灑泣極言，上爲之憤歎。乃詔京城諸道，能捕賊者賞錢萬貫，仍與五品官，敢有葢藏，全家誅戮。乃積錢二萬貫於東西市。京城大索，公卿節將複壁重轑者皆搜之。庚戌，神策將士王士則、王士平以盜名上言，且言王承宗所使，乃捕得張晏等八人誅之。乙丑，制以朝議郎、守御史中丞、兼刑部侍郎、飛騎尉、賜紫金魚袋裴度爲朝請大夫、守刑部侍郎、同中書門下平章事。

秋七月庚午朔，靈武節度使李光進卒。辛未，以神策軍長武城使杜叔良爲朔方靈鹽定遠城節度觀察使。甲戌，詔：「成德軍節度使王承宗，自滌瑕疵，累加奬拔，列在維藩之任，待以忠正之徒。謂懷君父之恩，克勵人臣之節。而動思棄命，恣逞非心，傲狠反常，橫辱無畏。以其先祖，嘗立忠勳，每念含容，庶聞悛革。曾不知陰謀逆狀，久則逾彰；凶德禍機，盈而自覆。乃敢輕肆指斥，妄陳表章，潛遣姦人，內懷兵刃，賊殺元輔，毒傷憲臣，縱其兇殘，無所顧望。推窮事迹，罪狀昭明，周覽讞詞，良用驚歎。宜令絕其朝貢，其所部博野、樂壽兩縣本屬范陽，宜却隸劉總。駙馬都尉王承系、太子贊善王承迪、丹王府司馬王承榮等，並宜遠郡安置。」先是，承宗上表怨咎武元衡，留中不報。又肆指斥，上使持其表以示百官，羣臣皆請問罪。丙戌，涇原節度使李彙卒，以將作監王潛爲涇州刺史、四鎭北庭涇原節度使。乙未，以京兆尹裴武爲司農卿，以捕賊弛慢故也。

八月己亥朔，日有蝕之。丙寅，訶陵國遣使獻僧祇僮及五色鸚鵡、頻伽鳥幷異香名寶。丁未，淄青節度使李師道陰與嵩山僧圓淨謀反，勇士數百人伏於東都進奏院，乘洛城無兵，欲竊發焚燒宮殿而肆行剽掠。小將楊進、李再興告變，留守呂元膺乃出兵圍之，賊突圍而出，入嵩岳，山棚盡擒之。訊其首，僧圓淨主謀也。僧臨刑歎曰：「誤我事，不得使洛城流血！」

九月癸酉，以宣武軍節度使韓弘充淮西行營兵馬都統。丁酉，以太子賓客韓皋爲兵部尚書。

冬十月庚子，始析山南東道爲兩節度，以戶部侍郎李遜爲襄州刺史，充襄復郢均房節度使；以右羽林將軍高霞寓爲唐州刺史，充唐隨鄧節度使。刑部尙書權德輿奏請行用新删定敕格三十卷，從之。壬子，以太子賓客于頔爲戶部尙書。

十一月戊辰，詔出內庫繒絹五十五萬匹供軍。乙亥，以山南東道節度使嚴綬爲太子少保。戊寅，盗焚獻陵寢宫。詔發振武兵二千，會義武軍以討王承宗。

十二月壬寅夜，太白犯鎮星。甲辰，李愿擊敗李師道之衆九千，斬首二千級。壬子，東都留守呂元膺請募置三河子弟以衞宫城〔七〕。甲寅，越州復置山陰縣。庚申，新造指南車、記里鼓。出宫人七十二人置京城寺觀，有家者歸之。乙丑，河東節度使王鍔卒。是歲，渤海、新羅、奚、契丹、黑水、南詔、牂柯並遣使朝貢。

十一年春正月丁卯朔，以宿師于野，不受朝賀。己巳，以中書侍郎、平章事張弘靖檢校吏部尚書，兼太原尹、北都留守、河東節度使。戊寅，詔羣臣曰：「今用兵已久，利害相半。其攻守之宜，罰宥之要，宜各具議狀以聞。」庚辰，翰林學士錢徽、蕭俛各守本官，以上疏請罷兵故也。癸未，削奪王承宗在身官爵，所襲封邑賜武俊子金吾將軍士平。令河東、河北道諸鎮加兵進討。甲申，盗斷建陵門戟四十七竿。甲子，李光顔奏破賊。

二月癸卯，吐蕃贊普卒。以中書舍人、權知禮部貢舉、賜緋魚袋李逢吉爲門下侍郎、同平章事，賜紫金魚袋。以内庫絹四萬匹賞幽、魏將士。甲寅，以華州刺史李絳爲兵部尚書。丙辰，月掩心。戊午，南詔蠻酋龍蒙盛卒〔八〕。

三月庚午，皇太后崩于興慶宫之咸寧殿。是日，羣臣發喪於西宫兩儀殿，以宰臣裴度爲禮儀使，吏部尚書韓皐爲大明宮留守，設次于中書。辛未，敕諸司公事，宜權取中書門下處分。癸酉，分命朝臣告哀于天下。甲戌，見羣臣于紫宸門外廡下。己卯，以宰臣李逢吉充大行皇太后山陵使，出內庫繒帛五萬匹充奉山陵。己丑，月近鎮星。

夏四月壬寅，西川節度使李夷簡遣使告哀於南詔。后喪，邊鎮告四夷，舊制也。庚戌，貶戶部侍郎、判度支楊於陵爲郴州刺史，坐供軍有闕也。丁巳，以徐、宿飢，賑粟八萬石。

五月丁卯夜，辰、歲二宿合于東井。宥州軍亂，逐刺史駱怡。壬申，李光顏破賊于凌雲栅。

六月甲辰，高霞寓敗于鐵城，退保新興栅，是日人情恟駭，宰相奏對，多請罷兵。上曰：「勝負兵家常勢，不可以一將失利，便沮成計。今但議用兵方略，朝廷庶務，制置可否耳。」是夜，月掩心後星。庚戌，田弘正軍討王承宗，次于南宮。辛酉，羣臣上大行皇太后謚曰莊憲。

秋七月丁丑，貶隨唐節度使高霞寓爲歸州刺史。以河南尹鄭權爲襄州刺史，充山南東道節度使；以荆南節度使袁滋爲唐州刺史、彰義軍節度使、申光唐蔡隨鄧州觀察使，權以唐州爲理所；以華州刺史裴武爲江陵尹，充荆南節度使。戊寅，以隨州刺史楊旻爲唐州刺史，充行營都知兵馬使。以滋儒者，故復以旻將其兵。壬午，宣武軍奏破賊。

八月壬寅，以宰臣韋貫之爲吏部侍郎，罷知政事。貫之以淮西、河北兩處用兵，勞於供餉，請緩承宗而專討元濟，與裴度爭論上前故也。戊申，容州奏颶風海水毁州城。甲申，祔莊憲皇后於豐陵。

九月丁卯，饒州奏浮梁、樂平二縣，五月內暴雨水溢，失四千七百戶，溺死者一百七十人。丙子，新除吏部侍郎韋貫之再貶湖南觀察使。辛未，貶吏部侍郎韋顗爲陝州刺史，刑部郎中李正辭爲金州刺史，度支郎中薛公幹爲房州刺史，屯田郎中李宣爲忠州刺史，考功郎中韋處厚爲開州刺史，禮部員外郎崔韶爲果州刺史，並爲補闕張宿所搆，言與貫之朋黨故也。乙酉，蔡州軍前奏拔凌雲栅。

冬十月丁巳，以刑部尚書權德輿檢校吏部尚書，兼興元尹，充山南西道節度使。丙寅，幽州劉總加平章事，鄆州李師道加檢校司空。師道聞拔凌雲栅，乃懼，僞貢款誠，故有是命。庚午，以司農卿王遂爲宣州刺史、宣歙池觀察使，以京兆尹李𠋣爲潤州刺史、浙西觀察使。以遂、𠋣常歷計司，能聚斂，方藉供軍，故有斯授。壬申，敕諸道奏事官，非急切不得乘驛馬。丁丑，出內庫錢五十萬貫供軍。戊寅夜，月犯歲。辛巳，命內常侍梁守謙監淮西行營諸軍，仍以空名告身五百通及金帛付之。戊子夜，土、火合于虛、危。

十二月丙午，以易州刺史陳楚爲定州刺史、義武軍節度使。丁未，以翰林學士、尙書工部侍郎、知制誥王涯爲中書侍郎、同平章事。甲寅，以閑廄宮苑使李愬檢校左散騎常侍，兼鄧州刺史，充唐隨鄧等州節度使。初置淮潁水運使，運揚子院米，自淮陰泝流至壽州，四十里入潁口，又泝流至潁州沈丘界，五百里至于項城，又泝流五百里入溵河，又三百里輸于郾城。得米五十萬石，茭一千五百萬束。省汴運七萬六千貫。己未，邕管奏黃洞賊屠巖州。未央宮及飛龍草場火。京畿水害田，潤、常、湖、衢、陳、許大水。

是歲冬雷，桃、杏花。迴鶻、靺鞨、奚、契丹、牂柯、渤海等朝貢。

十二年春正月辛酉朔，以用兵不受朝賀。癸未，貶義武軍節度使渾鎬爲循州刺史，坐討賊失律也。甲申，貶唐鄧節度袁滋爲撫州刺史，以上疏請罷兵故也。乙酉夜，星見而雨。戊子夜，彗出畢南，長丈餘，指西南，凡三日，南近參旗而沒。

二月壬申，出內庫絹布六十九萬段匹、銀五千兩，付度支供軍。庚子，敕京城居人五家相保，以搜姦慝。時王承宗、李師道欲阻用兵之勢，遣人折陵廟之戟，焚芻藁之積，流矢飛書，恐駭京國，故搜索以防姦。及賊平，復得淄青簿領，中有賞蒲潼關吏案，乃知容姦者關吏也，搜索不足以爲防。庚申，敕宜於許汝行營側近置行郾城，以處賊中歸降人戶。甲寅，岳鄂團練使李道古師攻申州，克羅城，賊力戰，道古之衆大敗。

三月壬戌，昭義郗士美兵敗於柏鄉，兵士死者千人。戊辰，滄州程執恭改名權。太常定李吉甫謚曰「敬憲」，度支郎中張仲方非之。上怒，貶爲遂州司馬。賜吉甫謚曰忠〔九〕。丁丑，月犯心後星。癸未，賊將吳秀琳以文城柵兵三千降李愬。

夏四月辛卯，李光顏破賊三萬於郾城，殺其卒什二三，獲馬千匹、器甲三萬。辛丑，駙馬都尉于季友居嫡母喪，與進士劉師服歡宴夜飲。季友削官爵，笞四十，忠州安置；師服笞四十，配流連州；于頔不能訓子，削階。己酉，出太倉粟二十五萬石糶于西京，以惠飢民。庚戌，敕改蔡州吳房縣爲遂平縣，移置於文城柵南新城內。丁卯，賊郾城守將鄧懷金與縣令董昌齡以郾城降。甲戌，渭南雨雹，中人有死者。丙子，詔權罷河北行營，專討淮蔡。

五月庚寅朔。癸巳，隨唐節度使李愬奏敗賊於吳房，獲賊將李佑。己亥，以尚書左丞許孟容爲東都留守〔一〇〕，充都畿防禦使。時東畿民戶供軍尤苦，車數千乘相錯于路，牛皆饋軍，民戶多以驢耕。己酉，作蓬萊池周廊四百間。

六月己未朔，以衞尉卿程异爲鹽鐵使，代王播。時异爲鹽鐵使副，自江南收拾到供軍錢一百八十五萬以進，故得代播。壬戌，賊吳元濟上表，請束身歸朝。時連破三柵，賊勢迫蹙，實欲歸朝，而制於左右，故不果行。乙酉，京師大雨，含元殿一柱傾，市中水深三尺，壞坊民二千家。

秋七月戊子朔。壬辰，詔以定州飢，募人入粟受官及減選、超資。河北水災，邢、洺尤甚，平地或深二丈。甲辰，戶部尚書于頔請致仕，不允。嶺南節度使崔詠卒。乙酉，敕：「今後左降官及責授正員官等，宜從到任經五考滿，許量移；如未滿五考遇恩赦者，從節文處分；如犯十惡大逆、贓賄緣坐，奏取進止。」庚戌，以國子祭酒孔戣爲廣州刺史、嶺南節度使。丙辰，制以中書侍郎、平章事裴度守門下侍郎、同平章事、使持節蔡州諸軍事、蔡州刺史，充彰義軍節度、申光蔡觀察處置等使，仍充淮西宣慰處置使。以朝散大夫、守尚書戶部侍郎、上護軍、賜紫金魚袋崔羣爲中書侍郎、同中書門下平章事。以刑部侍郎馬總兼御史大夫，充淮西行營諸軍宣慰副使；以太子右庶子韓愈兼御史中丞，充彰義軍行軍司馬；以司勳員外郎李正封、都官員外郎馮宿、禮部員外郎李宗閔皆兼侍御史，爲判官書記：從度出征。詔以郾城爲行蔡州治所。

八月戊午朔。庚申，裴度發赴行營，敕神策軍三百人衞從，上御通化門勞遣之。度望門再拜，銜涕而辭，上賜之犀帶。以河南尹辛秘爲潞府長史、昭義軍節度使，代郗士美。以士美爲工部尚書，孟簡爲戶部侍郎。戊辰，以同州刺史張正甫爲河南尹。甲申，裴度至郾城。

九月丁亥朔。戊子，出內庫羅綺、犀玉、金帶之具，送度支估計供軍。甲午，御史臺奏：

「同制除官，承前以名字高下爲班位先後。或名在前身在外，及到，却在舊人之上。今請以上日爲先後。」敕曰：「名在前，上日在後，未逾月，不在此限。行立班次，卽宜以敕內前後爲定。」戊戌，劍南東川節度盧坦卒。己亥，貶京兆尹竇易直爲金州刺史，以鞫獄得贓不實故也。辛丑，以御史中丞爲京兆尹〔二〕。壬寅，以湖南觀察使韋貫之爲太子詹事分司〔三〕。乙巳，以刑部郎中知雜崔元略爲御史中丞。丁未，以朝議大夫、門下侍郎、同平章事李逢吉檢校兵部尚書、使持節梓州諸軍事、梓州刺史，充劍南東川節度副大使，知節度事。庚子，以撫州刺史袁滋爲湖南觀察使。

冬十月壬申，裴度往沲口觀板築五溝，賊遽至，注弩挺刃將及度，而李光顏、田布扼其歸路，大敗之。是日，度幾陷。癸酉，內出元和辯謗略三卷付史館。甲申，以淮南節度使、檢校左僕射李鄘爲門下侍郎、同中書門下平章事，以左丞衞次公代鄘爲淮南節度使。己卯，隨唐節度使李愬率師入蔡州，執吳元濟以獻，淮西平。甲申，詔：「淮西立功將士，委韓弘、裴度條疏奏聞。淮西軍人，一切不問。宜準元敕給復二年。」

十一月丙戌朔，御興安門受淮西之俘。以吳元濟徇兩市，斬於獨柳樹；妻沈氏，沒入掖庭；弟二人、子三人，配流，尋誅之；判官劉協等七人處斬。錄平淮西功：隨唐節度使、檢校左散騎常侍李愬檢校尚書左僕射、襄州刺史，充山南東道節度、襄鄧隨唐復郢均房等州觀察等使；加宣武軍節度使韓弘兼侍中；忠武軍節度使李光顏、河陽節度使烏重胤並檢校司空。以宣武軍都虞候韓公武檢校左散騎常侍、鄜州刺史、鄜坊丹延節度使，以魏博行營兵馬使田布爲右金吾衞將軍，皆賞破賊功也。甲午，恩王連薨。以蔡州郾城爲溵州，析上蔡、西平、遂平三縣隸焉。戊申，以淮西宣慰副使、刑部侍郎馬總爲彰義軍節度留後。

十二月壬戌，以彰義軍節度、淮西宣慰處置使、門下侍郎、同平章事裴度守本官，賜上柱國、晉國公、食邑三千戶；以蔡州留後馬總檢校工部尚書、蔡州刺史、彰義軍節度使、溵州潁陳許節度使。丙子，以右庶子韓愈爲刑部侍郎。

是歲，河南、河北水。

十三年春正月乙酉朔，御含元殿受朝賀，禮畢，御丹鳳樓，大赦天下。己丑，以文宣王三十八代孫孔惟晊襲文宣公。庚寅，敕李師道頻獻表章，披露懇誠，宜令諫議大夫張宿往彼宣慰。辛亥，以禮部尚書王播爲成都尹、劍南西川節度使。

二月乙亥，御麟德殿，宴羣臣，大合樂，凡三日而罷，頒賜有差。

三月庚寅，以前劍南西川節度使李夷簡爲御史大夫。丙申，以同州刺史鄭絪爲東都留守、都畿汝防禦使。庚子，以御史大夫李夷簡爲門下侍郎、同平章事。宰相李鄘守戶部尚書，罷知政事。丁未，以太子少師鄭餘慶爲左僕射。辛亥，詔：「百司職田，多少不均，爲弊日久，宜令逐司各收職田草粟都數，自長官以下，除留闕官物外分給〔二三〕。」至銀臺待罪，請獻德、棣二州，兼入管內租稅〔二四〕。壬戌，前東都留守許孟容卒。庚辰，詔復王承宗官爵。以華州刺史鄭權爲德州刺史、横海軍節度、德棣滄景等州觀察使。

五月乙酉，鳳翔節度使李惟簡卒。乙未，月近心後星。丙辰，以忠武軍節度使李光顏爲滑州刺史、義成軍節度使，以彰義軍節度使馬總爲許州刺史、忠武軍節度使、陳許溵蔡觀察等使。戊戌，以山南東道節度使李愬爲鳳翔尹、鳳翔隴右節度使。辛丑，知渤海國務大仁秀檢校秘書監、忽汗州都督，册爲渤海國王。丙午，以戶部侍郎孟簡檢校工部尚書、襄州刺史、山南東道節度使。

六月癸丑朔，日有食之。乙丑，湖南觀察使袁滋卒。丁丑，以滄景節度使程權爲邢州刺史、邢寧節度使。出內庫絹三十萬匹、錢三十萬貫，付度支供軍。

秋七月癸未，以新除鳳翔節度使李愬爲徐州刺史、武寧軍節度使。甲申，以田弘正檢校司空。乙酉，詔削奪淄青節度使李師道在身官爵，仍令宣武、魏博、義成、武寧〔二五〕、横海等五鎮之師，分路進討。辛丑，以門下侍郎、同平章事李夷簡檢校左僕射、同平章事、揚州大都督府長史、淮南節度使。己酉，詔諸道節度使先帶度支營田使名者，並罷之。庚戌，以左僕射鄭餘慶爲鳳翔隴右節度使。

八月壬子，以中書侍郎平章事王涯爲兵部侍郎，罷知政事。戊午，以尚書右丞崔從爲興元尹、山南西道節度使。甲戌，太白近左執法。乙亥，敕應同司官有大功已上親者，但非連判及勾檢之官并官長，則不在迴避改換之限。時刑部員外郎楊嗣復以父於陵除戶部侍郎，遂以近例避嫌，請出省，不從，因有是敕。丁丑，木、金、水三宿聚於軫。戊寅，前山南西道節度使權德輿卒。

九月甲申，以左衞將軍高霞寓爲單于大都護、振武麟勝節度使。甲辰，以戶部侍郎、判度支皇甫鏄同中書門下平章事，依前判度支。以衞尉卿充諸道鹽鐵轉運使程异爲工部侍郎、同中書門下平章事，依前充使。是時，上切於財賦，故用聚斂之臣居相位。詔下，羣情驚駭，宰臣裴度、崔羣極諫，不納。二人請退。熒惑近哭星。丁未，出內庫絹十萬匹給東軍。

冬十月甲寅，吐蕃寇宥州。壬戌，靈武奏破吐蕃二萬於定遠城。癸亥，前淮南節度使衞次公卒。甲子，平涼鎭遏兵馬使郝玼奏收復原州，破吐蕃二萬。是夜，月近昴。丙子，以左金吾衞大將軍薛平檢校刑部尚書、滑州刺史，充義成軍節度使；以義成軍節度使李光顏爲許州刺史，充忠武軍節度使、陳許觀察等使。

十一月辛巳朔，夏州破吐蕃五萬。靈武奏攻破吐蕃長樂州羅城。丁亥，以山人柳泌爲台州刺史，爲上於天台山採仙藥故也。制下，諫官論之，不納。壬寅，以河陽節度使烏重胤爲滄州刺史、橫海軍節度、滄景德棣觀察等使。丁未，以華州刺史令狐楚爲懷州刺史，充河陽三城懷孟節度使。

十二月辛亥，敕左右龍武軍六軍及威遠營應納課戶共一千八百人衣糧並停，仍付府縣收管。戊寅，軍前擒到李師道將夏侯澄等四十七人，詔並釋付魏博及義成軍收管，要還賊中者，則量事優給放還。上顧謂宰臣曰：「人臣事君，但力行善事，自致公望，何乃好樹朋黨？朕甚惡之！」裴度對曰：「君子小人，未有無徒者。君子之徒，則同心同德；小人之徒，是爲朋黨。」上曰：「他人之言，亦與卿等相似，豈易辯之哉？」度曰：「君子小人，觀其所行，當自區別矣。」上曰：「凡好事口說則易，躬行則難。卿等既言之，須行之，勿空口說。」度等謝曰：「陛下處分，可謂至矣，臣等敢不激勵。然天下之人，從陛下所行，不從陛下所言〔二六〕，臣等亦願陛下每言之則行之。」上頗欣納。

是歲，迴紇、南詔蠻、渤海、高麗、吐蕃、奚、契丹、訶陵國並朝貢。

十四年春正月庚辰朔，以東師宿野，不受朝賀。壬午，復置仗內教坊於延政里。丁亥，徐州軍破賊二萬於金鄉。迎鳳翔法門寺佛骨至京師，留禁中三日，乃送詣寺，王公士庶奔走捨施如不及。刑部侍郎韓愈上疏極陳其弊。癸巳，貶愈爲潮州刺史。丙申，魏博軍破賊五萬於東阿。辛巳，斬前滄州刺史李宗奭於獨柳樹。朝廷初除鄭權滄州，宗奭拒詔不受代，既而爲三軍所逐，乃入朝，故誅之。癸卯夜，月近南斗魁。丙午，魏博軍破賊萬人於陽穀。

二月己酉朔，以商州刺史嚴謨爲黔中觀察使。乙卯，敕淄青行營諸軍，所至收下城邑，不得妄行傷殺，及焚燒廬舍，掠奪民財，開發墳墓。宜嚴加止絕。以鎮、冀水災，賜王承宗綾絹萬匹。辛酉，襄陽節度使孟簡舉鄖鄉鎮遏使趙潔爲鄖鄉縣令，有虧常式，罰一月俸料。壬戌，田弘正奏，今月九日，淄青都知兵馬使劉悟斬李師道并男二人首請降，師道所管十二州平。甲子，上御宣政殿受賀。己巳，上御興安門受田弘正所獻賊俘，羣臣賀於樓下。庚午，制以淄青兵馬使、金紫光祿大夫、試殿中監、兼監察御史劉悟檢校工部尚書、滑州刺史，充義成軍節度使，封彭城郡王，食邑三千戶，賜錢二萬貫、莊宅各一區。癸酉，田弘正加檢校司徒、同中書門下平章事。

三月己卯朔。丁酉，上以齊、魯初平，宴羣臣於麟德殿，賜物有差。戊子，以華州刺史馬總鄆濮曹等州觀察等使；己丑，以義成軍節度使薛平爲青州刺史，充平盧軍節度、淄青齊登萊等州觀察等使；以淄青四面行營供軍使王遂爲沂州刺史，充沂海兗密等州都團練觀察等使：析李師道所據十二州爲三鎭也。庚寅，浙西觀察使李翛卒。辛卯，李師道妻魏氏并男沒入掖庭，堂弟師賢師智、姪弘巽配流。乙未，以中書舍人衞中行華州刺史、潼關防禦、鎭國軍等使。辛丑，上顧謂宰臣曰：「聽受之間，大是難事。推誠選任，所謂委寄，必合盡心；及至所行，臨事不無偏黨。朕臨御已來，歲月斯久，雖不明不敏，然漸見物情，每於行爲，務欲詳審。比令學士集前代昧政之事，爲辯謗略，每欲披閱，以爲鑒誡耳。」崔羣對曰：「無情曲直，辯之至易；稍懷欺詐，審之實難。故孔子有衆好衆惡之論，浸潤膚受之說，蓋以曖昧難辯故也。若擇賢而任之，待之以誠，糾之以法，則人自歸公，孰敢行僞？陛下詳覽載籍，以廣聰明，實天下幸甚。」丁未，以撫州司馬令狐通爲右衞將軍。給事中崔植封還制書，言通前刺史壽州，用兵失律，未宜奬用。上令宰臣諭植，以通父彰有功，不忍遂棄其子。其制方行。

夏四月戊申朔。乙卯，太白順行近東井。戊午，以刑部尚書李愿爲鳳翔尹，充鳳翔隴右節度使。丙寅，詔：「諸道節度、都團練、防禦、經略等使所管支郡，除本州軍州外，別置鎭遏、守捉、兵馬者，並合屬刺史。如刺史帶本州團練、防禦、鎭遏等使，其兵馬額便隸此使。如無別使，卽屬軍事。其有邊於谿洞連接蕃蠻之處，特建城鎭，不關州郡者，不在此限。」辛未，工部侍郎、同平章事、諸道鹽鐵轉運等使程异卒。丙子，制金紫光祿大夫、門下侍郎、同中書門下平章事，兼弘文館大學士、上柱國、晉國公、食邑三千戶裴度可檢校左僕射，兼門下侍郎、平章事、太原尹、北都留守，充河東節度觀察處置等使。

五月戊寅朔，以刑部侍郎柳公綽充鹽鐵轉運等使。庚辰，以楚州刺史李聽爲夏州刺史、夏綏銀宥等州節度使。丙戌，以河東節度使、檢校吏部尚書、同平章事張弘靖爲吏部尚書；以忠武軍節度使李光顏爲邠寧慶節度使，仍以忠武軍六千人赴鎮。庚寅，以工部尚書郗士美檢校刑部尚書、許州刺史，充忠武軍節度使。是夜，月近心大星。己亥，置臨海監牧，命淮南節度使兼之。敕李師古妻裴氏、女宜娘於鄧州安置，李宗奭妻韋氏放出掖庭；坐李師道族人籍沒，上愍之，宥以輕典。以宣歙觀察使竇易直爲潤州刺史，充浙西觀察使。韓弘進助平淄青絹二十萬匹，女樂十人。女樂還之。

六月丁未朔。癸丑，以福建觀察使元錫爲宣州刺史、宣歙池觀察使。庚申，以戶部侍郎歸登爲工部尚書。以鄭州刺史裴乂爲福州刺史、福建觀察使。辛酉，敕定州大都督府復上州。甲子，以前兵部尚書李絳檢校吏部尚書、河中尹，充河中晉絳慈隰觀察使。癸酉，詔左金吾大將軍胡証充京西北巡邊使，所經鎮戍，與守將審量利害，具事實奏聞。

秋七月丁丑朔。戊寅，汴州韓弘來朝。己卯，左散騎常侍致仕薛苹卒。乙酉夜，月掩心大星。辛巳，羣臣上尊號曰元和聖文神武法天應道皇帝。是日，御宣政殿受册，禮畢，御丹鳳樓，大赦天下。京畿今年秋稅、青苗、榷酒等錢，每貫量放四百文；元和五年已前逋租賦並放。甲午，韓弘進絁絹二十八萬匹，銀器二百七十事。丁酉，以河陽三城懷州節度使、朝議郎、使持節懷州諸軍事、守懷州刺史、兼御史大夫、賜紫金魚袋令狐楚可朝議大夫、守中書侍郎、同中書門下平章事。壬寅，以永州刺史韋正武爲邕管經略使。癸卯，以前黔中觀察使魏義通爲懷州刺史、河陽三城懷孟節度使。沂州軍亂，殺節度使王遂。甲辰，以棣州刺史曹華爲沂州刺史，充沂海兗密等州都團練觀察使。乙巳，罷晉州防禦使。

八月丁未朔。己酉，制宣武軍節度副大使、知節度事、汴宋亳潁等州觀察處置等使、開府儀同三司、守司徒、兼侍中、汴州刺史、上柱國、許國公、食邑三千戶韓弘可守司徒、兼中書令，弘堅辭戎鎭故也。癸丑，以吏部尚書張弘靖爲檢校尚書左僕射、同平章事、汴州刺史、宣武軍節度使。甲寅，於襄州穀城縣置臨漢監以牧馬，仍令山南東道節度使兼充監牧使。戊午，王承宗進位檢校左僕射。己未，田弘正來朝。上謂宰臣曰：「天下事重，一日不可曠廢。若遇連假不坐，有事卽詣延英請對。」崔羣以殘暑方甚，目同列將退。上止之曰：「數日一見卿等，時雖暑熱，朕不爲勞。」久之方罷。丁亥，宴田弘正與大將判官二百人於麟德殿，賜物有差。戊辰，陳許節度使、檢校刑部尚書郗士美卒。

九月丙子朔。戊寅，考功郎中蕭祐進古畫、古書二十卷。斬沂州亂首王弁于東市。癸未，以國子祭酒李遜檢校禮部尚書、許州刺史、忠武軍節度、陳許溵蔡等觀察使。庚寅，貶右衞大將軍田縉爲衡王傅。縉前鎭夏州，私用軍糧四萬石，強取党項羊馬，致党項引吐蕃入寇故也。甲午，以太子少師鄭餘慶兼判國子祭酒。辛丑，以田弘正兄相州刺史田融檢校刑部尚書，兼太子賓客，分司東都。甲辰，以魏博節度使、光祿大夫、檢校司徒、同平章事、兼魏州大都督長史、上柱國、沂國公、食邑三千戶田弘正依前檢校司徒、兼侍中，賜實封三百戶。時弘正三上表乞留闕庭，不許。乙巳，上顧謂宰臣曰：「朕讀玄宗實錄，見開元初銳意求理，至十六年已後，稍似懈倦，開元末又不及中年，何也？」崔羣對曰：「玄宗少歷民間，身經迍難，故即位之初，知人疾苦，躬勤庶政。加之姚崇、宋璟、蘇頲、盧懷愼等守正之輔，孜孜獻納，故致治平。及後承平日久，安於逸樂，漸遠端士，而近小人。宇文融以聚斂媚上心，李林甫以奸邪惑上意，加之以國忠，故及於亂。願陛下以開元初爲法，以天寶末爲戒，卽社稷無疆之福也。」時皇甫鎛以諂刻欺蔽在相位，故羣因奏以諷之。

冬十月丙午朔。壬戌，安南軍亂，殺都護李象古，幷家屬、部曲千餘人皆遇害。丙寅，以唐州刺史桂仲武爲安南都護，潮州刺史韓愈爲袁州刺史。是月，吐蕃寇鹽州。

十一月乙亥朔，以戶部尚書李鄘爲太子賓客、東都留守。辛卯，靈武大將史敬奉破吐蕃於鹽州城下〔七〕，賜敬奉實封五十戶賞之。丁酉，以原王傅鄭權爲右金吾大將軍，充右街使。上服方士柳泌金丹藥，起居舍人裴潾上表切諫，以「金石含酷烈之性，加燒鍊則火毒難制。若金丹已成，且令方士自服一年，觀其效用，則進御可也」。上怒。己亥，貶裴潾爲江陵令。

十二月乙巳朔。庚戌，國子祭酒鄭餘慶奏見任文官一品至九品，外使兼京正員官者，每月於所請料錢每貫抽十文，修國子監，從之。乙卯，以諫議大夫、守中書侍郎、同中書門下平章事、上柱國、賜紫金魚袋崔羣爲潭州刺史、兼御史大夫，充湖南觀察使。爲皇甫鎛所譖。及羣被貶，人皆切齒於鎛。

十五年春正月甲戌朔，上以餌金丹小不豫，罷元會。庚辰，鎭冀觀察使王承宗奏鎭冀深趙等州，每州請置錄事參軍一員，判司三員，每縣請置令一員，從之。壬午，以前湖南觀察使崔倰權知戶部侍郎、判度支。丙戌，沂海四州觀察使府移置於兗州，改觀察使曹華爲兗州刺史。乙未，命邠寧李光顏修築鹽州城。此月七日已後，晝常陰晦，微雨雪；夜則晴明，凡十七日方澄霽。丙申，月犯心大星，光彩相及。廢齊州豐齊縣入長淸，廢全節縣入歷城，廢亭山縣入章丘縣〔八〕。義成軍節度使劉悟來朝。戊戌，上對悟於麟德殿。上自服藥不佳，數不視朝，人情恟懼，及悟出道上語，京城稍安。庚子，以少府監韓璀爲鄜州刺史、鄜坊丹延節度使。是夕，上崩於大明宮之中和殿，享年四十三。時以暴崩，皆言內官陳弘志弑逆，史氏諱而不書。辛丑，宣遺詔。壬寅，移仗西內。

五月丁酉，羣臣上謚曰聖神章武孝皇帝，廟號憲宗。庚申，葬于景陵。

史臣蔣係曰：憲宗嗣位之初，讀列聖實錄，見貞觀、開元故事，竦慕不能釋卷，顧謂丞相曰：「太宗之創業如此，玄宗之致理如此，既覽國史，乃知萬倍不如先聖。當先聖之代，猶須宰執臣僚同心輔助，豈朕今日獨能為理哉！」自是延英議政，晝漏率下五六刻方退。自貞元十年已後，朝廷威福日削，方鎮權重。德宗不委政宰相，人間細務，多自臨決，姦佞之臣，如裴延齡輩數人，得以錢穀數術進，宰相備位而已。及上自藩邸監國，以至臨御，訖于元和，軍國樞機，盡歸之於宰相。由是中外咸理，紀律再張，果能剪削亂階，誅除羣盜。睿謀英斷，近古罕儔，唐室中興，章武而已。任异、鎛之聚斂，逐羣、度於藩方，政道國經，未至衰紊。惜乎服食過當，閹豎竊發，苟天假之年，庶幾于理矣！

贊曰：貞元失馭，羣盜箕踞。章武赫斯，削平嘯聚。我有宰衡，耀德觀兵。元和之政，聞于頌聲。

校勘記

〔一〕建王審　「審」字各本原作「宻」，據本書卷一七五憲宗二十子傳改。

〔二〕以邕管經略使房啓爲桂管觀察使以開州刺史竇羣爲邕管經略使　據本書卷一五五竇羣傳、新書卷一三九房琯傳、韓愈唐國子司業竇公墓誌銘，此處兩見「邕管」均當作「容管」。本卷下文又云：「邕管奏黃洞賊屠巖州。」按巖州屬容管，通鑑卷二三九「邕管」作「容管」，是。

〔三〕丙辰　各本原作「景辰」，史文係避唐高祖父李昺諱改「丙」爲「景」，今改回。

〔四〕右衞將軍　「將軍」二字各本原無，據唐會要卷五七補。

〔五〕汴州韓弘　「韓」字各本原作「劉」，據冊府卷五六九、合鈔卷一五憲宗紀改。

〔六〕路朝見　通鑑卷二三九作「駱朝寬」。

〔七〕三河子弟　據唐會要卷六七、通鑑卷二三九，「三河」疑當作「山棚」。

〔八〕龍蒙盛　各本原作「晟龍盛」，據本書卷一九七南詔蠻傳、冊府卷九六五改。

〔九〕賜吉甫諡曰忠　「忠」字本書卷一四八李吉甫傳作「忠懿」，唐會要卷八〇作「恭懿」。

〔一〇〕東都留守　「東都」各本原作「河東」，據本書卷一五四許孟容傳、新書卷一六二許孟容傳改。

〔一一〕以御史中丞爲京兆尹　「中丞」下無人名，當是脫文。

〔一二〕湖南觀察使　「南」字各本原作「廣」，據本書卷一五八韋貫之傳、新書卷一六九韋貫之傳改。

〔一三〕除留闕官物外分給　各本原作「除留守」，據冊府卷五〇七補改。唐會要卷九二與冊府同，唯無「物」字。

〔一四〕至銀臺待罪請獻德棣二州兼入管內租稅　此句上有脫文。此處當是敍述王承宗遣其子及牙將詣闕請罪事，具見本書卷一四二王武俊傳、通鑑卷二四〇。

〔一五〕武寧　各本原作「義寧」，據通鑑卷二四〇、合鈔卷一五憲宗紀改。

〔一六〕不從陛下所言　「不」字各本原無，據御覽卷一一四補。

〔一七〕史敬奉　各本原作「史奉敬」，據本書卷一五二史敬奉傳、新書卷一七〇史敬奉傳改。下同。

〔一八〕廢亭山縣入章丘縣　各本原作「廢章丘縣入亭山縣」。本書卷三八地理志：「亭山，元和十五年以戶口凋殘，并入章丘縣，因廢亭山。」唐會要卷七〇、寰宇記卷一九所記同，據改。

舊唐書卷十六

本紀第十六

穆宗

穆宗睿聖文惠孝皇帝諱恆，憲宗第三子，母曰懿安皇后郭氏。貞元十一年七月，生於大明宮之別殿。初名宥，封建安郡王。元和元年八月，進封遂王。五年三月，領彰義軍節度大使。七年十月，册爲皇太子，改今諱。

十五年正月庚子，憲宗崩。丙午，卽皇帝位於太極殿東序。是日，召翰林學士段文昌、杜元穎、沈傳師、李肇、侍讀薛放、丁公著對於思政殿，並賜金紫。丁未，集羣臣班於月華門外。貶門下侍郎、同平章事皇甫鎛爲崖州司戶。戊申，上見宰臣於紫宸門外。辛亥，以朝議郎、守御史中丞、飛騎尉、襲徐國公、賜緋魚袋蕭俛爲朝散大夫、守中書〔一〕；舍人、翰林學士、武騎尉、賜紫金魚袋段文昌爲中書侍郎：同平章事。上始御延英對宰臣。詔曰：「山人柳泌輕懷左道，上惑先朝。固求牧人，貴欲疑衆，自知虛誕，仍更遁逃。僧大通醫方不精，藥術皆妄。既延禍釁，俱是姦邪。邦國固有常刑，人神所宜共棄，付京兆府決杖處死。」金吾將軍李道古貶循州司馬。憲宗末年，銳於服餌，皇甫鎛與李道古薦術人柳泌、僧大通待詔翰林。泌於台州爲上鍊神丹，上服之，日加躁渴，遽棄萬國。甲寅，二王後介國公宇文仲達卒，有司舉舊典葬祭之。以監察御史李德裕、右拾遺李紳、禮部員外郎庾敬休並守本官，充翰林學士。丁巳，以劍南東川節度使李逢吉爲襄州刺史，充山南東道節度使；以吏部侍郎王涯檢校禮部尚書、梓州刺史，充劍南東川節度使。己未，改恆岳爲鎭岳，恆州爲鎭州，定州恆陽縣爲曲陽縣。恆王房子孫改爲泜王房。丙寅，以右神策大將軍張維淸爲單于大都護，充振武麟勝節度使。丁卯，上及羣臣皆釋服從吉。戊辰，羣臣始朝於宣政衙。是夜地震。庚午，册大行皇帝貴妃郭氏爲皇太后。貶諫議大夫李景儉爲建州刺史。

二月癸酉朔。丁丑，御丹鳳樓，大赦天下。宣制畢，陳俳優百戲於丹鳳門內，上縱觀之。丁亥，幸左神策軍觀角抵及雜戲，日昃而罷。癸巳，罷邕管經略使，所管州縣隸邕府。甲午，以桂管觀察使裴行立爲安南都護，充本管經略使。乙未，以太僕卿杜式方爲桂州刺史，充桂管觀察使。丙申，丹王逾薨。丁酉，敕入迴紇使宜與私覿正員官十三員，入吐蕃使與八員。庚子，太子賓客呂元膺卒。辛丑，以戶部侍郎楊於陵爲戶部尚書。壬寅，敕舉賢良方正、直言極諫等科目人，宜令中書門下尚書省四品已上於尚書省同試。

三月癸卯朔，贈皇太后父郭曖太傅，母虢國大長公主贈齊國大長公主。壬子，召侍講學士韋處厚、路隨於太液亭講毛詩關雎、尚書洪範等篇。既罷，並賜緋魚袋。左右軍中尉馬進潭、梁守謙、魏弘簡等請立門戟，從之。以太子詹事分司東都韋貫之爲河南尹。丁巳，御史中丞崔植奏：「元和十二年敕，御史臺三院御史據除拜上日爲先後，未上日不得計月數。又准其年九月十七日敕，踰一箇月不在此限，行立班次，即宜以敕內先後爲定。臣觀此後敕未便事宜，請自今後三院御史職事行立，一切依敕文先後爲定，除拜上日便爲月數。」從之。戊午，吏部尚書趙宗儒奏：「先奉敕，先朝所放制科舉人，令與中書門下四品已上官同於尚書省就試者。臣伏以制科所設，本在親臨，南省策試，亦非舊典。今覃恩既畢，庶政惟新，況山陵日近，公務繁迫，待問之士，就試非多。臣等商量，恐須停罷。」從之。罷申州歲貢茶。乙丑，以皇太后兄司農卿郭釗爲刑部尚書兼司農卿，右金吾衞大將軍郭鏦檢校工部尚書。丁卯，貶太子賓客留司東都孟簡爲吉州員外司馬。戊辰夜，大風雹。

夏四月壬申朔。丁丑，澧王寬薨。乙酉，三恪酅國公楊造卒。丁亥，敕：「內侍省見管高品官白身，都四千六百一十八人，除官員一千六百九十六人外，其餘單貧，無屋室居止，宜每人加衣糧半分。」

五月壬寅朔。癸卯，詔：「以國用不足，應天下兩稅、鹽利、榷酒、稅茶及戶部闕官、除陌等錢，兼諸道雜榷稅等，應合送上都及留州、留使、諸道支用、諸司使職掌人課料等錢，並每貫除舊墊陌外，量抽五十文。仍委本道、本司、本使據數逐季收計。其諸道錢便差綱部送付度支收管，待國用稍充，卽依舊制。其京百司俸料，文官已抽修國學，不可重有抽取；武官所給校薄，亦不在抽取之限。」壬子，詔：「入景陵玄宮合供千味食，魚肉肥鮮，恐致薰穢，宜令尙藥局以香藥代食。」庚申，葬憲宗於景陵。

六月辛未朔。丁丑，以司徒、兼中書令韓弘爲河中尹，充河中晉絳慈隰等州節度使。安南都護桂仲武奏誅賊首楊清，收復安南府。戊寅，以金吾將軍李佑檢校左散騎常侍，兼夏州刺史，充夏綏銀宥節度使，代李聽；以聽爲靈州大都督府長史，充朔方靈鹽節度使。以中書舍人王仲舒爲洪州刺史、御史中丞，充江西觀察使。己卯，放京兆府今年夏青苗錢八萬三千五百六十貫，宜委令狐楚，以楚山陵用不盡綾絹，准實估付京兆府，代所放青苗錢。庚辰，加邠寧慶節度使李光顏特進，以城鹽州之功也。以考功員外郎、史館修撰李翺爲朗州刺史，坐與李景儉相善故也。癸未，併兗州萊蕪縣入乾封縣。己丑，工部尙書歸登卒。壬辰，詔：「帝王所重者國體，所切者人情。苟得其體，必臻於大和；如失其情，是由於小利。況設官求理，頒祿責功，敎旣有常，寧宜就減。近以每歲經費，量入數少，外官俸料，據數收貫。朕再三思度，終所未安。今則歲屬豐登，兵方偃息，自宜克己以足用，何得剝下以爲謀。臨軒載懷，實所增愧。其今年五月敕應給用錢每貫抽五十文，都計一百五十萬貫，宜併停抽。」仍出內庫錢三十七萬五千貫，付度支給用。初，憲宗用兵，擢皇甫鎛爲相，苛斂剝下，人皆咎之，以至譴逐。至是宰臣創抽貫之利，制下，人情不悅，故罷之。癸巳，皇太后移居興慶宮，皇帝與六宮侍從大合宴于南內，迴幸右軍，頒賜中尉等有差。自是凡三日一幸左右軍及御宸暉、九仙等門，觀角抵、雜戲。

秋七月辛丑朔。壬寅，以河中晉絳觀察使李絳爲兵部尙書。甲辰，以大理卿孔戣爲潭州刺史、湖南觀察使。乙巳，詔：「皇太后就安長樂，朝夕承顏，慈訓所加，慶感兼極。今月六日是朕載誕之辰，奉迎皇太后於宮中上壽。朕既深歡慰，欲與臣下同之。其日，百僚、命婦宜於光順門進名參賀，朕於光順門內殿與百僚相見，永爲常式。」非典也。鄆曹濮等州節度賜號天平軍，從馬總奏也。丙午，敕：「乙巳詔書載誕受賀儀宜停。先是，左丞韋綬奏行之，宰臣以古無降誕受賀之禮，奏罷之。丁未，苑內假山毀，壓死役者七人。自五月不雨，至此月壬子始雨。甲寅，御新成永安殿觀百戲，極歡而罷。乙卯，敕自今後新除節度、觀察使到任日，具見在錢帛、斛斗、器械數目分析以聞。安南都護裴行立卒。是日，上幸安國寺觀盂蘭盆。邕管經略使楊旻卒。平盧軍新加押新羅、渤海兩蕃使，賜印一面，許置巡官一人。新作寶慶殿。庚申夜，熒惑入羽林。壬戌，盛飾安國、慈恩、千福、開業、章敬等寺，縱吐蕃使者觀之。丙寅，以新成永安殿，與中宮貴主密宴以樂之，嬪妃皆預。丁卯，以門下侍郎、平章事令狐楚爲宣州刺史、兼御史大夫，充宣歙池觀察使。楚爲山陵使，縱吏于翬刻下，不給工徒價錢，積留錢十五萬貫，爲羨餘以獻，故及于貶。

八月庚午朔。辛未，兵部尚書楊於陵總百僚錢貨輕重之議，取天下兩稅、榷酒、鹽利等，悉以布帛任土所產物充稅，並不徵見錢，則物漸重，錢漸輕，農人見免賤賣匹段。請中書門下、御史臺諸司官長重議施行。從之。癸酉，太子少傅致仕李鄘卒。甲戌，安南都護桂仲武斬叛將楊清首以獻，收復安南府。乙亥，賜教坊錢五千貫，充息利本錢。御勤政樓，問人疾苦。前江西觀察使裴次元卒。己卯，月掩牽牛。同州雨雪害秋稼。京兆府戶曹參軍韋正牧專知景陵工作，刻削廚料充私用，計贓八千七百貫文；石作專知官奉仙縣令于翬刻削，計贓一萬三千貫，並宜決重杖處死。壬辰，幸魚藻池，發神策軍二千人浚魚藻池。戊戌，以朝議郎、守御史中丞、武騎尉、賜紫金魚袋崔植爲朝散大夫、守中書侍郎、同中書門下平章事。己亥，宣歙觀察使令狐楚再貶衡州刺史。

九月庚子朔，改河北稅鹽使爲榷鹽使。辛丑，大合樂於魚藻宮，觀競渡。又召李愬、李光顏入朝，欲於重陽日宴羣臣。拾遺李珏等上疏諫云：「元朔未改，園陵尚新。雖易月之期，俯從人欲；而三年之制，猶服心喪。夫遏密弛禁，蓋爲齊人；合樂內庭，事將未可。」不聽。乙巳，以駕部郎中、知制誥李宗閔爲中書舍人。宋州大水，損田六千頃。戊申，以重陽節曲宴郭釗兄弟、貴戚、主壻等於宣和殿。己酉，大雨三日，至是雨雪，樹木無風而摧仆者十五六。以吏部侍郎崔羣爲御史大夫。滄、景水，損田。戊午，加河東節度使、金紫光祿大夫、檢校尚書右僕射、兼門下侍郎、同平章事、太原尹、北都留守、上柱國、晉國公、食邑三千戶裴度守司空、門下侍郎、同平章事。以邠寧節度使、檢校司空、邠州刺史、上柱國、武威郡開國公、食邑二千戶李光顏並同中書門下平章事。又以武寧軍節度、徐泗濠等州觀察等使、檢校尚書左僕射、徐州刺史、上柱國、涼國公、食邑三千戶李愬爲同中書門下平章事、潞州大都督府長史，充昭義軍節度、澤潞磁邢洺觀察處置等使。夏州奏移宥州于長澤縣置。辛酉，宴李光顏、李愬於麟德殿，頒賜優厚。以袁州刺史韓愈爲朝散大夫、守國子祭酒，復賜金紫。丙寅，以御史大夫崔羣檢校兵部尚書、徐州刺史，充武寧軍節度、徐泗宿濠觀察等使；以將作監崔能爲廣州刺史，充嶺南節度使。丁卯，以兵部尚書李絳爲御史大夫。戊辰，以前嶺南節度使孔戣爲吏部侍郎。

冬十月庚午朔，闍婆國遣使朝貢。庚辰，宰相與吐蕃使於中書議事。京百司共賜錢一萬貫，仰御史臺據司額大小、公事閑劇均之。成德軍節度使王承宗卒，其弟承元上表請朝廷命帥，遣起居舍人柏耆宣慰之。辛巳，金公亮修成指南車、記里鼓車。壬午，吐蕃寇涇州，命中尉梁守謙將神策軍四千人及八鎮兵赴援。乙酉，以魏博等州節度觀察等使、光祿大夫、檢校司徒、兼侍中、魏博大都督府長史、上柱國、沂國公、食邑三千戶、實封三百戶田弘正可檢校司徒、兼中書令、鎮州大都督府長史、成德軍節度、鎮冀深趙等州觀察處置等使。以鎮冀深趙等觀察度支使、朝議郎、試金吾左衞冑曹參軍、兼監察御史王承元可銀青光祿大夫、檢校工部尚書、使持節滑州諸軍事、守滑州刺史、御史大夫，充義成軍節度、鄭滑等州觀察等使。以昭義節度使、檢校尚書左僕射、同中書門下平章事李愬可本官，爲魏州大都督府長史，充魏博等州節度、觀察等使。以義成軍節度使劉悟依前檢校右僕射、兼潞州大都督府長史，充昭義節度、澤潞邢洺磁等州觀察等使。以左金吾將軍田布爲檢校左散騎常侍、兼懷州刺史、御史大夫，充河陽三城懷孟節度使。乙酉，涇州奏吐蕃退去。時夏州節度使田縉貪猥，侵刻党項羌，羌引西蕃入寇，賴郝玼〔三〕、李光顏奮命拒之，方退。丁亥，西川奏吐蕃侵雅州，令發兵鎮守。東川節度使王涯陳破吐蕃策，言以厚賂北蕃，俾入西蕃，據地得人多少賞之。

十一月乙亥朔。癸卯，制：「朕聞帝王丕宅四海，子育羣生，如天無不覆，如日無不燭。乃睠冀方，初喪戎帥，念乎三軍之事，洎于四州之人。或懷忠積誠，而思用莫展；或災荒兵役，而望恤何階。今則昌運一開，誠節咸著。王承元首陳章疏，願赴闕庭。永念父兄之忠，克固君臣之義，已加殊奬，別委重藩。又念成德軍將士等，叶謀向義，丹款載申，咸欲効其器能，各宜列之爵秩。大將史重歸、牛元翼已超授寵榮，今更都加厚賜。宜令諫議大夫鄭覃往鎮州宣慰，賜錢一百萬貫。王澤所洽，天網方恢，宥過釋冤，與人休泰。其管內見禁囚徒，罪無輕重，並宜釋放。朕以武俊之勳勞，光于彝鼎；士眞之恭恪，繼被節旄。承宗感恩，亦克立効。永言十代之宥，俾賜一門之榮。承宗兄弟已授官爵，其承宗葬事亦差官監視，務令周厚。」丁未，封王承宗祖母李氏爲晉國太夫人。辛亥，田弘正奏王承元以今月九日領兵二千人赴鎮滑州。成德軍徵賞錢頗急，乃命柏耆先往諭之。以華州刺史衞中行爲陝州長史，充陝虢觀察使；以宗正卿李翺爲華州刺史〔三〕、潼關防禦、鎮國軍使。乙卯，上幸金吾將軍郭鏦城南莊，鏦以莊爲獻。戊午，詔曰：「朕來日暫往華清宮，至暮却還。」御史大夫李絳、常侍崔元略已下伏延英門切諫。上曰：「朕已成行，不煩章疏。」諫官再三論列。是日，田弘正奏今月十六日入鎮州訖。己未，上由複道出城幸華清宮，左右中尉擗仗，六軍諸使、諸王、駙馬千餘人從，至晚還宮。癸亥，檢校司徒、兼太子少師鄭餘慶卒。以渭州刺史、涇原行營兵馬使、保定郡王郝玼爲慶州刺史。玼勇將，深入吐蕃接戰，朝廷恐失勇將，故移之內地。

十二月己巳朔。戊寅，召故女學士宋若華妹若昭入宮掌文奏。壬午，幸右軍擊鞠，遂畋於城西。丙戌，前昭義軍節度使辛秘卒。己丑，以庫部郎中、知制誥牛僧孺爲御史中丞。嶺南奏崖州司戶參軍皇甫鎛卒。丙申，以司門員外郎白居易爲主客郎中、知制誥。

是歲，計戶帳，戶總二百三十七萬五千四百，口總一千五百七十六萬。定、鹽、夏、劍南東西川、嶺南、黔中、邕管、容管、安南合九十七州不申戶帳。

長慶元年正月己亥朔，上親薦獻太清宮、太廟。是日，法駕赴南郊。日抱珥，宰臣賀於前。辛丑，祀昊天上帝於圓丘，卽日還宮，御丹鳳樓，大赦天下。改元長慶。內外文武及致仕官三品已上賜爵一級，四品已下加一階，陪位白身人賜勳兩轉，應緣大禮移仗宿衞御樓兵仗將士，普恩之外，賜勳爵有差。仍准舊例，賜錢物二十萬四千九百六十端匹。禮畢，羣臣於樓前稱賀。仗退，上朝太后於興慶宮。壬寅，夏州節度使奏浙東、湖南等道防秋兵不習邊事，請留其兵甲，歸其人。靈武節度使李聽奏請於淮南、忠武、武寧等道防秋兵中取三千人衣賜月糧，賜當道自召募一千五百人馬驍勇者以備邊。仍令五十人爲一社，每一馬死，社人共補之，馬永無闕。從之。癸卯，以河陽懷節度使田布爲涇州刺史，充四鎭北庭行營、涇原節度使；以刑部尚書兼司農卿郭釗檢校戶部尚書、懷州刺史，充河陽三城懷節度使；

以涇原節度使王潛檢校兵部尚書、江陵尹，充荆南節度使。乙巳，鄜坊節度使韓璀改名充〔四〕。己酉，以前檢校大理少卿、駙馬都尉劉士涇爲太僕卿。給事中韋弘景、薛存慶封還詔書，上諭之曰：「士涇父昌有邊功，久爲少列十餘年，又以尚雲安公主，朕欲加恩，制官敕下〔五〕。」制命始行。翰林學士、司勳員外郎李德裕上疏曰：「臣見國朝故事，駙馬國之親密，不合與朝廷要官往來，開元中禁止尤切。近日駙馬多至宰相及要官宅，此輩無他才可以延接，唯是漏洩禁密、交通中外。伏望宣示駙馬等，今後有事任至中書見宰臣，此外不得至宰臣及臺省官私第。」從之。戊午夜，星孛于翼。壬戌，制朝議大夫、守門下侍郎、同中書門下平章事徐國公蕭俛爲尚書右僕射，累表乞罷政事故也。癸亥，以左散騎常侍崔元略爲黔州刺史，充黔中觀察使。丁卯，星孛於辰，近太微西垣南第一星。

二月戊辰朔。癸酉，以尚書右僕射蕭俛爲吏部尚書。甲戌，以檢校右僕射兼吏部尚書韓臯守右僕射。乙亥夜，太白犯昴。丙子，上觀雜伎樂於麟德殿，歡甚，顧謂給事中丁公著曰：「比聞外間公卿士庶時爲歡宴，蓋時和民安，甚慰予心。」公著對曰：「誠有此事。然臣之愚見，風俗如此，亦不足嘉。百司庶務，漸恐勞煩聖慮。」上曰：「何至於是？」對曰：「夫賓宴之禮，務達誠敬，不繼以淫。故詩人美『樂且有儀』，譏其屢舞〔六〕。前代名士，良辰宴聚，或清談賦詩，投壺雅歌，以杯酌獻酬，不至於亂。國家自天寶已後，風俗奢靡，宴席以諠譁沉湎爲樂。而居重位、秉大權者，優雜倨肆於公吏之間，曾無愧耻。公私相效，漸以成俗，由是物務多廢。獨聖心求理，安得不勞宸慮乎！陛下宜頒訓令，禁其過差，則天下幸甚。」時上荒于酒樂，公著因對諷之，頗深嘉納。己卯，幽州節度使劉總奏請去位落髮爲僧。又請分割幽州所管郡縣爲三道，請支三軍賞設錢一百萬貫。壬申，以中書侍郎、平章事段文昌檢校刑部尚書、同平章事、成都尹，充劍南西川節度等使。以朝散大夫、尚書戶部侍郎、知制誥、翰林學士、上柱國、建安縣開國男杜元穎守本官、同中書門下平章事。以劍南西川節度使王播爲刑部尚書，充鹽鐵轉運使。乙酉，天平軍節度使馬總奏：「當道見管軍士三萬三千五百人，從去年正月已後，情願居農者放，逃亡者不捕。」先是，平定河南，及王承元去鎭州，宰臣蕭俛等不顧遠圖，乃獻銷兵之議，請密詔天下軍鎭，每年限百人內破八人逃死，故總有是奏。丁亥夜，月犯歲星，在尾十三度。辛卯，寒食節，宴羣臣於麟德殿，頒賜有差。壬辰，刑部侍郎李建卒。癸巳，九姓迴紇毗伽保義可汗卒。

三月丁酉朔，浙東奏移明州於鄮縣置。劉總進馬一萬五千匹。甲辰，鄭滑節度使王承元祖母晉國太夫人李氏來朝；既見上，令朝太后於南內。丁未，宗正寺奏：「准貞元二十一年敕，宗子陪位，放五百七十人出身。准今年敕放三百人。伏緣人數至多，不霑恩澤，乞降特恩，更放二百人出身。」從之。平盧薛平奏：海賊掠賣新羅人口於緣海郡縣，請嚴加禁絕，俾異俗懷恩。從之。戊申，罷京西、京北和糴使，擾人故也。罷河北榷鹽法，許約計課利都數付榷鹽院。庚戌，以左丞韋綬爲禮部尚書。是夜，太白近五車。辛亥，命給事中韋弘慶充幽州宣慰使，左拾遺狄兼謨副之。鹽鐵使王播奏江淮鹽估每斗加五十文，兼舊三百文。癸丑，以幽州盧龍軍節度副大使、知節度事、押奚契丹兩蕃經略等使、檢校司空、同中書門下平章事、楚國公劉總可檢校司徒、兼侍中、天平軍節度、鄆曹濮等州觀察等使。以宣武軍節度使、檢校右僕射、同平章事張弘靖爲檢校司空、同平章事、兼幽州大都督府長史，充幽州盧龍軍節度使。從劉總所奏故也。以鳳翔節度使李愿檢校司空、汴州刺史，充宣武軍節度使；以邠寧節度使李光顏爲鳳翔尹，依前檢校司空、平章事，充鳳翔隴右節度使；以右衞大將軍高霞寓檢校工部尚書、邠州刺史，充邠寧節度使。諫官上疏論霞寓敗軍左謫，未宜拜方鎮，不從。乙卯，以權知京兆尹盧士玫爲瀛州刺史，充瀛莫等州都團練觀察使，從劉總奏析置也。丁巳，制：「劉總已極上台，仍移重鎮，兄弟子姪，各授官榮，大將賓僚，亦宜超擢。幽州百姓給復一年，賜三軍賞設錢一百萬貫。令宣慰使薛存慶與弘靖計會支給。」戊午，封皇弟憬爲鄜王，悅爲瓊王，恂爲沔王，懌爲婺王，愔爲茂王，怡爲光王，協爲淄王，憺爲衢王，忱爲澶王；皇子湛爲景王，涵爲江王，湊爲漳王，溶爲安王，瀍爲潁王。以兵部侍郎柳公綽爲京兆尹、兼御史大夫。己未，以屯田員外郎李德裕爲考功郎中，左補闕李紳爲司勳員外郎，並依前知制誥、翰林學士。敕今年錢徽下進士及第鄭朗等一十四人，宜令中書舍人王起、主客郎中知制誥白居易等重試以聞。甲子，劉總請以私第爲佛寺，乃遣中使賜寺額曰報恩。幽州奏劉總堅請爲僧，又賜以僧衣，賜號大覺。總是夜遁去，幽州人不知所之。乙丑，以漳州刺史韓泰爲郴州刺史，汀州刺史韓曄爲永州刺史，循州刺史陳諫爲道州刺史，量移也。

夏四月丙寅朔，授劉總弟約及總男等一十一人官，內五人爲刺史，餘朝班環衞。庚午，易定奏劉總已爲僧，三月二十七日卒于當道界，贈太尉。甲戌，祕書監蔣乂卒。丙子，以前天平軍節度使馬總復爲天平節度使。丁丑，詔：「國家設文學之科，本求才實，苟容僥倖，則異至公。訪聞近日浮薄之徒，扇爲朋黨，謂之關節，干擾主司，每歲策名，無不先定。永言敗俗，深用興懷。鄭朗等昨令重試，意在精覈藝能，不於異常之中，固求深僻題目，貴令所試成就，以觀學藝淺深。孤竹管是祭天之樂，出於周禮正經，閱其呈試之文，都不知其本事，辭律鄙淺，蕪累何多。亦令宣示錢徽，庶其深自懷愧。誠宜盡棄，以警將來。但以四海無虞，人心方泰，用弘寬假，式示殊恩。孔温業、趙存約、竇洵直所試粗通，與及第；盧公亮等十一人可落下。自今後禮部舉人，宜准開元二十五年敕，及第人所試雜文幷策，送中書門下詳覆。」貶禮部侍郎錢徽爲江州刺史，中書舍人李宗閔爲劍州刺史，右補闕楊汝士爲開州開江令。戊寅，宰臣崔植、杜元穎奏請，坐日所有君臣獻替，事關禮體，便隨日撰錄，號爲聖政紀，歲終付史館。從之。事亦不行。丙戌，正衙命使册九姓迴紇爲登羅羽錄沒密施句主錄毗伽可汗。辛卯，以衡州刺史令狐楚爲郢州刺史，吉州司馬孟簡爲睦州刺史。壬辰，詔百辟卿士宜各徇公，勿爲朋黨。甲午，以張弘靖入幽州，受朝賀。中書門下奏燕、薊八州平，准禮宜告陵廟，從之。

五月丙申朔。戊戌，以刑獄淹滯，立程：凡大事，大理寺三十五日詳斷訖，申刑部，三十日聞奏；中事，大理寺三十日，刑部二十五日；小事，大理寺二十五日，刑部二十日。所斷罪二十件已上爲大，十件已上爲中，十件已下爲小。刑部四覆官、大理六丞每月常須二十日入省寺，其厨料令戶部加給。從中丞牛僧孺奏也。己亥，貶考功員外郎李渤爲虔州刺史，以前書宰相考辭太過，宰相杜元穎等奏貶之。癸卯，幽州大將李參已下十八人並爲刺史及諸衛將軍。己酉，右散騎常侍致仕柳登卒。辛亥，造百尺樓於宮中。壬子，加茶榷，舊額百文，更加五十文，從王播奏。拾遺李珏上疏論其不可，疏奏不報。丙辰，建王審薨。丁巳，滄州先置景州於弓高縣，置歸化縣於福城草市〔七〕，並宜停廢。壬戌，幽州宣慰使給事中薛存慶卒於鎭州。癸亥，敕先置溵州於郾城，宜廢；其郾城上蔡、西平、遂平兩縣復隸蔡州〔八〕。皇妹太和公主出降迴紇登羅骨沒施合毗伽可汗。甲子，命金吾大將軍胡証充送公主入迴紇使，兼册可汗，又以太府卿李銳爲入迴紇婚禮使。

六月乙丑朔。辛未，吐蕃犯青塞堡。甲申，賜御史中丞牛僧孺金紫。

秋七月乙未朔。壬寅，月掩房次相。壬子，羣臣上尊號曰文武孝德皇帝。是日，上受册於宣政殿，禮畢，御丹鳳樓，大赦天下。甲寅，幽州監軍使奏：「今月十日軍亂，囚節度使張弘靖別館，害判官韋雍、張宗元、崔仲卿、鄭塤。軍人取朱滔子洄爲留後。」丁巳，貶張弘靖爲太子賓客分司。己未，再貶弘靖爲吉州刺史。朱洄自以年老，令軍人立其子克融爲留後。初劉總歸朝，籍其軍中素難制者送歸闕庭，克融在籍中。宰相崔植、杜元穎素不知兵，心無遠慮，謂兩河無虞，不復禍亂矣，遂奏劉總所籍大將並勒還幽州，故克融爲亂，復失河北矣。庚申，以昭義軍節度使劉悟檢校司空，兼幽州大都督府長史，充幽州盧龍軍節度副大使、知節度事。以國子祭酒韓愈爲兵部侍郎。辛酉，太和長公主發赴迴紇，上以半仗御通化門臨送，羣臣班於章敬寺前。

八月甲子朔。己巳，鎭州監軍宋惟澄奏：七月二十八日夜軍亂，節度使田弘正幷家屬將佐三百餘口並遇害。軍人推衙將王廷湊爲留後。辛未，以左金吾將軍楊元卿爲涇州刺史，充四鎭北庭行軍、涇原節度使。敕公卿大臣至中書議幽、鎭討伐之謀。癸酉，王廷湊遣盜殺冀州刺史王進岌，據其郡。乙亥，以前涇原節度使田布起復檢校工部尚書，兼魏州大都督府長史，充魏博節度使。己卯，以深州刺史、本州團練使牛元翼充深冀節度使。辛巳夜，太白近軒轅左角。冀州刺史吳暐潛爲幽州兵所逐。瀛州兵亂，囚觀察使盧士玫。瀛州尋爲幽州兵所據。乙丑，以河東節度裴度充幽、鎮兩道招撫使。庚寅，以建州刺史李景儉爲諫議大夫。壬辰夜，太白近太微西垣。癸巳，鎮州出兵圍深州。

九月甲午朔。丁酉，廢興州鳴水縣。戊戌夜，太白近太微右執法。壬寅，大雨震霆。乙巳，相州兵亂，殺刺史邢楚。丙午，令內常侍段文政監領鄭滑、河東、許三道兵，救援深州。吐蕃請盟，許之。辛亥夜，月近天關。壬子，幽州賊掠易州淶水、遂城、滿城。癸丑，以前魏博節度使李愬爲太子少保。癸酉，魏博節度使田布奏，出師五千赴貝州行營。

冬十月甲子朔。丙寅，太中大夫、守刑部尚書、騎都尉王播可中書侍郎、同中書門下平章事，依前充鹽鐵轉運使。以河東節度使裴度充鎮州四面行營都招討使；以左領軍衞大將軍杜叔良充深冀諸道行營節度使。戊辰，以深冀節度使牛元翼爲鎮州大都督府長史，充成德軍節度、鎮冀深趙等州節度使。辛未，以中書舍人、知貢舉王起爲禮部侍郎，兵部郎中楊嗣復爲庫部郎中、知制誥。壬申，以東都留守鄭絪爲吏部尚書；以吏部尚書李絳檢校右僕射，判東都尚書省事、東都留守、都畿防禦使。以工部尚書丁公著檢校左散騎常侍，兼越州刺史、御史中丞，充浙東觀察使。乙亥，沂州刺史王智興爲武寧軍節度副使。丁丑，裴度奏，自將兵取故關路進討。朱克融兵寇蔚州。戊寅，王廷湊兵寇貝州。易州刺史柳公濟奏，於白石嶺破燕軍三千。滄州烏重胤奏，於饒陽破賊。工部尚書韋貫之卒。壬午，以尚書主客郎中、知制誥白居易爲中書舍人。河東節度使裴度三上章，論翰林學士元稹與中官知樞密魏弘簡交通，傾亂朝政。以稹爲工部侍郎，罷學士；弘簡爲弓箭庫使。甲申，以京兆尹、御史大夫柳公綽爲吏部侍郎。丙戌，以深冀行營節度使杜叔良爲滄州刺史、橫海軍節度使，以代烏重胤；授重胤檢校司徒、興元尹，充山南西道節度使。時上急於誅賊，杜叔良出征日面辭，奏云：「臣必旦夕破賊。」重胤善將知兵，以賊勢未可卒平，用兵稍緩，故有是拜。丁亥，前浙東觀察使薛戎卒。戊子，魏博田布奏，自率全師進討。太子少保李愬卒。己丑，以戶部侍郎、判度支崔倰爲工部尚書、判度支；以山南西道節度使崔從爲尚書左丞；以祕書監許季同爲華州刺史，充潼關防禦、鎭國軍使。辛卯，昭義劉悟奏，自將兵次臨城。

十一月甲午朔，裴度奏破賊於會星鎭。朱克融兵大寇定州，節度使陳楚出師拒戰，破賊二萬。乙巳，徐州崔羣奏，遣節度副使王智興率師赴行營。戊申，以司農卿裴武爲鎭州行營供軍使。戊午，上御宣政殿，試制科舉人。辛酉，淄青牙將馬延崟謀逆，節度使薛平覺其謀而誅之。詔中書舍人白居易、繕部郎中陳岵、考功員外郎賈餗同考制策。

十二月甲子朔。丙寅，以前容管經略使留後嚴公素爲容州刺史、容管經略使。丁卯，貶諫議大夫李景儉爲楚州刺史。庚午，杜叔良之軍與賊戰於博野，爲賊所敗，七千人陷賊，叔良僅免。乙亥，敕諸道除上供外，留州留使錢內每貫割二百文以助軍用，賊平後仍舊。定州陳楚破朱克融賊二萬於望都。戊寅，以鳳翔節度使李光顏爲忠武軍節度使，代李遜，仍兼深冀行營節度；以李遜爲鳳翔節度使。貶員外郎獨孤朗韶州刺史，起居舍人溫造朗州刺史，司勳員外郎李肇灃州刺史，刑部員外郎王鎰郢州刺史，坐與李景儉於史館同飲，景儉乘醉見宰相謾罵故也。兵部郎中知制誥馮宿、庫部郎中知制誥楊嗣復各罰一季俸料，亦坐與景儉同飲，然先起，不貶官。辛巳，李光顏赴鎮，百僚餞於章敬寺。上御通化門臨送，賜玉帶名馬。仍敕神策副使楊承和充深冀行營都監押。壬午，出內庫錢五萬貫以助軍。乙酉，以幽州都知兵馬使朱克融檢校右散騎常侍，充幽州盧龍軍節度使，其拘囚張弘靖、殺害府僚之罪，一切釋放。時朝議以克融能保全弘靖，王廷湊殺害弘正，可赦燕而誅趙，故有是詔。

是歲，天下戶計二百三十七萬五千八百五，口一千五百七十六萬二千四百三十二，元不進戶軍州不在此內。

二年春正月癸巳朔，以用兵罷元會。乙未，以夔州刺史王承弁爲安南都護、本管經略招討使。丁酉，朱克融陷滄州弓高縣，賊攻下博，兼邀餉道車六百乘而去。庚子，魏博兵自潰於南宮縣。戊申，魏博牙將史憲誠奪師，田布伏劍而卒。己酉，以魏博中軍先鋒兵馬使史憲誠檢校工部尚書，兼魏州大都督府長史，充魏博節度使。是日，大風霾。庚戌，以德州刺史王日簡爲滄州刺史，充横海軍節度、滄德棣觀察等使，以代叔良。壬子，貶叔良爲歸州刺史，以獻計誅幽鎮無功，而兵敗喪所持旌節也。甲寅，以工部尚書、判度支崔倰檢校禮部尚書，兼鳳翔尹，充鳳翔隴節度使。以鴻臚卿、兼御史大夫張平叔判度支。復以弓高縣爲景州。青州奏海凍二百里。乙卯，以前鳳翔節度使李逊爲刑部尚書。己未，刑部尚書李逊卒。庚子，以兗沂密觀察使曹華爲節度使；以天德軍防禦使李進誠兼靈州刺史，充朔方靈鹽定遠城等州節度使；以晉州刺史李岵爲豐州刺史，充天德軍豐州東西受降城都防禦使。內出繒帛八萬匹以助軍。權停嶺南、黔中今年選補。

二月癸亥朔。甲子，詔雪王廷湊，仍授鎮州大都督府長史、御史大夫，充成德軍節度、鎮冀深趙等州觀察等使。三軍將士，待之如初。仍令兵部侍郎韓愈往彼宣諭。以前吉州刺史張弘靖爲撫州刺史。弘靖初貶官，尚在幽州，拘留半歲，克融授節，始得還，故有是命。丙寅，以前成德軍節度使牛元翼檢校工部尚書、襄州刺史，充山南東道節度觀察、臨漢監牧等使。丁卯，以考功郎中、知制誥李德裕爲中書舍人，依前翰林學士。癸酉，以鄜坊節度使韓充爲義成軍節度使，以代王承元；以承元爲鄜坊節度使。甲戌夜，火、木星相近。滄州節度使王日簡賜姓名李全略。辛巳，以正議大夫、守中書侍郎、同中書門下平章事、武騎尉、賜紫金魚袋崔植爲刑部尚書，罷知政事；以工部侍郎元稹守本官、同平章事。以翰林學士、中書舍人李德裕爲御史中丞；司勳員外郎、知制誥李紳爲中書舍人，依前翰林學士。右庶子王仲周以奉使緩命，貶台州刺史。癸未，以深冀行營諸軍節度、忠武軍節度使李光顏爲滄州刺史、橫海軍節度使，兼忠武軍節度、深冀行營並如故；以橫海軍節度使李全略爲德州刺史、德棣等州節度。丙戌，以兵部郎中、知制誥馮宿檢校左庶子，充山南東道節度副使，權知襄州軍府事，以牛元翼在深州重圍故也。丁亥，以河東節度使、司空、兼門下侍郎、平章事裴度守司徒、平章事，充東都留守，判東都尚書省事、都畿汝防禦使、太微宮等使；以前靈武節度使李聽爲太原尹、北都留守、河東節度使。

三月壬辰朔，詔曰：「武班之中，淹滯頗久。又諸薦送大將，或隨節度使歸朝。自今已後，宜令神策六軍軍使及南衙常參武官，各具歷任送中書門下，素立大功及有才器者，量加奬擢。常參官依月限改轉，諸道軍府帶監察已上官者，限三周年即與改轉。軍士死王事者，三周年內不得停衣糧。先於留州留使錢內每貫割二百文助軍，今後不用抽取。」上於馭軍之道，未得其要，常云宜姑息戎臣。故即位之初，傾府庫頒賞之，長行所獲，人至鉅萬，非時賜與，不可勝紀。故軍旅益驕，法令益弛，戰則不克，國祚日危。洎頒此詔，方鎮多以大將文符闒之富賈，曲爲論奏，以取朝秩者，疊委於中書矣。名臣扼腕，無如之何。癸巳，以兵部尚書蕭俛爲太子少保，以前山南東道節度使李逢吉爲兵部尚書。壬寅，左驍衞上將軍張奉國卒。以鴻臚卿、判度支張平叔爲戶部侍郎充職。平叔以曲承恩顧，上疏請官自賣鹽，可以富國強兵，陳利害十八條。詔下其疏，令公卿詳議。中書舍人韋處厚隨條詰難，固言不可，事遂不行。朱克融、王廷湊合兵攻深州，不解。裴度與書諭之，克融還鎭，廷湊攻城亦緩，乃並加檢校工部尚書。戊申，裴度來朝，對於麟德殿，伏奏龍墀，因敍河北用兵，嗚咽流涕，上改容慰勞之。壬子，以新授東都留守裴度爲揚州大都督府長史，充淮南節度使。癸丑，徐州節度使崔羣爲其副使王智興所逐，智興自專軍務。甲寅，以右僕射韓皐爲左僕射，以前淮南節度使李夷簡爲右僕射。前東都留守李絳復拜舊官。丙辰，守司徒裴度正衙受册訖，謁太廟，赴尚書省上，宰臣百僚皆送。丁巳，以左丞崔從檢校禮部尚書、鄜州刺史、鄜坊節度使，以代王承元；以承元爲鳳翔隴節度使。戊午，司徒裴度復入中書知政事。以中書侍郎、平章事王播檢校右僕射，兼揚州大都督府長史，充淮南節度使，依前兼諸道鹽鐵轉運使；以鳳翔節度使崔倰爲河南尹。牛元翼率十餘騎突圍出深州來朝，深州大將臧平等一百八十人皆爲王廷湊所殺。己未，以武寧軍節度副使王智興檢校工部尚書〔九〕，兼徐州刺史，充武寧軍節度使；以德棣節度使李全略復爲滄州節度使，仍合滄景德棣爲一鎮。李光顏還鎮許州。

夏四月辛酉朔，日有蝕之。甲子，左僕射韓皐赴省上，中使賜酒饌，宰臣百僚送，一如近式。雲陽縣角抵力人張莅負羽林官騎康憲錢，憲往徵之。莅乘醉打憲將殞，憲男買德年十四，持木鐘擊莅首破，三日而卒。刑部奏覆，敕曰：「買德尚在童年，能知子道。雖殺人當死，爲父可哀。若從沉命之科，恐失原情之意。可減死罪一等。」忻州刺史李寰守博野，王廷湊攻之不下。其李寰所領兵宜割屬右神策，以寰爲軍使，仍以忻州軍爲名。庚辰，桂管觀察使杜式方卒。癸未，以武寧軍節度使崔羣爲祕書監，分司東都。翰林侍講學士韋處厚、路隨進所撰六經法言二十卷，賜錦綵二百匹、銀器二百事，處厚改中書舍人，隨改諫議大夫，並賜金紫。丁亥，以祕書監嚴謩爲桂管觀察使。是夜，東北有流星，光彩燭地，殷殷有聲，出天市垣，至郎位滅。

五月辛卯朔。以德州刺史李景儉爲諫議大夫。癸丑，太子少傅嚴綬卒。戊午，幽州朱克融上表進馬萬匹、羊十萬口，先請其價賞軍。隴山有異獸如猴，腰尾皆長，色青赤而猛鷙，見蕃人則躍而食之，遇漢人則否。

六月庚申朔。甲子，司徒、平章事裴度守尚書右僕射，工部侍郎、平章事元稹爲同州刺史。以正議大夫、守兵部尚書、輕車都尉李逢吉爲門下侍郎、同中書門下平章事。乙丑，大風震電，墜太廟鴟吻，霹御史臺樹。丁卯，以易州刺史柳公濟爲定州刺史、義武軍節度使。壬申，諫官論責裴度太重，元稹太輕，乃追稹制書，削長春宮使。戊寅，以前右僕射李夷簡爲太子少保，分司東都。戊子，復置邕管，以安南副使崔結爲邕管經略使。

秋七月己丑朔。丙申，宋王結薨，廢朝。戊戌，汴州軍亂，逐節度使李愿，立牙將李齐爲留後。好畤縣山水漂溺居人三百家。陳、許、蔡等州水。壬寅，出中書舍人白居易爲杭州刺史。乙巳，詔南北省五品已上官議討李齐。丙午，貶李愿爲隨州刺史。以鄭滑節度使韓充爲汴州刺史、宣武軍節度使、汴宋亳潁觀察等使，鄭滑如故；以宣武軍節度押衙李齐爲右金吾衞將軍。丁未，內出綾絹五十萬疋付度支，以供軍用。陳、許水災，賑粟五萬石。己酉，中使楊再昌使鎭州。王廷湊奏：「奉詔取牛元翼家族，請至秋末發遣。其田弘正骸骨，尋訪不知所在。」辛亥，以贈司徒、忠烈公李憕子源爲諫議大夫，賜緋魚袋。乙卯，敕：「員外郎知制誥二年後轉郎中，又二年後轉前行郎中，又一年卽正除；諫議大夫知同前郎中；給事中并翰林學士別宣知者，不在此限。」以前義武軍節度使陳楚爲東都留守、判尚書省事、東畿汝防禦使。本朝故事，東都留守罕用武臣，今用楚，以李齐擾汴宋故也。

八月己未朔，以絳州刺史崔弘禮爲河南尹，兼東畿防禦副使。給事中韋顥以弘禮望輕，封還詔書，上遣中使諭之，乃下。詔陳許李光顏將兵收汴州。戊辰，以左僕射韓臯爲東都留守、判尚書省事、東畿汝防禦使。以東都留守陳楚爲河陽懷節度使。癸酉，韓充奏今月六日發軍入汴州界，營于千塔。丙子，汴州監軍姚文壽與兵馬使李質同謀斬李㝏及其黨薛志忠、秦鄰等。丁丑，韓充入汴州。以前東都留守李絳爲華州刺史，充潼關防禦、鎭國軍等使。浙東處州大水，溺居民。以兗海沂密節度使曹華爲滑州刺史〔一〇〕，充義成軍節度、鄭滑潁等州觀察等使；以宋州刺史高承簡爲兗州刺史、兗海沂密等州節度使；以汴州防城兵馬使李質爲右金吾衞將軍。潁州隸鄭滑觀察使〔一一〕。鹽鐵轉運使王播進開潁口圖。

九月戊子朔，浙西大將王國淸謀叛，觀察使竇易直討平之，同惡二百餘人並誅之。韓充送李㝏男道源、道樞、道瀹等三人，斬於西市；㝏妻馬氏、小男道本、女汴娘配於掖庭。壬子，太子少師李夷簡卒，贈太子太保。癸卯，以前河陽節度使郭釗爲河中尹，兼河中絳隰等州節度使。御史中丞李德裕爲潤州刺史、兼御史大夫、浙江西道都團練觀察處置等使，以代竇易直；以易直爲吏部侍郎。加晉州刺史李寰爲晉慈等州都團練觀察使。乙巳，敕團練防禦州置判官一員，其副使推巡並停。辛亥，以吏部侍郎柳公綽爲御史大夫。先有詔廣芙蓉苑南面，居人廬舍墳墓並移之，羣情駭擾。癸丑，降敕罷之。德州軍亂，害刺史王稷，盡剽其家財奴僕。丁巳，以萬州刺史李元喜爲安南都護。陰山府沙陁突厥兵馬使朱耶執宜來朝貢，賜官誥、錦綵、銀器。

冬十月戊午朔。壬戌，前河中晉絳慈隰等州節度使、開府儀同三司、守司徒、中書令、河中尹、上柱國、許國公韓弘可守司徒、兼中書令。甲子夜，月掩牽牛中星。戊辰，興元節度使烏重胤來朝，移授天平軍節度使。己卯，以工部侍郎鄭權爲工部尚書，以前華州刺史許季同爲工部侍郎。是日，上由複道幸咸陽，止於善因佛寺，施僧錢百萬，咸陽令絹百匹。

閏十月戊子朔，入迴紇使金吾大將軍胡証、副使光祿卿李憲、婚禮使衞尉卿李銳、副使宗正少卿李子鴻等，送太和公主自蕃中迴。庚寅，以吏部尚書鄭絪爲太子少傅；以太常卿趙宗儒爲吏部尚書；韋綬爲興元尹，充山南西道節度使。壬辰，右驍衞大將軍韓公武卒，廢朝。以戶部尚書楊於陵爲太常卿。丙申，迴紇可汗遣使獻國信四牀、女口六人、葛祿口四人。己亥，敕翰林侍講學士諫議大夫路隨、中書舍人韋處厚，兼充史館修撰憲宗實錄，仍更日入史館。實錄未成，且許不入內署，仍放朝參。甲寅，詔：「江淮諸州旱損頗多，所在米價不免踊貴，眷言疲困，須議優矜。宜委淮南、浙西東、宣歙、江西、福建等道觀察使，各於當道有水旱處，取常平義倉斛斗，據時估減半價出糶，以惠貧民。」丙辰，以太子賓客令狐楚爲陝虢觀察使。

十一月丁巳朔。丁卯，尚書左丞庾承宣爲陝虢觀察使。令狐楚復爲太子賓客，分司東都。楚已至陝州視事一日，追改之。庚午，命景王率禁軍五百騎，侍從皇太后幸華清宮，又幸石甕寺。辛未，以前安南都護桂仲武爲邕管經略使。癸酉，上幸華淸宮迎太后，巡狩于驪山下，卽日馳還，太后翌日方還。丙子，集王緗薨。庚辰，上與內官擊鞠禁中，有內官欻然墜馬，如物所擊。上恐，罷鞠升殿，遽足不能履地，風眩就牀。自是外不聞上起居者三日。是夜，月近房。

十二月丁亥朔，詔五坊鷹隼並解放，獵具皆毁之。庚寅，宰臣李逢吉率百僚至延英門請見，上不許。中外與度等三上疏，請立皇太子。是夜，司徒、中書令韓弘卒。辛卯，上於紫宸殿御大繩牀見百官，李逢吉奏景王成長，請立爲皇太子，左僕射裴度又極言之。癸巳，詔景王爲皇太子。淮南奏和州飢，烏江百姓殺縣令以取官米。甲午，內出絹二百匹，賑兩市癃殘窮者。己未，兩軍容內司公主戚屬之家，並以上疾痊平，諸寺爲僧齋。仍敕在京諸司疏放繫囚。丙午，上御宣政殿册皇太子。受册畢，百僚謁太子於東宮，太子舉簾，執笏答拜，宮僚拜則受之。丁未，判度支、戶部侍郞張平叔貶通州刺史。是夜，月掩左角。己酉，以前天平軍節度使馬總檢校左僕射、守戶部尚書。庚戌，以吏部侍郞竇易直爲戶部侍郞、判度支。癸丑，以太子册禮畢，宣制赦囚徒。以前黔中觀察使崔元略爲鄂岳蘄黃安等州觀察使。太子賓客孟簡卒。乙卯，以前陝虢觀察使衞中行爲尙書右丞。

是冬十月頻雪，其後恆燠，水不冰凍，草木萌發，如正二月之後。

三年正月丁巳朔，上以疾不受朝賀。是日大風，昏翳竟日。嗣郢王佐宜於崖州安置，坐妄傳禁中語也。敕不得買新羅人爲奴婢，已在中國者卽放歸其國。禮部侍郎王起奏：當司所試貢舉人，試訖申送中書，候覆訖下當司，然後大字放牓。從之。

二月，天平軍監軍奏：節度使烏重胤病，牙將王贄割股肉以療。河陽節度使陳楚奏：移使府於三城，未有門戟，欲移懷州門戟於河陽。從之。諫議大夫殷侑奏禮部貢舉請置三傳三史科，從之。戶部尚書崔倰卒。

三月丁巳，宰臣百僚賜宴於曲江亭。敕應御服及器用在淮南、兩浙、宣歙等道合供進者，幷端午誕節常例進獻者，一切權停。其鷹犬之類，除備蒐狩外，並令解放。以牛僧孺同中書門下平章事。日晡晚後，有賊入通化門，鬬死者一人，傷者六人。賜宣徽院供奉官錢自一百二十貫文已下有差。

五月，山南西道奏移成州於寶井堡。山南東道節度使牛元翼卒。祕書少監李隨奏請造當司圖書印一面，從之。

六月，宰相監修國史杜元穎奏：史官沈傳師除鎮湖南，其本分修史，便令將赴本任修撰。從之。敕京兆尹、御史大夫韓愈宜放臺參，後不得爲例。
七月，國子祭酒韋乾慶卒。
八月，鄭滑節度使曹華卒。檢校尚書右僕射、戶部尚書馬總卒。興元節度使韋綬卒。上由複道幸興慶宮，至通化門，賜持盂僧絹二百匹，因幸五方，賜從官金銀鋌有差。
九月，澤潞節度使劉悟進位平章事。賜宰臣百僚重九宴于曲江亭。南詔王丘佺進金碧文絲十有六品。
十月，以京兆尹韓愈爲兵部侍郎，以御史中丞李紳爲江西觀察使。宰相李逢吉與李紳不協，紳有時望，恐用爲相。及紳爲中丞，乃除韓愈爲京兆尹、兼御史大夫，仍放臺參。紳性峭直，屢上疏論其事，遂與愈辭理往復，逢吉乃兩罷之，然紳出而愈留。宰相杜元穎罷知政事，除成都尹、劍南西川節度使。龍武統軍陳楚卒。以兵部侍郎韓愈爲吏部侍郎，新除江西觀察使李紳爲戶部侍郎。紳旣罷除江西，上令中使就第賜玉帶，紳因除敍泣而請留，中使具奏，故與愈俱改官。召翰林學士龐嚴對，因賜金紫。賜內園使公廨本錢一萬貫〔三〕，軍器使三千貫。
十一月，上御通化門，觀作毗沙門神，因賜絹五百匹。杜元穎赴鎭蜀，上御安福門餞，因賜皇城留守及金吾衞率等帛有差。停浙東貢甜菜、海蚶。
十二月，浙西觀察使李德裕奏去管內淫祠一千一十五所。

四年正月辛亥朔，上御殿受朝如常儀。上餌金石之藥，處士張皐上疏切諫，上悅，召之，求皐不獲。澤潞判官賈直言新授諫議大夫，劉悟上表乞留，從之。禮部尙書致仕孔戣卒。辛未，上大漸，詔皇太子監國。壬申，上崩於寢殿，時年三十。羣臣上謚曰睿聖文惠孝皇帝，廟號穆宗。十一月庚申，葬于光陵。

史臣曰：臣觀五運之推遷，百王之隆替，亦無常治，亦無常亂，在人而已，匪降自天。當軒黃御宇之秋，則百年無事；及商辛握圖之日，則四海橫流。昔章武皇帝痛國命之不行，惜朝綱之將墜，乃求賢俊，總攬英雄，果能扼大盜之喉，制姦臣之命。五十載已終之土，復入提封；百萬戶受弊之甿，重蘇景化。元和之政，幾致昇平。鴟梟方革於好音，龍鼎俄傷於短祚。苟或時有平、勃之佐，繼以文、景之才，則廷湊、克融，自縮螳螂之臂；智興、李介，敢萌狗鼠之謀？强盜寧窺孟賁之金，餓隸不拾嬰兒之餌。觀夫孱主，可謂痛心，不知創業之艱難，不恤黎元之疾苦。謂威權在手，可以力制萬方；謂旒冕在躬，可以坐馳九有。曾不知聚則萬乘，散則獨夫，朝作股肱，暮爲讎敵。仲長子所謂「至於運徙勢去，獨不覺悟者，豈非富貴生不仁，沉溺致愚疾」。存亡以之迭代，治亂從此周復，誠哉是言也！

贊曰：惠王不令，敗度亂政。驕僻偶全，實賴遺慶。皇皇上帝，爲民立正。此何人哉，遽主鼎命。

校勘記

〔一〕蕭俛爲朝散大夫守中書　據册府卷七三，蕭俛爲朝散大夫守中書侍郎；下文段文昌所署官「舍人」，當爲中書舍人。疑史文「中書」下脫「侍郎中書」四字。

〔二〕郝玼　「玼」字各本原作「玭」，據本書卷一五二郝玼傳、新書卷一七〇高固傳改。下同。

〔三〕李翺　合鈔卷一六穆宗紀注云：「案翺是年六月坐李景儉貶朗州，不應卽還華州也。且翺傳亦無爲華州文。又案李宗閔傳，宗閔父𦐂自宗正卿出爲華州刺史，計其時當在元和末，此疑作李𦐂。」

〔四〕韓璀　「璀」字各本原作「瓘」，據本書卷一五憲宗紀、新書卷一五八韓弘傳改。

〔五〕制官敕下　十七史商榷卷七四：「制官敕下當作制宜放下。」

〔六〕譏其屢舞　「譏其」，各本原作「憐異」，據唐會要卷五四改。

〔七〕置歸化縣於福城草市　「城」字各本原作「壽」，據唐會要卷七一、寰宇記卷六四改。「置」上當有「德州」二字。

〔八〕其郾城上蔡西平遂平兩縣復隸蔡州　唐會要卷七〇作「其先割屬溵州上蔡西平遂平等三縣依隸屬蔡州」。

〔九〕武寧軍節度副使　「副」字各本原無，據本卷上文及本書卷一五六王智興傳、合鈔卷一六穆宗紀補。

〔一〇〕滑州刺史　「滑州」，各本原作「華州」，據本書卷一六二曹華傳改。

〔一一〕潁州隸鄭滑觀察使　「隸」字合鈔卷一六穆宗紀作「隸」。

〔一二〕賜內園使公廨本錢一萬貫　「賜」字各本原無，據冊府卷五〇七補。

舊唐書卷十七上

本紀第十七上

敬宗　文宗上

敬宗睿武昭愍孝皇帝諱湛，穆宗長子，母曰恭僖太后王氏。元和四年六月七日，生於東內之別殿。長慶元年三月，封景王。二年十二月，立爲皇太子。四年正月壬申，穆宗崩。癸酉，皇太子卽位柩前，時年十六。甲戌，左僕射韓皐卒。丙子，羣臣準遺詔奏皇帝寶册，禮畢，詔賞神策諸軍士人絹十四、錢十千，畿內諸軍鎭絹十四、錢五千，其餘軍鎭頒給有差。內出綾絹三百萬段以助賞給。穆宗初卽位，在京軍士人獲五十千，在外軍鎭差降無幾。至是，宰臣奏議請量國力頒賞，故差減於先朝，物議是之。羣臣五上章請聽政，從之。

二月辛巳朔，上縗服見羣臣於紫宸門外。壬午，渤海送備宿衞大聰叡等五十人入朝。癸未，貶戶部侍郎李紳爲端州司馬。丙戌，貶翰林學士、駕部郎中、知制誥龐嚴爲信州刺史，翰林學士、司封員外郎、知制誥蔣防爲汀州刺史，皆紳之引用者。以右拾遺吳思爲殿中侍御史，充入蕃告哀使。李紳之貶，李逢吉受賀，羣官至中書，而思獨不往，逢吉怒而斥爲遠使。戊子，河北告哀使、諫議大夫高允恭卒於東都。辛卯，敕沒掖庭宮人、先配內園宮人，並宜放出，任其所適。己亥，册大行皇帝皇太后爲太皇太后。庚子，西川節度使杜元穎進罨畫打毬衣五百事，非禮也。辛丑，上始御紫宸殿受朝。既退，幸飛龍院，厚賜內官等物有差。以米貴，出太倉粟四十萬石，於兩市賤糶，以惠貧民。癸未夜，太白犯東井北轅。乙巳，上率羣臣詣光順門册皇太后。丁未，御中和殿擊毬，賜教坊樂官綾絹三千五百匹。戊申，擊毬於飛龍院。己酉，大合樂於中和殿，極歡而罷，內官頒賜有差。

三月庚戌朔，貶司農少卿李彤吉州司馬，以前爲鄧州刺史，坐贓百萬，仍自刻德政碑故也。壬子，上御丹鳳樓，大赦天下。京畿夏青苗錢並放，秋青苗錢每貫放二百文。天下常貢之外不得進獻。六宅、十宅諸王女，宜令每年於選人中選擇降嫁。今後戶帳田畝，五年一定稅。是日，風且雨。甲寅，始於延英對宰臣。丙辰，以尚書右丞韋顗爲戶部侍郎。戊午，禮儀使奏：「外命婦正旦及四始日舊行起居之禮，伏以禮煩則瀆，請停。」從之。庚申，工部尚書胡証檢校戶部尚書、京兆尹。甲子，故山南東道節度使牛元翼家爲王廷湊所害，上惜其冤橫，傷悼久之，仍歎宰執非才，縱姦臣跋扈。翰林學士韋處厚奏曰：「理亂之本，非有他術，順人則理，違人則亂。陛下當食歎息，恨無蕭曹。今有一裴度，尙不能用，此馮唐所以感悟漢文，雖有頗牧不能用也。」以太子少保張弘靖爲太子少師，分司東都太子賓客令狐楚爲河南尹。丁卯，以刑部尙書段文昌判左丞事。戊辰，羣臣入閤，日高猶未坐，有不任立而踣者。諫議大夫李渤出次白宰相，俄而始坐。班退，左拾遺劉栖楚極諫，頭叩龍墀血流，上爲之動容，仍賜緋魚袋。編甿徐忠信闌入浴堂門，杖四十，配流天德。庚午，賜內教坊錢一萬貫，以備遊幸。是夜，太白犯東井北轅。甲戌，夏州節度使李祐奏：於塞外築烏延、宥州、臨塞、陰河、陶子等五城，以備蕃寇。又以党項爲盜，於蘆子關北木瓜嶺築壘，以扼其衝。乙亥，幸教坊，賜伶官綾絹三千五百匹。

夏四月庚辰朔。甲申，以御史大夫王涯爲戶部尙書，兼御史大夫，充鹽鐵轉運等使。壬辰，兵部侍郎武儒衡卒。丙申，賊張韶等百餘人至右銀臺門，殺閽者，揮兵大呼，進至清思殿，登御榻而食，攻弓箭庫。左神策軍兵馬使康藝全率兵入宮討平之。是日，上聞其變，急幸左軍。丁酉，上還宮，羣臣稱慶。諫議大夫李渤以上輕易致盜，言甚激切。己亥，九仙門等監共三十五人，並笞之。辛丑，染坊使田晟、段政直流天德，以張韶染坊役夫故也。詔雪吐突承璀之罪，令男士曄改葬之。丙午，宰臣李逢吉封涼國公，牛僧孺封奇章縣子。

五月己酉朔。乙卯，制以正議大夫、尙書吏部侍郎、上柱國、渭源縣開國男、食邑三百戶、賜紫金魚袋李程守本官、同中書門下平章事。以朝議郎、守尚書戶部侍郎、兼御史大夫、判度支、上柱國、賜紫金魚袋竇易直爲朝散大夫，本官同中書門下平章事。判度支、戶部侍郎韋顗賜金紫。己未，割富平縣之豐水鄉、下邽縣之翟公鄉、澄城縣之撫道鄉、白水縣之會賓鄉，以奉景陵。癸亥，以鹽州刺史傅良弼爲夏州節度使。東都、江陵監大轉運留後並改爲知院官，從其使王涯請也。

六月己卯朔，以左神策大將康藝全爲鄜坊節度使。辛巳，敕以霖雨命疏決京城繫囚。庚辰，大風吹壞延喜、景風等門。工部侍郎張惟素卒。壬辰，以左金吾衞大將軍李愿檢校司空，兼河中尹、御史大夫，充河中絳隰等州節度使。丙申，山南西道節度使、守司空裴度加同中書門下平章事。度之拜興元也，爲宰相李逢吉所排，不帶平章事，李程、韋處厚日爲度論於上前，故有是命。加陳許節度使李光顏守司徒。癸卯，太保張弘靖卒。己巳，浙西水壞太湖堤，水入州郭，漂民廬舍。丁未，以吏部尚書趙宗儒爲太常卿，兵部尚書鄭絪爲吏部尚書。

秋七月戊申朔。己酉，睦州淸溪等六縣大雨〔二〕，山谷發洪水泛溢，漂城郭廬舍。庚辰，以前河中節度使郭釗爲兵部尚書。戊午，太子賓客許季同卒。辛酉，疏靈州特進渠，置營田六百頃。乙丑，鄆、曹、濮暴雨水溢，壞城郭廬舍。丁卯，敕以穀貴，凡給百官俸內一半合給匹段，今宜給粟，每斗折錢五十文。辛未，以大理卿崔元略爲京兆尹、兼御史大夫。甲戌，左金吾衞大將軍李祐進馬二百五十匹。御史溫造於閤內奏彈祐違敕進奉，祐趨出待罪，詔宥之。襄、均、復等州漢江溢，漂民廬舍。丙子，浙西觀察使李德裕奏：「詔令當道造盝子二十具，計用銀一萬三千兩，金一百三十兩。昨已進兩具，用銀一千三百兩，當道在庫貯備銀無二三百兩，皆百計收市，方成此兩具。臣當道唯有留使錢五萬貫，每事節儉支費，猶欠十三萬貫不足。臣若因循不奏，則負陛下任使之恩；若分外誅求，又累陛下慈儉之德。伏乞宣令宰臣商議，何以遣臣得上不違宣索，下不闕軍須，不困疲人，不斂物怨。」時有詔罷進奉，故德裕有是奏。

八月丁酉朔。是夜，火犯土星。妖賊馬文忠與品官季文德等凡一千四百人，將圖不軌，皆杖一百處死。癸未，火犯東井。甲寅，詔於關內、關東折糴和糴粟一百五十萬石。陳、許、蔡、鄆、曹、濮等州水害秋稼。丁亥，火入東井。己丑，以李憕孫宏爲河南府兵曹參軍，蔣清孫鄖爲伊陽令，錄忠臣後也。是夜，金犯軒轅右角。壬辰，江王府長史段釗上言，稱前任龍州刺史，近郭有牛心山，山上有仙人李龍遷祠，頗靈應，玄宗幸蜀時，特立祠廟。上遣高品張士謙往龍州檢行，迴奏牛心山有掘斷處。羣臣言宜須修築。時方沍寒，役民數萬計，東川節度使李絳表訴之。甲子，以太常卿趙宗儒爲太子少師。乙巳，宣武軍節度韓充卒。

九月丙午朔。丁未，波斯大商李蘇沙進沉香亭子材，拾遺李漢諫云：「沉香爲亭子，不異瑤臺、瓊室。」上怒，優容之。庚戌，以河南尹令狐楚檢校禮部尙書、汴州刺史、宣武軍節度、宋汴亳觀察等使。乙卯，罷理匭使。以諫議大夫李渤知匭，奏請置胥吏、添課料故也。戊午，加朱克融檢校司空。詔浙西織造可幅盤條繚綾一千匹。觀察使李德裕上表論諫，不奉詔，乃罷之。己巳，以兵部侍郎王起爲河南尹。甲子，吐蕃遣使求五臺山圖。己巳，浙西、淮南各進宣索銀粧奩三具。

冬十月丙子朔，宗正寺選尙縣主壻和元亮等二十五人，各賜錢三十萬，令備吉禮。辛巳，以吏部侍郎崔從爲太常卿。庚子，嶺南節度使鄭權卒。辛丑，吐蕃貢犛牛、鑄成銀犀牛羊鹿各一。壬寅，以鄂岳觀察使、檢校兵部尙書崔植檢校吏部尙書，兼廣州刺史、御史大夫，充嶺南節度觀察經略使。以戶部侍郎韋顗爲御史中丞，兼戶部侍郎；以御史中丞鄭覃權知工部侍郎；以刑部侍郎韋弘景爲吏部侍郎；以權知禮部侍郎李宗閔權知兵部侍郎；以工部侍郎于敖爲刑部侍郎。

十一月丙午朔。戊申，安南都護李元喜奏：黃家賊與環王國合勢陷陸州，殺刺史葛維。蘇、常、湖、岳、吉、潭、郴等七州水傷稼。庚申，葬穆宗于光陵。

十二月乙亥朔。癸未，迴紇、吐蕃、奚、契丹遣使朝貢。襄州柳公綽、滄州李全略、晉州李寰、滑州高承簡並自尚書加檢校右僕射。以前起居舍人劉栖楚爲諫議大夫。淮南節度使王播厚賂貴要，求領鹽鐵使，諫議大夫獨孤朗張仲方、起居郎孔敏行柳公權宋申錫、補闕韋仁實劉敦儒、拾遺李景讓薛廷老等伏延英抗疏論之。戊子夜，月掩東井。庚寅，加天平軍節度使烏重胤同平章事。乙未，徐泗王智興請置僧尼戒壇，浙西觀察使李德裕奏狀論其姦幸。時自憲宗朝有敕禁私度戒壇，智興冒禁陳請，蓋緣久不興置，由是天下沙門奔走如不及。智興邀其厚利，由是致富，時議醜之。丁酉，宰相牛僧孺進封奇章郡公，李程彭原郡公，竇易直晉陽郡公，並食邑三千戶。吏部侍郎韓愈卒。

寶曆元年春正月乙巳朔。辛亥，親祀昊天上帝于南郊。禮畢，御丹鳳樓，大赦，改元寶曆元年。先是，鄠縣令崔發坐誤辱中官下獄，是日，與諸囚陳於金雞竿下俟釋放。忽有內官五十餘人，環發而毆之，發破面折齒，臺吏以蓆蔽之，方免。有詔復繫於臺中，宰相救之，方釋。宰相牛僧孺累表乞解機務，帝許以郊禮後。乙卯，以僧孺檢校禮部尚書、同平章事、鄂州刺史，充武昌軍節度、鄂岳觀察使。淮南節度使王播兼諸道鹽鐵轉運使。於鄂州特置武昌軍額，寵僧孺也。壬申，以給事中李渤爲桂州刺史、兼御史中丞、桂管防禦觀察使。李德裕獻丹扆箴六首，上深嘉之，命學士韋處厚優其答詔。辛卯，以前禮部郎中李翺爲廬州刺史，以求知制誥，面數宰相李逢吉過故也。辛丑，江西觀察使薛放卒。癸卯，以職方郎中、知制誥王璠爲御史中丞。

三月乙巳朔，以兵部尙書郭釗爲梓州刺史、劍南東川節度使。壬子，宴羣臣於三殿。戊辰夜，有流星長三丈，出紫微，入濁滅。辛未，以前桂管觀察使殷侑爲江西觀察使。上御宣政殿試制舉人二百九十一人，以中書舍人鄭涵、吏部郎中崔琯、兵部郎中李虞仲並充考制策官。

夏四月甲戌朔，宰相涼國公李逢吉進封鄭國公。以右神策大將軍康志睦檢校工部尙書，兼青州刺史、平盧軍節度使。宣中書，以諫議大夫劉栖楚爲刑部侍郎。丞郎宣授，自栖楚始也。鄭涵等考定制舉人，勑下後數日，上謂宰相曰：「韋端符、楊魯士皆涉物議，宜與外官。」乃授端符白水尉，魯士城固尉。宰臣請其罪名，不報。癸巳，羣臣上徽號曰文武大聖廣孝皇帝，御宣政殿受册。禮畢，御丹鳳樓，大赦天下，大辟罪已下，無輕重咸赦除之。時李紳貶官，李逢吉惡紳，不欲紳量移，乃於赦書節文內，但言左降官已經量移，宜與量移近處，不言未量移者宜與量移。翰林學士韋處厚上疏論列云：「不可爲李紳一人與逢吉相惡，遂令近年流貶官皆不得量移，則乖曠蕩之道也。」帝遽命追赦書添改之。乙亥，以劍南東川節度、檢校司空李絳爲左僕射。御史蕭徹彈京兆尹、兼御史大夫崔元略違詔徵畿內所放錢萬七千貫，付三司勘鞫不虛。辛丑，敕削元略兼御史大夫。

五月甲辰朔，以前平盧軍節度使薛平檢校左僕射、兼戶部尚書。賜振武軍錢一十四萬貫，修築東受降城。庚戌，幸魚藻宮觀競渡。庚申，正衙命使冊九姓迴紇登里囉汨沒密施毗伽昭禮可汗。丙寅，太子少傅致仕閻濟美卒。丁卯，湖南觀察使沈傳師奏：「當道先配吐蕃羅沒等一十七人，準赦放還本國，今各得狀，不願還。」從之。庚午，以右金吾將軍李文悅爲豐州刺史、天德軍防禦使。安南李元喜奏移都護府於江北岸。

六月壬申朔。乙酉，詔公主、郡主並不得進女口。丙戌，將作監張武均出爲洋州刺史，坐贓犯也。諸司白身馮志謀等三百九人，並賜祿。丁亥，命品官田務豐領國信十二車賜迴紇可汗及太和公主。己丑，河中節度使、檢校司空李愿卒。乙未，以檢校左僕射、兼戶部尚書薛平檢校司空、河中尹、河中節度使。

秋七月癸卯朔，以忠武軍節度使、守司徒、兼侍中李光顏爲太原尹、北京留守、河東節度使，以兗海節度使王沛爲許州刺史、忠武軍節度使。熒惑犯右執法。甲辰，鹽鐵使王播進羨餘絹一百萬匹，仍請日進二萬，計五十日方畢。播自掌鹽鐵，以正入錢進奉，以希寵固位，託稱羨餘，物議欲鳴鼓而攻之。乙酉，鄜坊水壞廬舍。癸丑，以右金吾衞大將軍張茂宗為兗海沂密節度使。乙卯，正衙命使册司徒李光顏。丙辰，淄王傅分司元錫卒。己未，詔王播造競渡船二十隻供進，仍以船材京內造。時計其功，當半年轉運之費。諫議大夫張仲方切諫，乃改進十隻。辛酉，萬年縣典賈鎮誣告故統軍王佖男正謨等七人謀亂，詔杖殺之。甲子夜，月犯畢。乙丑，侍講學士崔郾、高重進纂要十卷，賜錦綵二百匹。丁卯，以戶部侍郎韋顗為吏部侍郎，京兆尹崔元略為戶部侍郎。奉天縣水壞廬舍。辛未，以左散騎常侍胡証為戶部尚書、判度支。太子賓客分司盧士玫卒。

閏七月壬午朔，以權知工部侍郎鄭覃為京兆尹。甲申，拾遺李漢、舒元褒、薛廷老於閤內論曰：「伏見近日除授，往往不由中書進擬，多是內中宣出。臣恐紀綱寖壞，姦邪恣行，伏希詳察。」上然之。詔度支進銅三千斤、金薄十萬翻，修清思院新殿及昇陽殿圖障。丙戌，戶部尚書致仕裴堪卒。戊子，以給事中盧元輔為工部侍郎。壬辰，以前河東節度使李聽為義成軍節度使。戊戌，以刑部尚書段文昌為兵部尚書，依前判左丞事。

八月辛丑朔。戊申，以鄜國公楊造男元湊襲鄜國公，食邑三千戶。兩京、河西大稔，敕度支和糴折糴粟二百萬石。乙卯夜，太白近房。戊午，遣中使往湖南、江南等道及天台山採藥。時有道士劉從政者，說以長生久視之道，請於天下求訪異人，冀獲靈藥。仍以從政為光祿少卿，號昇玄先生。

秋九月辛未朔。丁丑，衞尉卿劉遵古役人安再榮告前袁王府長史武昭謀害宰相李逢吉，詔三司鞫之。壬午，昭義節度使劉悟卒。癸未夜，太白犯南斗。丙戌夜，月犯右執法。丁酉，華州暴水傷稼。徐州王智興奏，大將武華等四百人謀亂，並伏誅。

十月庚子朔，河南尹王起奏，盜銷錢爲佛像者，請以盜鑄錢論。丁巳，振武節度使張惟淸以東受降城濱河，歲久雉堞摧壞，乃移置於綏遠烽南，及是功成。己未，以崖州安置人嗣郢王佐爲潁王府長史，分司東都，仍賜金紫。壬戌夜，太白近哭星。甲子，三司鞫武昭獄得實，武昭及弟褒、役人張少騰宜付京兆府決，河陽節度掌書記李仲言配流象州，褒流崖州，太學博士李涉流康州，皆坐武昭事也。

十一月庚午朔。辛未，以御史中丞王璠爲工部侍郎，以諫議大夫獨孤朗爲御史中丞。癸酉，鎭星近東井。癸未，以殿中少監嚴公素爲容管經略使。是夜，月犯東井。庚寅，車駕幸溫湯，卽日還宮。壬辰，以刑部侍郎劉栖楚爲京兆尹。丙申，詔封皇子普爲晉王。丁酉，吏部侍郎韋顗卒。

十二月己亥朔。辛丑，以晉王普爲昭義軍節度副大使；以劉悟子將作監主簿從諫起復雲麾將軍、守金吾衞大將軍同正、檢校左散騎常侍、兼御史大夫，充昭義節度留後。戊申夜，月犯畢。其夜，北方有霧起，須臾遍天，霧上有赤氣，久而方散。甲子，以左僕射李絳爲太子少師，分司東都。戊辰，敕：「農功所切，實在耕牛，疲甿多乏，須議給賜。委度支往河東、振武、靈、夏等州市耕牛一萬頭，分給畿內貧下百姓。」

是歲，淮南、浙西、宣、襄、鄂、潭、湖南等州旱災傷稼。

二年春正月己巳朔。庚午，貶殿中侍御史王源植爲昭州司馬。時源植街行，爲教坊樂伎所侮，導從呵之，遂成紛競。京兆尹劉栖楚決責樂伎，御史中丞獨孤朗論之太切，上怒，遂貶源植。辛未，湖南觀察使沈傳師奏：奉詔校尋葉靖能、羅光遠文案，檢尋不獲。癸酉，右贊善大夫李光現與品官李重實爭忿，以笏擊重實流血，上以宗屬，罰兩月俸料。甲戌，以諸軍丁夫二萬入內穿池修殿。辛巳，興元節度使裴度奏修斜谷路及館驛皆畢功。壬辰，裴度來朝。甲午，以衞尉卿劉遵古爲湖南觀察使，以國子祭酒衞中行爲福建觀察使。丙申，鹽鐵使王播奏：「揚州城內，舊漕河水淺，舟船澀滯，輸不及期程。今從閶門外古七里港開河，向東屈曲，取禪智寺橋，東通舊官河，計長一十九里。其功役所費，當使自方圓支遣。」從之。

二月己亥朔。辛丑，容管經略使嚴公素奏：「當州普寧等七縣，請同廣、昭、桂、賀四州例北選。」從之。丙午夜，月犯畢。丁未，以山南西道節度觀察處置等使、光祿大夫、守司空、同中書門下平章事、興元尹、上柱國、晉國公裴度守司空、同平章事，復知政事。丁巳寒食節，三殿宴羣臣，自戊午至庚申方止。丙寅，正册司空裴度。丁卯，以禮部尚書王涯檢校左僕射，爲山南西道節度使。

三月戊辰朔，命興唐觀道士孫準入翰林待詔。辛未，江西觀察使殷侑請於洪州寶曆寺置僧尼戒壇，敕殷侑故違制令，擅置戒壇，罰一季俸料。甲戌，賜宰臣百僚上巳宴于曲江亭。乙亥，右散騎常侍李翺卒。戊寅，幸魚藻宮觀競渡。辛巳，以同州刺史蕭俛爲太子少保分司。壬午，以工部尚書裴武爲同州刺史。癸未，嶺南節度使崔植奏：「廣、湖、封、雷、潘、辯等七州戍軍，除折衝別將外，並請停。」從之。丙戌，昆明夷遣使朝貢。丁亥，敕册才人郭氏爲貴妃。丙申，以吏部侍郎韋弘景爲陝虢觀察使。

四月戊戌朔，横海軍節度使李全略卒。壬寅，以右金吾衞大將軍高承簡爲邠寧慶節度使。丙午，王廷湊檢校司空。戊申，昭義節度使留後劉從諫檢校工部尚書，充昭義節度副大使、知節度事。庚戌，鄂岳觀察使牛僧孺奏：「當道沔州與鄂州隔江相對，纔一里餘，其州請併省，其漢陽、汊川兩縣隸鄂州〔三〕。」從之。丙辰，右金吾衞大將軍高霞寓卒。丙寅，先是王廷湊請於當道立聖德碑，是日，內出碑文賜廷湊。

五月戊辰朔，上御宣和殿，對內人親屬一千二百人，並於敎坊賜食，各頒錦綵。辛未，秘書省著作郎韋公肅注太宗所撰帝範十二篇進，特賜錦綵百匹。甲戌，以涇原節度楊元卿爲河陽三城懷州節度使，以金吾衞大將軍李祐爲涇原節度使。是夜，月近太微星。浙西送到絕粒女道士施子微。戊寅，幸魚藻宮觀競渡。庚辰，中使自新羅取鷹鷂迴。幽州軍亂，殺其帥朱克融及男延齡，軍人立其第二子延嗣爲留後。辛巳，神策軍苑內古長安城中修漢未央宮，掘獲白玉牀一張，長六尺。癸未，山人杜景先於光順門進狀，稱有道術；令中使押杜景先往淮南及江南、湖南、嶺南諸州求訪異人。甲申，以右丞丁公著爲兵部侍郎，以前湖南觀察使沈傳師爲尙書左丞。辛卯，贈朱克融司徒。甲午夜，熒惑犯昴。賜興唐觀道士劉從政修院錢二萬貫。

六月丁酉朔，賜御史中丞獨孤朗金紫。丁巳，減放苑內役人二千五百。帝性好土木，自春至冬，興作相繼。庚申，鄆州進驢打毬人石定寬等四人。是夜，太白犯昴。辛酉，幸凝碧池，令兵士千餘人，於池中取大魚長大者送入新池。癸亥，以旱，命京城諸司疏理繫囚。以延康坊官宅一區爲諸王府司局。甲子，上御三殿，觀兩軍、教坊、內園分朋驢鞠、角抵。戲酣，有碎首折臂者，至一更二更方罷。

秋七月丙寅朔。乙亥，河中進力士八人。癸未，衡王絢薨。癸巳，敕鄠縣渼陂尙食管係，太倉廣運潭復賜司農寺。

八月丙申朔，以司空、平章事裴度判度支；以工部侍郎王播爲河南尹，代王起；以起爲吏部侍郎；以前福州觀察使徐晦爲工部侍郎。是夜，太白近太微。令供奉道士二十人隨浙西處士周息元入內宮之山亭院，上問以道術，言識張果、葉靜能。浙西觀察使李德裕上疏言息元誕妄，無異於人。庚戌，以太府卿李憲爲江西觀察使。丁丑夜，月犯輿鬼。加京兆尹劉栖楚兼御史大夫。癸丑，以太常卿崔從檢校吏部尚書、判東都尚書省事、兼御史大夫、東都留守、東畿汝都防禦使。

九月丁丑朔，大合宴於宣和殿，陳百戲，自甲戌至丙子方已。戊寅，河東節度使、守司徒、兼侍中李光顏卒。出內庫錢萬貫，令內園召募力士。幽州監軍奏：都知兵馬使李再義與弟再寧同殺朱延嗣并其家屬三百餘人，推再義爲留後。壬申，宰相李程爲北都留守、河東節度使。敕戶部所管同州長春宮莊宅，宜令內莊宅使管係。

冬十月乙未朔。乙亥，以幽州衙前都知兵馬使李再義檢校戶部尚書，充盧龍軍節度副大使、知節度事，仍賜名載義。壬戌，以中書舍人崔郾爲禮部侍郎。

十一月甲子朔，以太淸宮道士趙歸眞充兩街道門都教授博士。帝好深夜自捕狐狸，宮中謂之「打夜狐」。中官許遂振、李少端、魚弘志以侍從不及削職。壬申，以戶部尚書胡証檢校兵部尚書，兼廣州刺史，充嶺南節度使。甲申，以右僕射、同平章事李逢吉檢校司空、同平章事，兼襄州刺史，充山南東道節度使、臨漢監牧使。乙酉，同州刺史裴武卒。己丑，詔朝官及方鎮人家不得置私白身。癸巳，以前東都留守楊於陵爲太子少傅。中官李奉義、王惟直、成守貞各杖三十，分配諸陵；宣徽使閻弘約、副使劉弘逸各杖二十。

十二月甲午朔。辛丑，帝夜獵還宮，與中官劉克明、田務成、許文端打毬，軍將蘇佐明、王嘉憲、石定寬等二十八人飲酒。帝方酣，入室更衣，殿上燭忽滅，劉克明等同謀害帝，卽時殂於室內，時年十八。羣臣上謚曰睿武昭愍孝皇帝，廟號敬宗。大和元年七月十三日，葬于莊陵。

史臣曰：古人謂堯無子，舜無父，言其賢不肖之相遠也。以文惠驕誕之性，繼之以昭愍，固其宜也。而昭獻、昭肅，英特不羣，文足以緯邦家，武足以平禍亂。三子之操行頓異，其何道哉？寶曆不君，國統幾絕，天未降喪，幸賴裴度，復任弼諧。彼狡童兮，夫何足議！

文宗元聖昭獻孝皇帝諱昂，穆宗第二子，母曰貞獻皇后蕭氏。元和四年十月十日生。長慶元年封江王。初名涵。寶曆二年十二月八日，敬宗遇害，賊蘇佐明等矯制立絳王勾當軍國事。樞密使王守澄、中尉梁守謙率禁軍討賊，誅絳王，迎上于江邸。癸卯，見宰臣于閤內，下教處分軍國事。甲辰，僧惟眞、齊賢、正簡，道士趙歸眞，並配流嶺南，擊毬軍將于登等六人令本軍處置。宰臣百僚三上表勸進。乙巳，卽位於宣政殿。丙午，上赴西宮成服。丁未，宰臣百僚上表請聽政，三表，許之。道士紀處玄、楊沖虛，伎術人李元戢、王信等，並配流嶺南。戊申，尊聖母爲皇太后。己酉，敕鳳翔、淮南先進女樂二十四人，並放歸本道。庚戌，以正議大夫、尚書兵部侍郎、知制誥、充翰林學士、柱國、賜紫金魚袋韋處厚爲中書侍郎、同中書門下平章事。以翰林學士路隨承旨，侍講學士宋申錫充書詔學士。丙辰，以山南東道節度使柳公綽爲刑部尚書。丁巳，爲絳王舉哀，廢朝三日。庚申，詔：

君天下者，莫尚乎崇澹泊，子困窮，遵道以端本，推誠而達下。故聖祖之誡，以慈儉爲寶；大易明訓，垂簡易之文。未有上約而下不豐，欲寡而求不給。朕以眇薄，遭逢內難，刷君父之讎恥，攄億兆之哀冤。而股肱大臣，羣卿庶士，引義抗請，至于再三。以圖宗社之安，以答華夷之望，俯從衆欲，夙夜震兢。思所以克己復禮，修政安人，宵興匪寧，旰食勞慮。夫儉過則酌之以禮，文勝則矯之以質。庶乎俗登太古，道洽生靈，儀刑家邦，以化天下。內庭宮人非職掌者，放三千人，任從所適。長春宮斛斗諸物，依前戶部收管。鄠縣渼陂、鳳翔府駱谷地還府縣。教坊樂官、翰林待詔、伎術官幷總監諸色職掌內冗員者共一千二百七十人，並宜停廢。總監中一百二十四人先屬諸軍，並各歸本司。餘七百三人，勒納牒身，放歸本管。先供教坊衣糧一百分，廂家及諸司新加衣糧三千分，並宜停給。五方鷹鷂並解放。今年新宜附食度支衣糧小兒一百人，並停給。別詔宣索纂組雕鏤不在常貢內者，並停。度支、鹽鐵、戶部及州府百司應供宮禁年支一物已上，並準貞元元額為定。先造供禁中牀榻以金筐瑟瑟寶鈿者，悉宜停造。東頭御馬坊、毬場，宜卻還龍武軍。其殿及亭子，所司毀拆，餘舍賜本軍。應行從處張陳，不得用花蠟結綵華飾。今年已來諸道所進音聲女人，各賜束帛放還。城外墳墓先有開斸以備行幸處，宜曉示百姓，任其修塞。其大逆魁首蘇佐明等二十八人，並已處斬，宗族籍沒。妖妄僧惟貞、道士趙歸眞等或假於卜筮，或託以醫方，疑衆挾邪，已從流竄。其情非姦惡，迹涉詿誤者，一切不問。兇徒既殄，寰宇佇康，載舉令猷，用弘庶績。布告中外，知朕意焉。

帝在藩邸，知兩朝之積弊，此時釐革，並出宸衷，士民相慶，喜理道之復興矣。壬戌，以前江西觀察使殷侑為大理卿。

大和元年春正月癸亥朔。庚午，以御史中丞獨孤朗爲戶部侍郎，以兵部尙書、權判左丞事段文昌爲御史大夫。是夜，月掩畢大星。戊寅，以左散騎常侍李益爲禮部尙書致仕，以京兆尹劉栖楚爲桂管觀察使。以前戶部侍郎于敖爲宣歙觀察使，代崔羣；以羣爲兵部尙書。癸未，以吏部侍郎庾承宣爲京兆尹、兼御史大夫。丙申，復置兩輔、六雄、十望、十緊、三十四州別駕。其諸色在京及內外諸軍使等職事，並不在挾名限。己亥，以右散騎常侍、集賢殿學士、判院事張正甫爲工部尙書。辛丑，以前廣州節度使崔植爲戶部尙書，以太子少師、分司東都李絳檢校司空，兼太常卿。乙巳，御丹鳳樓，大赦，改元大和。甲寅，敕諸道節度觀察使去任日，宜具交割狀，仍限新使到任一月分析聞奏，以憑殿最。丙辰，以華州刺史錢徽爲尙書右丞，以前河陽節度使崔弘禮爲華州鎭國軍使。己未，以太子少保分司蕭俛爲檢校右僕射，兼禮部尙書。庚申，以虔州刺史韓約爲安南都護。

三月庚戌朔，右軍中尉梁守謙請致仕，以樞密使王守澄代之。戊寅，以前蘇州刺史白居易爲秘書監，仍賜金紫。壬午，幽州李載義奏故張弘靖判官家屬凡一百九十人，並送赴闕。

四月壬辰朔。癸巳，以太子少傅楊於陵守右僕射致仕，俸料全給。甲午，鳳翔築臨汧城於汧陽縣西北八十里。壬寅，毀昇陽殿東放鴨亭；戊申，毀望仙門側看樓十間：並敬宗所造也。以前亳州刺史張遵爲邕管經略使。乙卯，以禮部尙書蕭俛爲太子少師分司。己未，忠武軍節度使王沛卒。庚申，以太僕卿高瑀檢校左散騎常侍，充忠武軍節度。己巳，貶山南東道節度副使李續爲涪州刺史，山南東道行軍司馬張又新爲汀州刺史，李逢吉黨也。

五月壬戌朔。戊辰，詔：「元首股肱，君臣象類，義深同體，理在坦懷。夫任則不疑，疑則不任。然自魏、晉已降，參用霸制，虛議搜索，因習尙存。朕方推表大信，置人心腹，庶使諸侯方嶽，鼓洽道化，夷貊飛走，暢泳治功。況吾台宰，又何間焉。自今已後，紫宸坐朝，衆僚既退，宰臣復進奏事，其監搜宜停。」丙子，以天平軍節度使、守司徒、同中書門下平章事烏重胤爲横海軍節度使；以前攝横海軍節度副使、檢校國子祭酒、侍御史李同捷檢校左散騎常侍，兼兗州刺史，充兗海沂密等州節度使。就加魏博史憲誠同平章事。甲申，淮南節度、鹽鐵、轉運等使王播來朝。丙戌夜，熒惑犯右執法。

六月辛卯朔，敕文武常參官朝參不到，據料錢多少，每貫罰二十五文。癸巳，以淮南節度副大使、知節度事、管內營田觀察處置臨海監牧等使〔三〕，兼諸道鹽鐵轉運等使、銀青光祿大夫、檢校司空、同中書門下平章事、揚州大都督府長史、上柱國、太原縣開國伯、食邑七百戶王播可尙書左僕射、同中書門下平章事，依前充諸道鹽鐵轉運使。以御史大夫段文昌代播爲淮南節度使。丙申，左司郎中、兼侍御史知雜溫造權知御史中丞。癸卯，詔：「元和、長慶中，皆因用兵，權以濟事，所下制敕，難以通行。宜令尚書省取元和已來制敕，參詳删定訖，送中書門下議定聞奏。」甲寅，以旱放繫囚。

七月辛酉朔。癸亥，太常卿李絳進封魏國公〔四〕。李同捷除兖海，不受詔，結幽鎮謀叛。癸酉，葬敬宗于莊陵。辛巳，敕今年權于東都置舉。徐州王智興請全軍討李同捷。

八月庚寅朔，以工部侍郎獨孤朗爲福建觀察使，以太府卿裴弘泰爲黔中經略使、觀察使。左僕射致仕楊於陵讓全給俸料，許之。庚子，詔削奪李同捷在身官爵，復以張茂宗爲兖海沂密節度使。辛丑，邠寧節度使高承簡卒〔五〕。壬寅，以刑部尚書柳公綽檢校左僕射，充邠寧節度使。戊申，以諫議大夫張仲方爲福建觀察使。癸丑，前福建觀察使獨孤朗卒。

九月庚申朔。癸亥，以左神策軍將軍、知軍事何文哲爲鄜坊丹延節度使。甲戌，以左神策大將軍、知軍事李泳爲單于都護，充振武麟勝節度使。丁丑，浙西觀察使李德裕、浙東觀察使元稹就加檢校禮部尚書。壬午，桂管觀察使劉栖楚卒。丙戌，以諫議大夫蕭裕爲桂管觀察使。癸丑，兖州復置萊蕪縣。

十一月己未朔。丙申，河中薛平奏虞鄉縣有白虎入靈峯觀。天平橫海等軍節度使、守司徒、同中書門下平章事烏重胤卒。庚辰，以保義軍節度、晉慈等州觀察處置等使李寰爲橫海軍節度使。癸巳，以晉州、慈州復隸河中。癸巳，以左丞錢徽爲華州刺史。丁酉，右金吾衞大將軍王公亮爲潭州刺史、湖南觀察使。

二年春正月戊午朔。壬申，以右散騎常侍孔戣爲京兆尹。

二月丁亥朔，以兵部侍郎王起爲陝虢觀察使，代韋弘景；以弘景爲尙書左丞。乙巳，以刑部侍郎盧元輔爲兵部侍郎，秘書監白居易爲刑部侍郎。庚戌，敕李絳所進則天太后删定兆人本業三卷，宜令所在州縣寫本散配鄉村。

三月丁巳朔，度支奏：「京兆府奉先縣界鹵池側近百姓，取水柏柴燒灰煎鹽，每一石灰得鹽一十二斤一兩，亂法甚於鹹土，請行禁絕。今後犯者據灰計鹽，一如兩池鹽法條例科斷。」從之。辛巳，上御宣政殿親試制策舉人。以左散騎常侍馮宿、太常少卿賈餗、庫部郎中龐嚴爲考制策官。

閏三月丙戌朔，內出水車樣，令京兆府造水車，散給緣鄭白渠百姓，以溉水田。

夏四月丙辰朔。壬午，以邕管經略使王茂元爲容管經略使。

五月乙酉朔。丁巳，命中使於漢陽公主及諸公主第宣旨：今後每遇對日，不得廣插釵梳，不須著短窄衣服。乙未，以吏部侍郎丁公著爲禮部尙書。庚子，敕：「應諸道進奉內庫，四節及降誕進奉金花銀器并纂組文纈雜物，並折充鋌銀及綾絹。其中有賜與所須，待五年後續有進止。」帝性恭儉，惡侈靡，庶人務敦本，故有是詔。帝與侍講學士許康佐語及取蚺蛇膽，生剖其腹，爲之惻然。乃詔度支曰：「每年供進蚺蛇膽四兩，桂州一兩，賀州二兩，泉州一兩，宜於數內減三兩，桂、賀、泉三州輪次歲貢一兩。」帝自撰集尚書中君臣事迹，命畫工圖於太液亭，朝夕觀覽焉。王廷湊出兵侵鄰藩，欲撓王師以援李同捷，昭義劉從諫請出軍討之。

六月乙卯朔，晉王普薨，贈爲悼懷太子。陳州水，害秋稼。癸亥，四方館請賜印，其文以「中書省四方館」爲名。辛酉，以吏部尚書鄭絪爲太子少保。辛巳，以靈武節度使李進誠爲邠寧節度使，以天德軍使李文悅爲靈武節度使。乙酉，以前邠寧節度使柳公綽檢校左僕射，兼刑部尚書。甲辰，詔宰臣集三署四品已上常參官，議討王廷湊可否。是夜，彗西出攝提南，長二尺。

八月甲寅朔。丁巳，以兵部侍郎盧元輔爲華州鎮國軍使，以代錢徽；以徽爲吏部尚書致仕。壬戌，京畿奉先等十七縣水。

九月甲申朔。丁亥，王智興拔棣州。以新除橫海軍節度使李寰爲夏州節度使。甲午，詔削奪王廷湊在身官爵，鄰道接界隨便進討。以前夏州節度使傅良弼爲橫海軍節度使。庚戌，安南軍亂，逐都護韓約。

冬十月癸丑朔。丁巳，罷揚州海陵監牧。以戶部尙書崔植爲華州刺史、鎭國軍使。丙寅，嶺南節度使胡証卒。辛未，以江西觀察使李憲爲嶺南節度使。癸酉，以尙書右僕射、同平章事竇易直檢校左僕射、同平章事，充山南東道節度使、臨漢監牧等使，代李逢吉；以逢吉爲宣武軍節度使，代令狐楚；以楚爲戶部尙書。以右丞沈傳師爲江西觀察使。己卯，以河南尹王播爲右丞，以左散騎常侍馮宿爲河南尹。

十一月癸未朔。乙酉，以右金吾衞大將軍李祐爲橫海軍節度使，新除傅良弼赴鎭，卒於陝州故也。甲辰，禁中巳時昭德寺火，直宣政殿之東，至午未間，北風起，火勢益甚，至暮稍息。

十二月壬子朔。乙丑，魏博行營都知兵馬使亓志紹率所部兵馬二萬人謀叛，欲殺史憲誠父子。壬申，中書侍郞、同平章事韋處厚暴卒。戊寅，詔以兵部侍郞、知制誥、充翰林學士路隨爲中書侍郞、同平章事。

三年春正月壬午朔。丙戌，亓志紹率兵迴據永濟縣，其衆分散入諸縣邑。史憲誠告難，詔滄州行營兵士赴之。丁亥，京兆尹孔戣卒。庚寅，吏部尙書致仕錢徽卒。庚子，李聽殺敗亓志紹兵，志紹北走鎭州。甲辰，以太常卿李絳檢校司空，兼興元尹、山南西道節度使。華州刺史、鎮國軍潼關防禦使崔植卒。己酉，以前山南西道節度使王涯爲太常卿。

二月辛亥朔，以兵部尚書崔羣爲荆南節度使。甲寅，荆南節度使王潛卒。

三月辛巳朔，以戶部尚書令狐楚爲東都留守。乙酉，敕兵戈未息，教坊每日祗候樂人宜權停。壬辰，易定節度使柳公濟卒。以前東都留守崔從爲戶部尚書。

夏四月庚午，王智興奏部下將石雄搖扇軍情，請行朝典，乃長流白州。

五月己卯朔。甲申，柏耆斬李同捷於將陵，滄景平，李祐入滄州。丁亥，御興安樓，受滄州所獻。李祐送李同捷母、妻及男元達等赴闕，詔並宥之，令於湖南安置。貶滄德宣慰使、諫議大夫柏耆循州司戶，宣慰判官、殿中侍御史沈亞之虔州南康尉，以擅入滄州取李同捷，諸鎮所怒，奏論之也。丙申，横海軍節度使李祐卒。以涇原節度使李岵爲齊、德等州節度使，改名有裕。丁酉，以前義武軍節度使傅毅爲滄州刺史、横海軍節度使。辛丑，以右金吾衞大將軍張惟淸檢校司空，充涇原節度使；以左金吾衞大將軍劉遵古爲邠寧節度使。

六月己酉朔。辛亥，以魏博節度使史憲誠檢校司徒、兼侍中、河中尹，充河中晉絳節度使；以義成軍節度使李聽兼充魏博節度使；以魏博節度副使、檢校工部尚書史孝章爲相衞節度使。壬申，敕：「元和四年敕禁鉛錫錢皆納官，許人糾告，一錢賞百錢，此爲太過。此後以鉛錫錢交易者，一貫以下，州府常行杖決脊杖二十；十貫以下決六十，徒三年；過十貫已上，集衆決殺。能糾告者，一貫賞錢五十文。」

秋七月己卯朔。癸未，中使劉弘逸送史憲誠旌節自魏州還，稱六月二十六日夜，魏博軍亂，殺史憲誠，立大將何進滔爲留後，其新節度使李聽入城不得。乙丑，河中節度使薛平依前河中節度使。乙未，嶺南節度使李憲卒。兵部侍郎盧元輔卒。丁酉，以京兆尹崔護爲御史大夫、廣南節度使。戊戌，以大理卿李諒爲京兆尹。乙巳，以禮部尚書、翰林侍講學士丁公著檢校戶部尚書，兼潤州刺史，充浙江西道觀察使；以前浙西觀察使、檢校禮部尚書李德裕爲兵部侍郎。辛亥，魏博何進滔奏：準詔割相、衞三州〔六〕，三軍不受。壬子，詔以魏博衙內都知兵馬使何進滔檢校左散騎常侍，充魏博節度使。癸丑，以衞尉卿殷侑檢校工部尚書，爲齊德滄節度使。辛酉，京畿、奉先等九縣旱，損田。播州流人衞中行卒。宋、亳水，害稼。壬申，詔雪王廷湊，復官爵。甲戌，以吏部侍郎李宗閔同中書門下平章事。

九月戊寅朔。辛巳，勅兩軍、諸司、內官不得著紗縠綾羅等衣服。帝性儉素，不喜華侈。駙馬韋處仁戴夾羅巾，帝謂之曰：「比慕卿門地清素，以之選尚。如此巾服，從他諸戚爲之，唯卿非所宜也。」壬辰，以兵部侍郎李德裕檢校戶部尚書，兼滑州刺史、義成軍節度使。戊戌，以前睦州刺史陸亘爲越州刺史、浙東觀察使，代元稹；以稹爲尚書左丞，代韋弘景；以弘景爲禮部尚書。

冬十月戊申朔。己酉，江西沈傳師奏：皇帝誕月，請爲僧尼起方等戒壇。詔曰：「不度僧尼，累有敕命。傳師忝爲藩守，合奉詔條，誘致愚妄，庸非理道，宜罰一月俸料。」丙辰，以前義成軍節度使李聽爲太子少師。癸亥，以戶部侍郎崔元略爲戶部尙書、判度支。以中書舍人韋辭爲湖南觀察使。

十一月丁丑朔。庚辰，太子太傅鄭絪卒。丙戌，敕前亳州刺史李繁於京兆府賜死。甲申，帝親祀昊天上帝於南郊，禮畢，御丹鳳門，大赦。節文禁止奇貢，云：「四方不得以新樣織成非常之物爲獻，機杼纖麗若花絲布繚綾之類，並宜禁斷。敕到一月，機杼一切焚棄。刺史分憂，得以專達。事有違法，觀察使然後奏聞。」丙申，西川奏南詔蠻入寇。甲辰，王智興來朝。乙巳，以智興守太傅，依前平章事、武寧軍節度使，進封鴈門郡王。

十二月丁未朔，南蠻逼戎州，遣使起荆南、鄂岳、襄鄧、陳許等道兵赴援蜀川。以劍南東川節度使郭釗爲西川節度使，仍權東川事。壬子，貶劍南西川節度使杜元穎爲韶州刺史。遣中使楊文端齎詔賜南蠻王蒙豐佑。蠻軍陷邛、雅等州。戊午，以右領軍衛大將軍董重質充神策西川行營都知兵馬使。西川奏蠻軍陷成都府。東川奏蠻軍入梓州西郭門下營。又詔促諸鎭兵救援西川。己丑，以東都留守令狐楚檢校右僕射、天平軍節度使，代崔弘禮爲東都留守。丁卯，貶杜元穎循州司馬。乙巳，郭釗奏蠻軍抽退，遣使賜蠻帥蒙筭巓國信。辛未，以太子少師李聽爲邠寧節度使。癸酉，以中丞溫造爲右丞，吏部郎中宇文鼎爲中丞。

校勘記

〔一〕清溪　「清」字各本原作「青」，據本書卷四〇地理志、寰宇記卷九五改。

〔二〕汉川　各本原作「汶川」，據本書卷四〇地理志、新書卷四一地理志改。

〔三〕臨海監牧等使　「海」字各本原作「漢」。本書卷一五憲宗紀元和十四年五月，「置臨海監牧，命淮南節度使兼之」，而臨漢監當屬山南東道節度治域，此處是淮南節度治內，應爲「臨海監牧」，故改。

〔四〕魏國公　據本書卷一六四李絳傳作「趙郡開國公」，新書卷一五二李絳傳作「趙郡公」。

〔五〕高承簡　「承」字各本原作「崇」，據本書卷一五一高崇文傳、新書卷一七〇高崇文傳改。

〔六〕準詔割相衞三州　「三州」，局本作「二州」，餘各本作「三州」，新書卷八文宗紀作「相衞澶三州」。

舊唐書卷十七下

本紀第十七下

文宗下

大和四年春正月丙子朔。辛卯，武昌軍節度使牛僧孺來朝。丙戌，以左神策軍大將軍丘直方爲鄜坊節度使。戊子，詔封長男永爲魯王。辛卯，以武昌節度使、鄂岳蘄黃安申等觀察處置等使、金紫光祿大夫、檢校吏部尙書、同中書門下平章事、上柱國、奇章郡開國公牛僧孺爲兵部尙書、同中書門下平章事。壬辰，以兵部侍郞崔郾爲陝虢觀察使。封魯王母王氏爲昭儀。癸巳，以前邠寧節度使劉遵古爲劍南東川節度使。甲午，守左僕射、同平章事、諸道鹽鐵轉運使王播卒。丙申，以太常卿王涯爲吏部尙書，充諸道鹽鐵轉運使。辛丑，以尙書左丞元稹檢校戶部尙書，充武昌軍節度、鄂岳蘄黃安申等州觀察使。癸卯，以前陝虢觀察使王起爲左丞。

二月丙午朔。戊午，興元軍亂，節度使李絳舉家被害，判官薛齊、趙存約死之。庚申，以左丞温造爲興元節度使。辛未，夏州節度使李寰卒。壬申，以神策行營節度使董重質爲夏綏銀宥節度使。

三月乙亥，以河東節度使李程檢校左僕射、同平章事，兼河中尹、晉絳慈隰等州節度使，以刑部尚書柳公綽檢校左僕射、太原尹、北都留守、河東節度使。丁丑，以前河中節度使薛平爲太子太保。丁亥，以衞尉卿桂仲武爲福建觀察使。興元温造奏：「害李絳賊首丘銓、丘鑄及官健千人，並處斬訖。其親刃絳者斬一百段，號令者三段，餘並斬首。內一百首祭李絳，三十首祭死王事官僚，其餘屍首並投於漢江。」己丑，詔興元監軍使楊叔元宜配流康州百姓，錮身遞於配所。丁酉，監修國史、中書侍郎、平章事路隨進所撰憲宗實錄四十卷，優詔答之，賜史官等五人錦綵銀器有差。癸卯，以淮南節度使段文昌檢校尚書左僕射、同中書門下平章事，兼江陵尹，充荊南節度使；以前太子賓客崔從檢校右僕射、揚州大都督府長史、淮南節度使。甲辰，以前荊南節度使崔羣檢校右僕射、兼太常卿。以中書舍人李虞仲爲華州刺史，代嚴休復；以休復爲右散騎常侍。

夏四月乙巳朔。丙午，以右散騎常侍、翰林侍講學士鄭覃爲工部尚書。丁未，兵部尚書致仕張賈卒。丁巳，貶前齊德滄景等州節度使李有裕爲永州刺史，馳驛赴任。庚申，以尙書左丞王起爲戶部尙書、判度支，代崔元略；以元略檢校吏部尙書，爲東都留守。辛酉夜，月掩南斗第二星。壬戌，詔曰：「儉以足用，令出惟行，著在前經，斯爲理本。朕自臨四海，愍元元之久困，日昃忘食，宵興疚懷。雖絕文繡之飾，尙愧茅茨之儉。亦諭卿士，形于詔條。如聞積習流弊，餘風未革。車服第室，相高以華靡之制；資用貨寶，固啓于貪冒之源。有司不禁，侈俗滋扇。蓋朕教導之未敷，使兆庶昧於恥尙也。其何以足用行令，臻于致理歟！永念慚歎，追茲申敕。自今內外班列職位之士，各務素朴，弘茲國風。有僭差尤甚者，御史糾上。主者宣示中外，知朕意焉。」文宗承長慶、寶曆奢靡之風，銳意懲革，躬行儉素，以率厲之。辛未，以前東都留守崔弘禮爲刑部尙書。鎭州王廷湊請修建初、啓運二陵，從之。

五月甲戌朔。丁丑，以旱命京城諸司疏理繫囚。己卯，通化南北二門鎖不可開，鑰入，如有持之者。上令鐵工破鎖，時日已及辰矣。丁亥，改鄆州東平縣爲天平縣。戊子，敕度支每歲於西川織造綾羅錦八千一百六十七匹，令數內減二千五百十匹。

六月癸卯朔。丁未，以守司徒、門下侍郎、平章事、上柱國、晉國公、食邑三千戶、食實封三百戶裴度爲守司徒、平章軍國重事；待疾損日，每三日、五日一度入中書。辛未夜，自一更至五更，大小星流旁午，觀者不能數。壬申，詔：如聞諸司刑獄例多停滯，委尙書左右丞及監察御史糾舉以聞。

秋七月癸酉朔。癸未，詔以朝議郎、尚書右丞、上柱國、賜紫金魚袋宋申錫爲正議大夫、行尚書右丞、同中書門下平章事。乙酉，敕：「前行郎中知制誥者，約滿一周年，即與正授；從諫議大夫知者，亦宜準此；餘依長慶二年七月二十七日敕處分。」振武置雲伽關，加鎮兵千人。以吏部侍郎王璠爲京兆尹、兼御史大夫，代李諒爲桂管觀察使。太原饑，賑粟三萬石。賜十六宅諸王綾絹二萬匹。丁酉，守司徒裴度上表辭册命，言：「臣此官已三度受册，有靦面目。」從之。

八月壬寅朔。丙辰，鄜州水，溺居民三百餘家。太原柳公綽奏雲、代、蔚三州山谷間石化爲麵，人取食之。己未，宣歙觀察使于敖卒。甲子，內出綾絹三十萬匹，付戶部充和糴。戊辰，幸梨園亭，會昌殿奏新樂。

九月壬申朔。丁丑，以大理卿裴誼檢校右散騎常侍，充江西觀察使，代沈傳師；以傳師爲宣歙觀察使。內出綾三千匹，賜宥州築城兵士。戊寅，舒州太湖、宿松、望江三縣水，溺民戶六百八十，詔以義倉賑貸。庚辰，吏部尚書王涯爲右僕射，依前鹽鐵轉運使。壬午，以守司徒、平章軍國重事、晉國公裴度守司徒、兼侍中，充山南東道節度使。以投來奚王茹羯爲右驍衞將軍同正。丙戌，以前山南東道節度使竇易直爲尚書左僕射。戊子，吏部尚書致仕裴向卒。己丑，淮南天長等七縣水，害稼。丁酉，前豐州刺史、天德軍使渾鐬坐贓七千貫，貶袁州司馬。

冬十月壬寅朔。戊申，以東都留守崔元略檢校吏部尚書，兼滑州刺史、義成軍節度使，代李德裕；以德裕檢校兵部尚書，兼成都尹，充劍南西川節度使。己酉，京師有熊入莊嚴寺。庚戌，以前刑部尚書崔弘禮爲東都留守。甲寅，以前劍南西川節度使、檢校司空郭釗爲太常卿，代崔羣爲吏部尚書。丁卯，御史中丞宇文鼎奏：「今月十三日，宰臣宣旨，今後羣臣延英奏事，前一日進狀入來者。臣以尋常公事，不暇面論，但見表章，足以陳露。儻臨時忽有公務，文字不足盡言，則咫尺天聽，無路聞達。更俟後坐，動踰數辰，處置之間，便有不及。伏乞重賜宣示，限以狀入者，並在卯前；如在卯後，聽不收覽。自然人各遵守，禮亦得中。」從之。

十一月辛未朔。是夜，熒惑近左執法。癸巳，以左丞康承宣爲兗海沂密等州節度使。淮南大水及蟲霜，並傷稼。

十二月辛丑朔，滄州殷侑請廢景州爲景平縣。己酉，義成軍節度使崔元略卒。壬子，以左金吾衞大將軍段嶷爲義成軍節度使。癸丑，湖南觀察使韋辭卒。丙辰，以工部侍郎崔琯爲京兆尹，代王璠爲尚書左丞。癸亥，東都留守崔弘禮卒。以同州刺史高重爲潭州刺史、兼御史中丞，充湖南觀察使。甲子，左僕射致仕楊於陵卒，贈司空。丙寅，以前河南尹馮宿爲工部侍郎。戊辰，以太子賓客分司白居易爲河南尹，以代韋弘景；以弘景守刑部尚書、東都留守。

閏十二月辛未朔。壬申，太常卿郭釗卒，贈司徒。壬辰，廢齊州歸化縣地入臨邑縣。廢景州，其縣隸滄州刺史。

是歲，京畿、河南、江南、荆襄、鄂岳、湖南等道大水，害稼，出官米賑給。

五年春正月庚子朔，以積陰浹旬，罷元會。丁巳，賜滄德節度使曰義昌軍。太原旱，賑粟十萬石。己未，詔方鎮節度觀察使請入覲者，先上表奏聞，候允則任進程。庚申，幽州軍亂，逐其帥李載義，立後院副兵馬使楊志誠爲留後。癸亥，詔端午節辰，方鎮例有進奉，其雜綵匹段，許進生白綾絹。己丑，以權知渤海國務大彝震檢校秘書監、忽汗州都督、渤海國王。

二月庚午朔。壬辰，以盧龍軍節度使、守太保、同平章事李載義守太保、同中書門下平章事。時載義失守入朝，賜第於永寧里，給賜優厚。丙申，以桂管觀察使李諒爲嶺南節度使。戊戌，神策中尉王守澄奏得軍虞候豆盧著狀，告宰相宋申錫與漳王謀反。即令追捕。

庚子，詔貶宋申錫爲太子右庶子。壬寅，左常侍崔玄亮及諫官等十四人伏奏玉階：「北軍所告事，請不於內中鞫問，乞付法司。」帝曰：「吾已謀於公卿矣，卿等且退。」崔玄亮泣涕陳諫久之，帝改容勞之曰：「朕卽與宰臣商議。」玄亮等方退。癸卯，詔漳王湊可降爲巢縣公，右庶子宋申錫開州司馬同正〔一〕。初，京師恟恟，以宰相實聯親王謀逆，三四日後，方知誣搆。人士側目於守澄、鄭注，故諫官號泣論之，申錫方免其禍。己酉，敕以李載義入朝，於曲江亭賜宴，仍命宰臣百僚赴會。辛酉，以黔中觀察使裴弘泰爲桂管經略使，以前安州刺史陳正儀爲黔中觀察使。丁卯，紫宸奏事，宰相路隨至龍墀，仆于地，令中人掖之。翌日，上疏陳退，識者嘉之。

夏四月己巳朔。甲戌，以新羅王嗣子金景徽爲開府儀同三司、檢校太保，使持節雞林州諸軍事、雞林州大都督、寧海軍使、上柱國，封新羅王；仍封其母朴氏爲新羅國太妃。丁亥，詔：「史官記事，用戒時常，先朝舊制，並得隨仗。其後宰臣撰時政記，因循斯久，廢墜實多。自今後宰臣奏事，有關獻替及臨時處分稍涉政刑者，委中書門下丞一人隨時撰錄，每季送史館，庶警朕闕，且復官常。」己丑，以李載義爲山南西道節度，依前守太保、同平章事，代溫造；以造爲兵部侍郎。以幽州盧龍節度留後楊志誠檢校工部尚書，爲幽州盧龍節度使。

五月戊戌朔，太廟第四室、第六室破漏，有司不時修葺，各罰俸。上命中使領工徒及以禁中修營材葺之。右補闕韋温上疏論曰：「宗廟不葺，罪在有司弛慢，宜加重責。今有司止於罰俸，便委內臣葺修，是許百司之官公然廢職。以宗廟之重，爲陛下所私，則羣官有司便同委棄，此臣竊爲聖朝惜也。事關宗廟，皆書史册，苟非舊典，不可率然。伏乞更下詔書，復委所司營葺，則制度不紊，官業各修矣。」疏奏，帝嘉之，乃追止中使，命有司修奉。戊午，西川李德裕奏：南蠻放還先虜掠百姓、工巧、僧道約四千人還本道。辛酉，東都留守、刑部尚書韋弘景卒。丙寅，以京兆尹崔琯爲尚書左丞。太常少卿龐嚴權知京兆尹。

六月丁卯朔。戊寅，以霖雨涉旬，詔疏理諸司繫囚。辛卯，蘇、杭、湖南水害稼。甲午，東川奏：玄武江水漲二丈，梓州羅城漂人廬舍。

秋七月丁酉朔。庚子，贈太子賓客李渤禮部尚書。辛丑，以兵部侍郎温造檢校戶部尚書，爲東都留守。甲辰，以太子少師分司、上柱國、襲徐國公蕭俛守左僕射致仕。劍南東、西兩川水，遣使宣撫賑給。己未，以給事中羅讓爲福建觀察使。

八月丙寅朔。庚午，武昌軍節度使、檢校戶部尚書元稹卒。辛未，貶刑部員外郎舒元輿爲著作郎。元輿累上表請自效，并進文章，朝議責其躁進也。壬申，以河陽三城懷州節度使楊元卿爲宣武軍節度使，代李逢吉；以逢吉檢校司徒、兼太子太師，充東都留守，代温造；以温造爲河陽三城懷州節度使。戊寅，以陝虢觀察使崔鄲爲鄂岳安黄觀察使。甲申，以中書舍人崔咸爲陝州防禦使。詔陝州舊有都防禦觀察使額宜停，兵馬屬本州防禦使。丙戌，京兆尹龐嚴卒。庚寅，以司農卿、駙馬都尉杜悰爲京兆尹。

九月丙申朔。甲辰，貶太子左庶子郭求爲婺王府司馬，以其心疾，與同僚忿競也。翰林學士薛廷老、李讓夷皆罷職守本官。廷老在翰林，終日酣醉無儀檢，故罷。讓夷常推薦廷老，故坐累也。己未，以左僕射竇易直判太常卿。西川李德裕奏收復吐蕃所陷維州，差兵鎮守。

冬十月乙丑朔，以前綿州刺史鄭綽爲安南都護。戊寅，蠻寇嶲州，陷二縣。辛巳，滄州移清池縣於南羅城內置。

十一月乙未朔。庚戌，鳳翔節度使王承元來朝。己未，以承元檢校司空、青州刺史，充平盧軍節度使。癸亥，以尚書左僕射、判太常卿事竇易直檢校司空，爲鳳翔隴右節度使。

十二月乙丑朔。戊寅，以左丞王璠兼判太常卿事。甲申，貶新除桂管觀察使裴弘泰爲饒州刺史，以除鎮淹程不進，爲憲司所糾故也。癸巳，以鄭州刺史李翺爲桂管觀察使。

是歲，淮南、浙江東西道、荆襄、鄂岳、劍南東川並水，害稼，請蠲秋租。是冬，京師大雨雪。

六年春正月乙未朔，以久雪廢元會。戊戌，振武李泳招收得黑山外契苾部落四百七十三帳。壬子，詔：「朕聞『天聽自我人聽，天視自我人視』。朕之菲德，涉道未明，不能調序四時，導迎和氣。自去冬已來，踰月雨雪，寒風尤甚，頗傷于和。念茲庶甿，或罹凍餒，無所假貸，莫能自存。中宵載懷，旰食興歎，怵惕若厲，時予之辜。思弘惠澤，以順時令。天下死罪囚，除官典犯贓、故意殺人外，并降從流〔三〕，流已下遞降一等。應京畿諸縣，宜令以常平義倉斛斗賑恤。京城內鰥寡癃殘無告不能自存者，委京兆尹量事濟恤，具數以聞。言念赤子，視之如傷。天或警予，示此陰沴，撫躬夕惕，予甚悼焉。」羣臣拜表上徽號。甲寅，司徒致仕薛平卒。

二月甲子朔，以前義昌軍節度使殷侑檢校吏部尚書，充天平軍節度、鄆曹濮等州觀察使，代令狐楚；以楚檢校右僕射，兼太原尹、北都留守、河東節度使。戊寅，蘇、湖二州水，賑米二十二萬石，以本州常平義倉斛斗給。庚辰，戶部尚書、判度支王起請於邠寧、靈武置營田務，從之。己丑，寒食節，上宴羣臣於麟德殿。是日，雜戲人弄孔子，帝曰：「孔子，古今之師，安得侮瀆。」亟命驅出。

三月甲午朔。辛丑，以武寧軍節度使、守太傅、同平章事王智興兼侍中，充忠武軍節度、陳許蔡觀察等使。以邠寧節度使李聽爲武寧軍節度、徐泗濠觀察等使；以金吾衞大將軍孟友亮爲邠寧節度使。以前河東節度使柳公綽爲兵部尚書。辛酉，以前忠武軍節度使高瑀檢校右僕射，充武寧軍節度、徐泗濠觀察等使。

夏四月癸亥朔。乙丑，兵部尚書柳公綽卒。戊寅，以新除武寧軍節度使李聽爲太子太保。

五月癸巳朔。甲辰，西川修邛崍關城，又移嶲州於臺登城。壬子，浙西丁公著奏杭州八縣災疫，賑米七萬石。丁巳，以鹽州刺史王晏平檢校左散騎常侍、御史大夫，充靈鹽節度使。己未，興平縣人上官興因醉殺人而亡竄，官捕其父囚之，興歸，待罪有司。京兆尹杜悰、中丞宇文鼎以興自首免父之囚，其孝可獎，請免死。詔兩省參議，皆言殺人者死，古今共守，興不可免。上竟從悰等議免死，決杖八十，配流靈州。庚申，詔：「如聞諸道水旱害人，疾疫相繼，宵旰罪己，興寢疚懷。今長吏奏申，札瘥猶甚。蓋教化未感於蒸人，精誠未格於天地，法令或爽，官吏爲非。有一於茲，皆傷和氣。並委中外臣僚，一一具所見聞奏，朕當親覽，無憚直言。其遭災疫之家，一門盡歿者，官給凶器。其餘據其人口遭疫多少，與減稅錢。疫疾未定處，官給醫藥。諸道既有賑賜，國費復慮不充，其供御所須及諸公用，量宜節減，以救凶荒。」

六月壬戌朔。丙寅，京兆尹杜悰兼御史大夫。戊寅，右僕射王涯奉敕，准令式條疏士庶衣服、車馬、第舍之制度。敕下後，浮議沸騰。杜悰於敕內條件易施行者寬其限，事竟不行，公議惜之。

秋七月辛卯朔。甲午，以諫議大夫王彥威、戶部郎中楊漢公、祠部員外郎蘇滌、右補闕裴休並充史館修撰。故事，史官不過三員，或止兩員，今四人並命，論者非之。戊申，原王逵薨。癸丑，以前靈武節度使李文悅爲兗海沂密節度使。己未，以河中節度使李程爲左僕射；以戶部尚書、判度支王起檢校吏部尚書，充河中晉慈隰節度使；以御史中丞、兼刑部侍郎宇文鼎爲戶部侍郎、判度支。

八月辛酉朔，吏部尚書崔羣卒。以駕部郎中、知制誥李漢爲御史中丞。乙丑，以尚書右丞、判太常卿王璠檢校禮部尚書、潤州刺史、浙西觀察使。庚午，山南東道節度使裴度來朝。壬申，以前浙西觀察使丁公著爲太常卿。甲戌，御史中丞李漢奏論僕射上事儀，不合受四品已下官拜。時左僕射李程將赴省上故也。詔曰：「僕射上儀，近定所緣拜禮，皆約令文，已經施行，不合更改，宜準大和四年十一月十六日敕處分。」

九月庚寅朔，淄青初定兩稅額，五州一十九萬三千九百八十九貫，自此淄青始有上供。庚子，以太傅趙宗儒守司空致仕。辛丑，涿州置新城縣，古督亢之地也。丁未，太常卿丁公著卒。庚戌，司空致仕趙宗儒卒。壬子，以右金吾衞將軍史孝章爲鄜州刺史、鄜坊丹延節度使。

冬十月庚子朔。甲子，詔魯王永宜册爲皇太子。壬午，以左金吾衞將軍李昌言檢校左散騎常侍，充夏綏銀宥節度使。甲申，以諫議大夫王彥威爲河中少尹，以其論上官興獄太徵訐故也。

十一月己丑朔。丁未，淮南節度使、檢校右僕射崔從卒。乙卯，以荆南節度使段文昌爲劍南西川節度使，依前檢校左僕射、同平章事。

十二月己未朔。乙丑，以中書侍郎、同平章事牛僧孺檢校右僕射、同平章事、揚州大都督府長史，充淮南節度使。戊辰，內養王宗禹渤海使迴，言渤海置左右神策軍、左右三軍一百二十司，畫圖以進。以尚書右丞崔琯爲江陵尹、荆南都團練觀察使。珍王諴薨〔三〕。乙亥，昭義節度使劉從諫來朝。丁未，以前西川節度使李德裕爲兵部尚書。責授循州司馬杜元穎卒，贈湖州刺史。

七年春正月乙丑朔，御含元殿受朝賀。比年以用兵、雨雪，不行元會之儀。故書〔四〕，吳、蜀貢新茶，皆於冬中作法爲之，上務恭儉，不欲逆其物性，詔所供新茶，宜於立春後造。甲午，加劉從諫同平章事。襄州裴度奏請停臨漢監牧，從之。此監元和十四年置，馬三千二百四，廢百姓田四百餘頃，停之爲便。乙亥，以太府卿崔珙爲廣州刺史、嶺南節度使。壬子，詔：「朕承上天之睠佑，荷列聖之丕圖，宵旰憂勞，不敢暇逸，思致康乂，八年于茲。而水旱流行，疫疾作沴，兆庶艱食，札瘥相仍。蓋德未動天，誠未感物，一類失所，其過在予。載懷罪己之心，深軫納隍之歎。如聞關輔、河東，去年亢旱，秋稼不登，今春作之時，農務又切，若不賑救，懼至流亡。京兆府賑粟十萬石，河南府、河中府、絳州各賜七萬石，同、華、陝、虢、晉等州各賜十萬石，並以常平義倉物充。」以新除嶺南節度使崔珙檢校工部尚書，充武寧軍節度使；以右金吾衞將軍王茂元爲嶺南節度使。丙辰，以前武寧軍節度使高瑀爲刑部尚書。嶺南五管及黔中等道選補使，宜權停一二年。

二月己未朔。己巳，以吏部侍郎庾承宣爲太常卿。癸酉，以宗正卿李詵爲陝州防禦使，代崔咸；以咸爲右散騎常侍。己卯，麟德殿對吐蕃、渤海、牂柯、昆明等使。辛巳，御史臺奏：均王傅王堪男禎，國忌日於私第科決罰人。詔曰：「準令，國忌日禁飲酒、舉樂。決罰人吏，都無明文。起今後從有此類，不須舉奏。王禎宜釋放。」丙戌，詔以銀青光祿大夫、守兵部尚書、上柱國、贊皇縣開國伯、食邑七百戶李德裕以本官同中書門下平章事。

三月戊子朔。庚寅，以前戶部侍郎楊嗣復爲尚書左丞。壬辰，以左散騎常侍張仲方爲太子賓客分司。仲方爲郎中時，常駁故相李吉甫謚，德裕秉政，仲方請告，因授之。己亥，嶺南節度使李諒卒。辛丑，和王綺薨。復於埇橋置宿州，割徐州符離縣、蘄縣、泗州虹縣隸之，以東都鹽鐵院官吳季眞爲宿州刺史。癸卯，以京兆尹、駙馬都尉杜悰檢校禮部尚書，充鳳翔隴右節度。己酉，安南奏：蠻寇寇當管金龍州，當管生獠國、赤珠落國同出兵擊蠻，敗之。庚戌，出給事中楊虞卿爲常州刺史，中書舍人張元夫汝州刺史。以太府卿韋長爲京兆尹。丙辰，以散騎常侍嚴休復爲河南尹。丁巳，以給事中蕭澣爲鄭州刺史。

夏四月戊午朔。辛酉，九姓迴紇可汗卒。癸亥，前鳳翔節度使、檢校司空竇易直卒。癸酉，以同州刺史吳士智爲江西觀察使〔五〕，以吏部侍郎高銖爲同州刺史。庚辰，以工部侍郎李固言爲右丞，中書舍人楊汝士爲工部侍郎。壬子，以河南尹白居易爲太子賓客，分司東都。甲申，以江西觀察使裴誼爲歙池觀察使，代沈傳師；以傳師爲吏部侍郎。以右金吾衞將軍唐弘實使迴紇，册九姓迴紇愛登里羅汨沒施合句錄毗伽彰信可汗。

五月丁亥朔。丁酉，以李聽爲鳳翔隴右節度使，依前檢校司徒、兼太子太保。癸卯，興元李載義來朝。癸丑，以前邛州刺史劉旻爲安南都護。

六月丁巳朔。乙巳，以山南西道節度使李載義爲太原尹、北都留守、河東節度使，依前守太保、同平章事。壬申，以御史中丞李漢爲禮部侍郎，以工部尚書、翰林侍講學士鄭覃爲御史大夫。甲戌，以刑部尚書高瑀爲太子少保分司。乙亥，以中書侍郎、平章事李宗閔檢校禮部尚書、同平章事，兼興元尹、山南西道節度使。丁丑，以左金吾衞將軍李從易爲桂管觀察使。己卯，以右神策大將軍李用爲邠寧節度使。河陽修防口堰，役工四萬，溉濟源、河內、溫縣、武德、武陟五縣田五千餘頃。癸未，涇原節度使張惟清卒。乙酉，以前河東節度使令狐楚檢校右僕射，兼吏部尚書。

秋七月丙戌朔。丁亥，以右龍武統軍康志睦爲四鎮北庭行軍、涇原節度使。壬寅，以金紫光祿大夫、守尚書右僕射、諸道鹽鐵轉運使、上柱國、代郡公、食邑二千戶王涯可同中書門下平章事，領使如故。甲辰，右丞李固言等奏狀，論僕射省中上事，不合受四品已下拜。敕旨宜準大和四年十一月十六日敕處分。乙巳，虢州刺史崔玄亮卒。以左丞楊嗣復檢校禮部尚書，充劍南東川節度使；以戶部侍郎庾敬休爲左丞。己酉，以旱，命京城諸司疏決繫囚。壬子，敕應任外官帶一品正京官者，縱不知政事，其俸料宜兼給。癸丑，以左僕射李程檢校司空，兼汴州刺史、宣武軍節度使。甲寅，以旱徙市。左降官開州司馬宋申錫卒，詔許歸葬。

閏七月乙卯朔，詔曰：「朕嗣守丕圖，覆嫗生類，兢業寅畏，上承天休。而陰陽失和，膏澤愆候，害我稼穡，災于黔黎。有過在予，敢忘咎責。從今避正殿，減供膳，停教坊樂，廐馬量減芻粟，百司廚饌亦宜權減。陰陽鬱堙，有傷和氣，宜出宮女千人。五坊鷹犬量須減放。內外修造事非急務者，並停。」時久無雨，上心憂勞，詔下數日，雨澤霑洽，人心大悅。乙丑，以前宣武軍節度楊元卿爲太子太保。戊戌，以給事中崔戎爲華州刺史。癸未，以太子賓客李紳檢校左散騎常侍，兼越州刺史，充浙東觀察使，代陸亘；以亘爲宣歙觀察使。

八月甲申朔，御宣政殿，册皇太子永。是日降詔：「應犯死降從流〔六〕，流已下遞減一等。諸王自今年後相次出閤，授緊望已上州刺史佐。其十六宅諸縣主，委吏部於選人中簡擇配匹，具以名聞。皇太子方從師傅傳授六經，一二年後，當令齒胄國庠，以興墜典。宜令國子選名儒，置五經博士各一人〔七〕。其公卿士族子弟，明年已後，不先入國學習業，不在應明經進士限。其進士舉宜先試帖經，并略問大義，取經義精通者放及第。卿大夫者，下人之所視，遠方之所傚，若非恭儉克己，廉直任人，而望其服從，固不可得。況朕不寶珠玉，不御纖華，逮于六宮，皆務儉薄。卿大夫得不叶朕此志，率先兆人？比年所頒制度，皆約國家令式，去其甚者，稍謂得中。而士大夫苟自便身，安於習俗，因循未革，以至于今。百官士族，起今年十月，其衣服輿馬，並宜準大和六年十月七日敕。如有固違，重加黜責。文武常參官及諸州府長官子爲父後者，賜勳兩轉。」癸巳，太子太保楊元卿卒。戊申，以京兆尹韋長兼御史大夫，以刑部尚書高瑀爲忠武軍節度使。

九月甲寅朔。丙寅，侍御史李款閤內奏彈前邠州行軍司馬鄭注，曰：「注內通敕使，外連朝官，兩地往來，卜射財貨，晝伏夜動，干竊化權。人不敢言，道路以目。請付法司推劾情款。」旬日之中，諫章數十上，由是授注通王府司馬、兼侍御史，充神策軍判官，中外駭歎。甲寅，以前忠武軍節度使王智興依前守太傅、兼侍中、河中尹、河中晉絳慈隰節度使，代王起；以起爲兵部尚書。

冬十月癸未朔，揚州江都等七縣水，害稼。壬辰，上降誕日，僧徒、道士講論於麟德殿。翌日，御延英，上謂宰臣曰：「降誕日設齋，起自近代。朕緣相承已久，未可便革，雖置齋會，唯對王源中等暫入殿，至僧道講論，都不臨聽。」宰相路隨等奏：「誕日齋會，誠資景福，本非中國教法。臣伏見開元十七年張說、源乾曜請以誕日爲千秋節，內外宴樂，以慶昌期，頗爲得禮。」上深然之，宰臣因請十月十日爲慶成節，上誕日也。從之。辛酉，潤、常、蘇、湖四州水，害稼。

十一月癸丑朔。乙亥，涇原節度使康志睦卒。己卯，以左神策長武城使朱叔夜爲涇州刺史，充涇原節度使。壬午，於銀州置監牧。

十二月癸未朔。己亥，刑部詳定大理丞謝登新編格後敕六十卷，令删落詳定爲五十卷。庚子，幸望春宮，聖體不康。癸卯，平盧軍節度〔八〕、檢校司空王承元卒。丁未，以河南尹嚴休復檢校禮部尙書，充平盧軍節度、淄青登萊棣觀察等使。戊申，以給事中王質權知河南尹。以河東節度副使李石爲給事中。

八年春正月癸丑朔。丁巳，聖體痊平，御太和殿見內臣。甲子，御紫宸殿見羣臣。丙寅，修太廟。令太常卿庾承宣攝太尉，徧告九室，遷神主於便殿。癸酉，揚、楚、舒、廬、壽、滁、和七州去年水，損田四萬餘頃。

二月壬午朔，日有蝕之。庚寅，詔以聖躬痊復，赦繫囚，放逋賦，移流人。己亥，蔚州飛狐鎭置鑄錢院。

三月壬子朔。甲寅，上巳，賜羣臣宴於曲江亭。庚午，以山南東道節度使裴度充東都留守，依前守司徒、兼侍中；以東都留守李逢吉檢校司徒，兼右僕射。癸酉，兗海節度使李文悅卒。丙子，以右丞李固言爲華州刺史，代崔戎；以戎爲兗海觀察使。

四月壬午朔。壬辰，集賢學士裴潾撰通選三十卷，以擬昭明太子文選，潾所取偏僻，不爲時論所稱。甲午，以宿州刺史吳季眞爲邕管經略使。乙巳，翰林學士、兵部侍郎王源中辭內職，乃以源中爲禮部尙書。

五月辛亥朔。己巳，修奉太廟畢，以吏部尙書令狐楚攝太尉，徧告神主，復正殿。飛龍神駒中廐火。

六月庚辰朔。辛巳，徙市。壬午，大理卿劉遵古卒。壬辰，陳許節度使高瑀卒。甲午，以旱，詔諸司疏決繫囚。丙申，以前鳳翔節度使、駙馬都尉杜悰起復檢校戶部尚書，充忠武軍節度使。戊戌，宰臣王涯、路隨奏請依舊制讀時令。庚子，兗海觀察使崔戎卒。辛丑，同州刺史高釴卒。戊申，以將作監、駙馬都尉崔杞爲兗海沂密觀察使。

秋七月庚戌朔。丙辰，以工部侍郎楊汝士爲同州刺史。戊午，奉先、美原、櫟陽等縣雨，損夏麥。辛酉，定陵臺大雨，震東廊，廊下地裂一百三十尺，詔宗正卿李仍叔啓告修塞。癸亥，鄭王經薨。己巳夜，月犯昴。壬申，以右金吾衞大將軍段百倫檢校工部尚書，充福建觀察使。堂帖中外臣僚，各舉善周易學者。

八月己卯朔，右龍武統軍董重質卒。庚寅，太白犯熒惑。辛卯，詔故澧王大男漢可封東陽郡王，第二男源可封安陸郡王，第三男演可封臨安郡王；故深王大男潭可封河內郡王，第二男淑可封吳興郡王；故絳王大男洙可封新安郡王，第二男滂可封高平郡王；故洋王大男沛可封潁川郡王；淄王大男瀚可封許昌郡王；沔王大男瀛可封晉陵郡王；鄜王大男溥可封平陽郡王：仍並賜光祿大夫。丙申，罷諸色選舉，歲旱故也。己亥，御寫周易義五道示羣臣，有人明此義者，三日內聞奏。時李仲言以易道惑上，及下其義，人皆竊笑，卒無進言者。

九月乙酉朔。辛亥夜，彗起太微，近郎位，西指，長丈餘，西北行，凡九夜，越郎位西北五尺滅。癸丑，月入南斗。乙亥，宣州觀察使陸亘卒。己未，宰臣李德裕進御臣要略及柳氏舊聞三卷。隨州刺史杜師仁前刺吉州，坐贓計絹三萬匹，賜死于家。故江西觀察使裴誼乖於廉察，削所贈工部尙書。庚申，右軍中尉王守澄宣召鄭注，對于浴堂門，仍賜錦綵銀器。是夜，彗出東方，長三尺，輝耀甚偉。辛酉，以權知河南尹王質爲宣歙觀察使。吏部尙書致仕張正甫卒。癸亥，以尙書吏部侍郎鄭澣爲河南尹。甲子，鄭注進藥方一卷。庚午，安王溶、潁王瀍皆檢校兵部尙書。宰相路隨册拜太子太師。辛巳，幽州節度使楊志誠、監軍李懷忤悉爲三軍所逐，立其部將史元忠爲留後。陝州、江西旱，無稼。己丑，秘書監崔威卒。庚寅，以山南西道節度使、檢校禮部尙書、同平章事、上柱國、襄武縣開國侯、食邑一千戶李宗閔可中書侍郎、同中書門下平章事。辛卯，以中使田全操充皇太子見太師禮儀使。壬辰，召國子四門助教李仲言對於思政殿，賜緋。河南府、鄧州、同州、揚州並奏旱蟲傷損秋稼。甲午，以銀青光祿大夫、守中書侍郎、平章事李德裕檢校兵部尙書、同平章事、興元尹，充山南西道節度使。以助教李仲言爲國子周易博士，充翰林侍講學士。皇太子見太師路隨於崇明門。丙申，諫官上疏論李仲言不合奬任，上令中使宣諭諫官曰：「朕留仲言禁中，顧問經義，敕命已行，不可遽改。」淮南、兩浙、黔中水爲災，民戶流亡，京師物價暴貴。庚子，詔鄭注對於太和殿。以御史大夫鄭覃爲戶部尚書。壬寅，翰林院宴李仲言，賜法曲弟子二十人奏樂以寵之。丙午，以新除興元節度使李德裕爲兵部尚書。

十一月丁未朔。庚戌，以尚書左僕射致仕蕭俛爲太子太傅。辛亥，以左金吾衞大將軍蕭洪爲河陽三城節度使。襄州水，損田。壬子，滁州奏清流等三縣四月雨至六月，諸山發洪水，漂溺戶萬三千八百。癸丑，以禮部尚書王源中檢校戶部尚書，充山南西道節度使；以戶部侍郎李漢爲華州刺史、鎭國軍潼關防禦使。成德軍節度使王廷湊卒。以前河陽節度使溫造爲御史大夫〔九〕。己卯，幽州節度使楊志誠被逐入朝，下御史臺訊鞫。志誠在幽州，被服皆爲龍鳳，乃流之嶺外，至商州殺之。乙亥，以兵部尚書李德裕檢校右僕射，充鎭海軍節度、浙江西道觀察等使。丙子，李仲言奏請改名訓，從之。

十二月丁丑朔。己卯，以昭義節度副使、檢校庫部員外郎、賜紫金魚袋鄭注爲太僕卿。辛巳，以棣州刺史韓威爲安南都護。癸未，以通王爲幽州盧龍節度使，以權勾當幽州兵馬史元忠爲留後。甲申，許太子太傅蕭俛致仕。是夜，月掩昴。己丑，以太子賓客分司張仲方爲左散騎常侍，常州刺史楊虞卿爲工部侍郎。己亥，以尚書左僕射李逢吉守司徒致仕。以宗正卿李仍叔爲湖南觀察使，代李翺；以翺爲刑部侍郎，代裴潾；以潾爲華州鎭國軍潼關防禦使。昭成寺火。

九年春正月丁未朔。乙卯，以鎮州左司馬王元逵起復定遠將軍、守左金吾衞大將軍、檢校工部尙書，充成德軍節度使、鎮冀深趙觀察等使。以太常卿庾成宣檢校吏部尙書，充天平軍節度使，代殷侑；以侑爲刑部尙書。癸亥，巢縣公湊薨，追封齊王。壬申，司徒致仕李逢吉卒。癸酉，以右散騎常侍舒元輿爲陝州防禦觀察使。以前棣州刺史田早爲安南都護〔一〇〕。

二月丙子朔。甲申，以司農卿王彥威兼御史大夫，充平盧軍節度使。丁亥，發神策軍一千五百人修淘曲江。如諸司有力，要於曲江置亭館者，宜給與閑地。辛丑，冀王絿薨。癸卯，京師地震。甲辰，以幽州留後史元忠爲盧龍節度使。乙巳，劍南西川節度使〔一一〕、檢校左僕射、同平章事段文昌卒。庚申，以劍南東川節度使楊嗣復檢校戶部尙書，兼成都尹、西川節度使。乙丑，以歲饑，河北尤甚，賜魏博六州粟五萬石，陳許、鄆、曹濮三鎮各賜糙米二萬石。庚午，左丞庾敬休卒，廢朝一日。詔曰：「官至丞、郎，朕所親委，不幸云亡者，宜爲之廢朝。自今丞、郎宜準諸司三品官例，罷朝一日。」

夏四月丙子朔。丙戌，以桂管觀察使李從易爲廣州刺史、嶺南節度使。以鎮海軍節度使、浙西觀察等使李德裕爲太子賓客，分司東都。辛卯，以京兆尹賈餗爲浙西觀察使；以工部侍郎楊虞卿爲京兆尹，仍賜金紫。以給事中韓佽爲桂管觀察使。丙申，以太子太師、門下侍郎、平章事路隨爲鎮海軍節度、浙西觀察等使。戊戌，詔以新浙西觀察使賈餗爲中書侍郎、同中書門下平章事。庚子，詔銀青光祿大夫、守太子賓客分司東都、上柱國、贊皇縣開國伯、食邑七百戶李德裕貶袁州長史。辛丑，大風，含元殿四鴟吻並皆落，壞金吾仗舍。廢樓觀城四十餘所。壬寅，吏部侍郎沈傳師卒。

五月乙巳朔。丁未，以浙東觀察使李紳爲太子賓客，分司東都。乙卯，以給事中高銖爲浙東觀察使。戊午，以御史大夫溫造爲禮部尚書，以吏部侍郎李固言爲御史大夫。辛酉，太和公主進馬射女子七人、沙陀小兒二人。戊辰，以金吾大將軍李玭爲黔中觀察使，以尚書右丞王璠爲戶部尚書、判度支。己巳，以戶部尚書鄭覃爲秘書監。辛未，宰相王涯冊拜司空。癸酉，以河中節度使王智興爲宣武軍節度使，依前守太傅、兼侍中。

六月乙亥朔，西市火。以前宣武軍節度使李程爲河中節度使。庚寅夜，月掩歲。癸巳，以吏部尚書令狐楚爲太常卿。丁酉，禮部尚書溫造卒。京兆尹楊虞卿家人出妖言，下御史臺。虞卿弟司封郎中漢公并男知進等八人撾登聞鼓稱冤，敕虞卿歸私第。己亥，以右神策大將軍劉沔爲涇原節度使。壬辰，詔以銀青光祿大夫、守中書侍郎、同平章事、襄武縣開國侯、食邑一千戶李宗閔貶明州刺史。時楊虞卿坐妖言人歸第，人皆以爲冤誣，宗閔於上前極言論列，上怒，面數宗閔之罪，叱出之，故坐貶。

秋七月甲申朔，貶京兆尹楊虞卿爲虔州司馬同正。丙午，以給事中李石權知京兆尹。戊申，塡龍首池爲鞠場，曲江修紫雲樓。辛亥，詔以御史大夫李固言爲門下侍郎、同平章事。壬子，再貶李宗閔爲處州長史。癸丑，以右司郎中、兼侍御史、知雜事舒元輿爲御史中丞。貶吏部侍郎李漢爲汾州刺史，刑部侍郎蕭澣爲遂州刺史。丁巳，詔不得度人爲僧尼。戊午，貶工部侍郎、充皇太子侍讀崔侑爲洋州刺史，貶吏部郎中張諷夔州刺史，考功郎中、皇太子侍讀蘇滌忠州刺史，戶部郎中楊敬之連州刺史。辛酉，以鄂岳觀察使崔郾充浙西觀察使，以國子祭酒高重爲鄂岳觀察使。壬戌，鎭海軍節度使路隨卒。癸亥，貶侍御史李甘爲封州司馬，殿中侍御史蘇特爲潘州司戶。甲子，以周易博士李訓爲兵部郎中、知制誥，依前充翰林侍講學士。丁卯，天平軍節度使庾承宣卒。以大理卿羅讓爲散騎常侍，以汝州刺史郭行餘爲大理卿。戊辰，以刑部尚書殷侑爲天平軍節度使，以吉州刺史裴泰爲邕管經略使。

八月甲戌朔，以戶部侍郎李翺檢校禮部尚書，充山南東道節度使，代王起；以起爲兵部尚書，判戶部事。丙子，又貶處州長史李宗閔爲潮州司戶。丁丑，以太僕卿鄭注爲工部尙書，充翰林侍講學士。上幸左軍龍首殿，因幸梨園，含元殿大合樂。戊寅，以秘書監鄭覃爲刑部尙書。貶翰林學士、守尙書戶部侍郎、知制誥李珏爲江州刺史，以鄜坊節度使史孝章爲義成軍節度使。甲申，以左神策軍大將軍趙儋爲鄜坊節度使。甲午，貶中書舍人權璩爲鄭州刺史。丙申，內官楊承和於驩州安置〔三〕，韋元素象州安置，王踐言思州安置，仰錮身遞送。言李宗閔爲吏部侍郎時，託駙馬沈義於宮人宋若憲處求宰相，承和、踐言、元素居中導達故也。宗閔黨楊虞卿、李漢〔四〕、蕭澣皆再貶。壬寅，貶中書舍人高元裕爲閬州刺史。元裕爲鄭注除官制，說注醫藥之功，注銜之故也。以蘇州刺史盧周仁爲湖南觀察使。

九月癸卯朔，奸臣李訓、鄭注用事，不附己者，卽時貶黜，朝廷悚震，人不自安。是日，下詔曰：「朕承天之序，燭理未明，勞虛襟以求賢，勵寬德以容衆。頃者台輔乖弼諧之道，而具僚扇朋比之風，翕然相從，實斁彝憲。致使薰蕕共器，賢不肖並馳，退迹者咸後時之夫，登門者有迎吠之客。繆盭之氣，堙鬱未平，而望陰陽順時，疵癘不作，朝廷淸肅，班列和安，自古及今，未嘗有也。今既再申朝典，一變澆風，掃淸朋附之徒，匡飭貞廉之俗，凡百卿士，惟新令猷。如聞周行之中，尙蓄疑懼，或有妄相指目，令不自安，今茲曠然，明喩朕意。應與宗閔、德裕或新或故及門生舊吏等，除今日已前放黜之外，一切不問。」辛亥，以太子賓客分司東都白居易爲同州刺史，代楊汝士；以汝士爲駕部侍郎。乙亥，以涇原節度使劉沔爲振武麟勝節度使。丙辰，以權知御史中丞舒元輿爲御史中丞，兼判刑部侍郎。庚申，以鳳翔節度使李聽爲忠武軍節度使。癸亥，令內養齊抱眞將杖於青泥驛決殺前襄州監軍陳弘志，以有弒逆之罪也。丁卯，以門下侍郎、同平章事李固言爲興元尹、山南西道節度使；以翰林侍講學士、工部尚書鄭注檢校右僕射，充鳳翔隴右節度使。戊辰，以右軍中尉王守澄爲左右神策觀軍容使，兼十二衞統軍。己巳，詔以朝議郎、守御史中丞、兼刑部侍郎、賜紫金魚袋舒元輿本官同中書門下平章事。朝議郎、守兵部郎中、知制誥、充翰林侍講學士、賜緋魚袋李訓可守尚書禮部侍郎〔四〕、同中書門下平章事，仍賜金紫。壬申，以刑部郎中、兼侍御史、知雜李孝本權知御史中丞。

冬十月癸酉朔。乙亥，杜悰復爲陳許節度使，李聽爲太子太保分司。內出曲江新造紫雲樓彩霞亭額，左軍中尉仇士良以百戲於銀臺門迎之。時鄭注言秦中有災，宜興土功厭之，乃濬昆明、曲江二池。上好爲詩，每誦杜甫曲江行云：「江頭宮殿鎖千門，細柳新蒲爲誰綠？」乃知天寶已前，曲江四岸皆有行宮臺殿、百司廨署，思復昇平故事，故爲樓殿以壯之。王涯獻榷茶之利，乃以涯爲榷茶使。茶之有榷稅，自涯始也。京兆、河南兩畿旱。以吏部尚書令狐楚爲左僕射，以刑部尚書鄭覃爲右僕射。辛巳，遣中使李好古齎酖賜王守澄，是日，守澄卒。壬午，賜羣臣宴於曲江亭。癸未，以前廣州節度使王茂元爲涇原節度使。丁亥，禮部郎中錢可復、兵部員外郎李敬彝、駕部員外郎盧簡能、主客員外郎蕭傑、左拾遺盧茂弘等皆授鳳翔使府判官，從鄭注奏請也。乙未，以新授同州刺史白居易爲太子少傅分司，以汝州刺史劉禹錫爲同州刺史。己亥，以前河陽節度使蕭洪爲鄜坊節度使。淄青觀察使王彥威請停管內縣丞一十九員，從之。庚子，東都留守、特進、守司徒、侍中裴度進位中書令，餘如故。以前山南西道節度使王源中爲刑部尚書。

十一月壬寅朔。乙巳，令內養馮叔良殺前徐州監軍王守涓於中牟縣。以左神策將軍胡沐爲容管經略使，以大理卿郭行餘爲邠寧節度使。丁未，鄜坊節度使趙儋卒。乙酉，左金吾衞大將軍崔鄯卒。癸丑，以左僕射令狐楚判太常卿事，右僕射鄭覃判國子祭酒事。丁巳，以戶部尚書、判度支王璠爲太原尹、北都留守、河東節度使。戊午，以京兆尹李石爲戶部侍郎、判度支，以京兆少尹羅立言權知府事。己未，以太府卿韓約爲左金吾衞大將軍。壬戌，中尉仇士良率兵誅宰相王涯、賈餗、舒元輿、李訓，新除太原節度王璠，郭行餘、鄭注、羅立言、李孝本、韓約等十餘家，皆族誅。時李訓、鄭注謀誅內官，詐言金吾仗舍石榴樹有甘露，請上觀之。內官先至金吾仗，見幕下伏甲，遽扶帝輦入內，故訓等敗，流血塗地。京師大駭，旬日稍安。癸亥，詔以銀青光祿大夫、尚書左僕射、上柱國、滎陽郡開國公鄭覃以本官同中書門下平章事。乙丑，詔以朝議郎、守尚書戶部侍郎、判度支李石可朝議大夫、本官同平章事。丁卯，以左神策大將軍陳君奕爲鳳翔節度使。戊辰，以給事中李翊爲御史中丞，左右軍中尉仇士良、魚志弘並兼上將軍。

十二月壬申朔，諸道鹽鐵轉運榷茶使令狐楚奏榷茶不便於民，請停，從之。癸丑，太子太保張茂宗卒。甲子，敕左右省起居齎筆硯及紙於螭頭下記言記事。丙子，以刑部尚書王源中爲天平軍節度使。丁丑，敕諸道府不得私置曆日板。己卯，鳳翔監軍奏鄭注判官錢可復等四人並處斬訖。庚辰，上御紫宸，謂宰相曰：「坊市之間，人漸安未？」李石奏曰：「人情雖安，然刑殺過多，致此陰沴。又聞鄭注在鳳翔招致兵募不少，今皆被刑戮，臣恐乘此生事，切宜原赦以安之。」上曰：「然。」鄭覃又陳理道。上曰：「我每思貞觀、開元之時，觀今日之事，往往憤氣塡膺耳。」癸未，儀仗使田全操巡邊迴，馳馬入金光門，街市訛言相驚，縱橫散走。賴金吾大將軍陳君賞以其徒立望仙門下，至晚方定。丁亥，以權知京兆尹張仲方爲華州防禦使，以司農卿薛元賞權知京兆。左僕射令狐楚奏：「方鎭節度使等，具弩帓，帶器仗，就尚書省兵部參辭，伏乞停罷。如須參謝，令具公服。」從之。時楚引訓、注奸謀，用王璠、郭行餘兵仗，遂云不宜以兵仗入省參辭，殊乖事體也。物議尤之。先是，宰相武元衡被害，憲宗出內庫弓箭、陌刀賜左右街使，俟宰相入朝，以爲翼從，及建福門退。至是亦停之。辛卯，置諫院印。

開成元年正月辛丑朔，帝常服御宣政殿受賀，遂宣詔大赦天下，改元開成。乙巳，御紫宸殿，宰臣李石奏曰：「陛下改元御殿，人情大悅，全放京兆一年租賦，又停四節進奉，恩澤所該，實當要切。」帝曰：「朕務行其實，不欲崇長空文。」石曰：「赦書須內留一本，陛下時看之。又十道黜陟使發日，更付與公事根本，令向外與長吏詳擇施行，方盡利害之要。」丁未，以秘書監韋績爲工部尙書。勑：「楊承和、韋元素、王踐言、崔潭峻頃遭誣陷，每用追傷，宜復官爵，聽其歸葬。」以銀州刺史劉源爲夏綏銀宥節度使。丙辰望，日有蝕之。

二月辛未朔，以左散騎常侍羅讓爲江西觀察使。乙亥夜四更，京師地震，屋瓦皆墮。丙申，左武衞大將軍朱叔夜賜死於藍田關。天德奏生退渾部落三千帳來投豐州。

三月庚子朔。壬寅，以袁州長史李德裕爲滁州刺史。庚申，幸龍首池，觀內人賽雨，因賦暮春喜雨詩。昭義節度使劉從諫三上疏，問王涯罪名，內官仇士良聞之惕懼。是日，從諫遣焦楚長入奏，於客省進狀，請面對。上召楚長慰諭遣之。

夏四月庚午朔，以河南尹鄭澣爲左丞，以太子賓客分司東都李紳爲河南尹。癸酉，以亳州刺史裴弘泰爲義成軍節度使，以諫議大夫李讓夷兼權知起居舍人事。己卯，以潮州司戶李宗閔爲衡州司馬，以江州刺史李珏爲太子賓客分司。癸未，吏部侍郎李虞仲卒。辛卯，淄王協薨。甲午，詔以山南西道節度使、檢校兵部尙書李固言爲門下侍郎、同中書門下平章事；以左僕射、諸道鹽鐵轉運使令狐楚檢校左僕射，爲山南西道節度使。丙申，李固言判戶部事；李石判度支，兼諸道鹽鐵轉運使。

五月乙亥朔。癸卯，以翰林學士歸融爲御史中丞。丁未，以給事中郭承嘏爲華州防禦使。給事中盧載以承嘏公正守道，屢有封駁，不宜置之外郡，乃封還詔書。翊日，復以承嘏爲給事中，乃以給事中盧鈞代嘏守華州。乙卯，御紫宸，上謂宰臣曰：「爲政之道，自古所難。」李石對曰：「朝廷法令行，則易。」丁巳，以尙書右丞鄭肅爲陝虢都防禦觀察使。前罷觀察，復置之。以中書舍人唐扶爲福建觀察使。庚申，判國子祭酒宰臣鄭覃奏：「太學新置五經博士各一人，請依王府官例，賜以祿粟。」從之。丙寅，昭義奏開夷儀山路，通太原、晉州，從之。

閏五月己巳朔。甲申，以河中節度使李程爲左僕射、判太常卿事。乙酉，以太子太保分司李聽爲河中節度使。丙戌，烏集唐安寺，逾月方散。己丑，以神策大將軍魏仲卿爲朔方靈鹽節度。湖南觀察使盧周仁進羨餘錢一萬貫、雜物八萬段；不受，還之，使貸貧下戶征稅。

六月戊戌朔。癸亥，以河南尹李紳檢校禮部尙書、汴州刺史，充宣武軍節度使。

秋七月戊辰朔，御史臺奏：「秘書省管新舊書五萬六千四百七十六卷，長慶二年已前，並無文案。大和五年已後，並不納新書。今請創立簿籍，據闕添寫卷數，逐月申臺。」從之。辛未，以左金吾衞將軍傅毅爲鄜坊節度使。癸酉，宣武軍節度使王智興卒。辛卯，刑部尙書殷侑檢校右僕射，充山南東道節度使。壬午，以滁州刺史李德裕爲太子賓客。甲午，以金吾衞大將軍陳君賞爲平盧軍節度使，代王彥威；以彥威爲戶部侍郎、判度支。丙申，湖南觀察使盧周仁進羨餘錢一十萬貫，御史中丞歸融彈其違制進奉，詔以周仁所進錢於河陰院收貯。

八月戊戌朔。甲辰，詐稱國舅人前鄜坊節度使蕭洪宜長流驩州。戊申，以皇太后親弟蕭本爲右贊善大夫。

九月丁卯朔。庚辰，詔復故左降開州司馬宋申錫正議大夫、尙書右丞、同平章事，仍以其子愼徽爲城固尉。以饒州刺史馬植爲安南都護。辛巳，以壽州刺史高承恭爲邕管經略使。辛卯，敕秘書省，集賢院應欠書四萬五千二百六十一卷，配諸道繕寫。

冬十月丁酉朔。己酉，揚州江都七縣水旱，損田。

十一月丙寅朔。庚辰，浙西觀察使崔鄲卒。以太子賓客分司東都李德裕檢校戶部尙書，充浙西觀察使。壬午，以兵部尙書、皇太子侍讀王起兼判太常卿。甲申，以左僕射李程兼吏部尚書。忠武帥杜悰、天平帥王源中奏：當道常平義倉斛斗，除元額外，請別置十萬石。

十二月丙申朔，以京兆尹、兼御史大夫薛元賞爲武寧節度、徐泗宿濠觀察等使，以戶部侍郎、兼御史中丞歸融爲京兆尹，以給事中狄兼謨爲御史中丞。己酉，嶺南節度使李從易卒。庚戌，以華州刺史盧鈞爲廣州刺史，充嶺南節度使；以中書舍人崔龜從爲華州防禦使。辛亥，劍南東川節度使馮宿卒。壬子，太僕卿段伯倫卒。癸丑，以兵部侍郎楊汝士檢校禮部尚書，充劍南東川節度使。己未，溆王縱薨。

二年春正月乙丑朔。丙寅，宣州觀察使王質卒。乙亥，以吏部侍郎崔鄲爲宣歙觀察使，以右丞鄭澣爲刑部尚書、判左丞事。庚寅，戶部侍郎、判度支王彥威進所撰供軍圖，略序曰：「至德、乾元之後，迄于貞元、元和之際，天下有觀察者十，節度二十有九，防禦者四，經略者三。掎角之師，犬牙相制，大都通邑，無不有兵，約計中外兵額至八十餘萬。長慶戶口凡三百三十五萬，而兵額又約九十九萬，通計三戶資奉一兵。今計天下租賦，一歲所入，總不過三千五百餘萬，而上供之數三之一焉。三分之中，二給衣賜；自留州留使兵士衣食之外，其餘四十萬衆，仰給度支焉。」

二月乙未朔。丙申，刑部侍郎郭承嘏卒。丙午夜，彗出東方，長七尺，在危初，西指。戊申，王彥威進所撰唐典七十卷，起武德，終永貞。庚戌，均王緯薨。辛酉夜，彗長丈餘，直西行，稍南指，在虛九度半。壬戌夜，彗長二丈餘，廣三尺，在女九度，自是漸長闊。

三月甲子朔，內出音聲女妓四十八人，令歸家。乙丑夜，彗星長五丈，歧分兩尾，其一指氐，其一掩房。丙寅，罷曲江宴。是夜，彗長六丈，尾無歧，在亢七度。敕尚食使，自今每一日御食料分爲十日，停內修造。戊辰夜，彗長八丈有餘，西北行，東指，在張十四度。辛未，宣徽院法曲樂官放歸。壬申，詔曰：

朕嗣丕構，對越上玄，虔恭寅畏，于今一紀。何嘗不宵衣念道，旰食思愆，師周文之小心，慕易乾之夕惕，懼德不類，貽列聖羞。將欲俗致和平，時無殃咎。然誠未格物，謫見於天，仰愧三靈，俯慚庶彙，思獲攸濟，浩無津涯。昔宋景發言，星因退舍；魯僖納諫，飢不害人。取鑒往賢，深惟自勵。載軫在予之責，宜降恤辜之恩，式表殷憂，冀答昭誡。天下死罪降從流，流已下並釋放，唯故殺人、官典犯贓、主掌錢穀賊盜，不在此限。諸州遭水旱處，並蠲租稅。中外修造並停，五坊鷹隼悉解放。朕今素服避殿，徹樂減膳。近者內外臣僚，繼貢章表，欲加徽號。夫道大爲帝，朕膺此稱，祗愧已多，矧鍾星變之時，敢議名揚之美？非懲既往，且儆將來，中外臣僚，更不得上表奏請。

表已在路，並宜速還。在朝羣臣，方岳長吏，宜各上封事，極言得失，弼違納誨，副我虛懷。

甲戌，以左僕射李程爲山南東道節度使。壬午，以楚州刺史嚴謩爲桂管觀察使。甲申，以山南東道節度使殷侑爲太子賓客分司。貞興門外鵲巢于古冢。丁亥，邠寧節度使李用卒。戊子，以河南尹李珏爲戶部侍郎。己丑，以金吾大將軍李直臣爲邠寧節度使。壬辰，桂管觀察使韓佽卒。以兵部侍郎裴潾爲河南尹。

夏四月甲午朔。戊戌，詔將仕郎、守尙書工部侍郎、知制誥，充翰林學士，兼皇太子侍讀、上騎都尉、賜紫金魚袋陳夷行可本官同中書門下平章事。丙子，以中書舍人敬昕爲江西觀察使。戊申，前江西觀察使羅讓卒。己酉，秘書監張仲方卒。丁卯，宰相李石奏定長定選格。庚申，太原節度使李載義卒。辛酉，詔置終南山神祠。蓬州復置蓬池、朗池二縣。

五月癸亥朔。乙丑，以東都留守裴度爲太原尹、北都留守、河東節度使，依前守司徒、中書令。丙寅，戶部侍郎李珏判本司事。以浙西觀察使李德裕檢校戶部尙書，兼揚州大都督府長史，充淮南節度使。辛未，詔以前淮南節度使牛僧孺爲檢校司空、東都留守，以蘇州刺史盧商爲浙西觀察使。壬申，上幸十六宅，與諸王宴樂。決十六宅宮市內官范文喜等三人，以供諸王食物不精故也。

六月癸巳朔。丁酉，以成德軍節度使王元逵爲駙馬都尉，尚壽安公主。己亥，以鴻臚卿李逵爲天德軍都防禦使。庚子，吏部奏長定選格，請加置南曹郎中一人，別置印一面，以「新置南曹之印」爲文，從之。丙午，河陽軍亂，逐節度使李泳。戊申，以左金吾衞將軍李執方爲河陽三城懷州節度使。庚戌，以右金吾衞大將軍崔珙爲京兆尹。魏、博、澤、潞、淄、青、滄、德、兗、海、河南府等州並奏蝗害稼。鄆州奏蝗得雨自死。丁亥，以御史中丞狄兼謨爲刑部侍郎，以前京兆尹歸融爲秘書監，以給事中李翊爲湖南觀察使。

秋七月壬戌朔。乙亥，以久旱徙市，閉坊門。甲申，以太府卿張賈爲兗海觀察使。詔除河北三鎮外，諸州府不得以試銜奏官。鄆州奏：「當州先廢天平、平陰兩縣，請復置平陰縣，以制盜賊。」從之。乙酉，以蝗旱，詔諸司疏決繫囚。己丑，遣使下諸道巡覆蝗蟲。是日，京畿雨，羣臣表賀。外州李紳奏蝗蟲入境〔三〕，不食田苗，詔書褒美，仍刻石于相國寺。

八月壬辰朔。丁酉，彗出虛、危之間。振武奏突厥入寇營田。庚戌，詔昭儀王氏册爲德妃，昭容楊氏册爲賢妃。又詔：「敬宗皇帝第二子休復、第三子執中、第四子言揚、第六子成美等，宜開列土之封，用申睦族之典。休復可封梁王，執中可封襄王，言揚可封紀王，成美可封陳王。皇第二男宗儉可封蔣王。」乙丑，房州刺史盧行簡坐贓杖殺。己巳，以前湖南觀察使盧行術爲陝虢觀察使。甲申，詔曰：「慶成節朕之生辰，天下錫宴，庶同歡泰。不欲屠宰，用表好生，非是信尚空門，將希無妄之福。恐中外臣庶不諭朕懷，廣置齋筵，大集僧衆，非獨凋耗物力，兼恐致惑生靈。自今宴會蔬食，任陳脯醢〔二六〕，永爲常例。」又敕：「慶成節宜令京兆尹准上巳、重陽例，於曲江會文武百僚，延英奉觴宜權停。」戊子，以尚書戶部侍郎、判度支王彥威爲衞尉卿，分司東都。

冬十月辛卯朔，詔改天后所撰三教珠英爲海內珠英。戊戌，詔嘉王運、循王遹、通王諶並可光祿大夫、檢校司空，賜勳上柱國，仍依百官例給料錢。安王溶、潁王瀍並給料錢。庚子，慶成節，賜羣臣宴于曲江，上幸十六宅，與諸王宴樂。癸卯，宰臣判國子祭酒鄭覃進石壁九經一百六十卷。時上好文，鄭覃以經義啓導，稍折文章之士，遂奏置五經博士，依後漢蔡伯喈刊碑列于太學，創立石壁九經，諸儒校正訛謬。上又令翰林勒字官唐玄度復校字體，又乖師法，故石經立後數十年，名儒皆不窺之，以爲蕪累甚矣。戊申，以門下侍郎、同平章事李固言爲劍南西川節度使，依前同門下侍郎、平章事。甲寅，敕鹽鐵、戶部、度支三使下監院官，皆郎官、御史爲之，使雖更改，院官不得移替，如顯有曠敗，即具事以聞。己未，以前西川節度使楊嗣復爲戶部尚書，充諸道鹽鐵轉運使。

十一月辛酉朔。壬戌，以太子賓客分司東都殷侑爲忠武軍節度使。癸亥，狂病人劉德廣突入含元殿，付京兆府杖殺。乙丑，京師地震。丁丑，興元節度使令狐楚卒。丁亥，以刑部尚書鄭澣爲山南西道節度使。己丑，契丹朝貢。

十二月庚寅朔。丙申，閤內對左右史裴素等。上自開成初復故事，每入閤，左右史執筆立於螭頭之下，君臣論奏，得以備書，故開成政事最詳於近代。壬寅，以前忠武軍節度使杜悰爲工部尚書、判度支。時悰既除官，久未謝恩，戶部侍郎李珏奏杜悰爲岐陽公主服假內。珏因言：「比來駙馬爲公主行服三年，所以士族之家不願爲國戚者以此。」帝大駭其奏，卽日詔曰：「制服輕重，必資典禮，如聞往者駙馬爲公主行服三年，緣情之義，殊非故實，違經之制，今乃聞知。宜行期周，永爲定制。」

三年春正月庚申朔。甲子，宰臣李石遇盜於親仁里，中劍，斷其馬尾，又中流矢，不甚傷。是時，京城大恐，捕盜不獲，旣而知仇士良所爲。乙丑，常參官入朝者九人而已，餘皆潛竄，累日方安。丁卯，詔故齊王湊贈懷懿太子。戊申，以諸道鹽鐵轉運使、正議大夫、守戶部尚書、上柱國、宏農郡開國伯、食邑七百戶、賜紫金魚袋楊嗣復可本官同中書門下平章事，朝議郎、戶部侍郎、判戶部事、上柱國、賜紫金魚袋李珏可本官同中書門下平章事，依前判戶部事。丙子，以中書侍郎、同中書門下平章事李石爲荆南節度使，依前中書侍郎、平章事。丁丑，以前荊南節度使韋長爲河南尹。癸未，詔去秋蝗蟲害稼處放逋賦，仍以本處常平倉賑貸。是日大雪。

二月己丑朔。乙未，上謂宰臣曰：「李宗閔在外數年，可別與一官。」鄭覃、陳夷行曰：「宗閔養成鄭注，幾覆朝廷，其奸邪甚於李林甫。」楊嗣復、李珏奏曰：「大和末，宗閔、德裕同時得罪，二年之間，德裕再量移爲淮南節度使，而宗閔尚在貶所。凡事貴得中，不可但徇私情。」上曰：「與一郡可也。」丁酉，以衡州司馬李宗閔爲杭州刺史。庚子，吏部奏：「去年所修長定選格，或乖往例，頗不便人，不可久行，請却用舊格。」從之。乙巳，詔僕射、尙書、侍郎、左右丞、大卿監每遇坐日，宜令兩人循次進對。丁未，以同州刺史孫簡爲陝虢觀察使，代盧行術；以術爲福王傅，分司東都。乙酉，禮部尙書許康佐卒。辛亥，左丞盧載爲同州防禦使。

三月己未朔。庚午，封故陳王第十九男儼爲宣城郡王，故襄王第三男宋爲樂平郡王。

夏四月戊子朔。己丑，禮部尙書致仕徐晦卒。辛卯，戶部侍郎崔龜從判本司事。詔曰：「戶部侍郎兩員，今後先授上者，宜令判本司錢穀；如帶平章事〔七〕，判鹽鐵度支，兼中丞學士不在此限。」壬辰，以給事中裴衮爲華州防禦使。己酉，改法曲爲仙韶曲，仍以伶官所處爲仙韶院。兵部侍郎裴潾卒。癸丑，屯田郎中李衢、沔王府長史林贊等進所修皇唐玉牒一百五十卷。

五月丁巳朔，敕禮部，貢院進士、舉人，歲限放三十人及第。辛酉，詔：前江西觀察使吳士規坐贓〔八〕，長流端州。庚午，月犯天心大星。癸未，以吏部侍郎高鍇爲鄂岳觀察使，代高重；以重爲兵部侍郎。

六月丁未朔。辛酉，出宮人四百八十，送兩街寺觀安置。廢晉州平陽院礬官，並歸州縣。癸丑，上御紫宸，對宰臣曰：「幣輕錢重如何？」楊嗣復曰：「此事已久，不可遽變其法，法變則擾人。但禁銅器，斯得其要。」

秋七月丙辰朔。壬戌，陳許節度使殷侑卒。甲子，以衞尉卿王彥威檢校禮部尚書，充忠武軍節度使；以右金吾衞大將軍史孝章爲邠寧節度使。戊辰，西川節度使李固言再上表，讓門下侍郎及檢校右僕射。

八月丙戌朔。甲午，山南東道諸州大水，田稼漂盡。丁酉，詔：「大河而南，幅員千里，楚澤之北，連亙數州。以水潦暴至，隄防潰溢，既壞廬舍，復損田苗。言念黎元，罹此災沴，或生業蕩盡，農功索然，困餒彫殘，豈能自濟。宜令給事中盧弘宣往陳許、鄭滑、曹濮等道宣慰，刑部郎中崔瑨往山南東道、鄂岳、蘄黃道宣慰。」己亥，嘉王運薨。魏博六州蝗食秋苗並盡。

九月丙辰朔。辛酉，荆南李石讓中書侍郎，乃改授檢校兵部尚書。壬戌，上以皇太子慢遊敗度，欲廢之，中丞狄兼謨垂涕切諫。是夜，移太子於少陽院，殺太子宮人左右數十人。戊辰，詔梁王等五人，先於北內，可却歸十六宅。辛未，易定節度使張璠卒。壬申，以易州刺史李仲遷爲定州刺史，充義武軍節度使。戊寅，以東都留守牛僧孺爲左僕射。辛巳，詔皇太子侍讀竇宗直隔日入少陽院。

冬十月乙酉朔，以尚書左丞崔琯檢校戶部尚書，充東都留守。易定軍亂，不納新使李仲遷，立張璠子元益爲留後。己丑，以少府監張沼爲黔中觀察使。壬辰，以右金吾衞將軍高霞寓爲夏綏銀宥節度使〔九〕。癸巳，以中書舍人李景讓爲華州防禦使。甲午慶成節，命中人以酒脯、仙韶樂賜羣臣宴於曲江亭。丁酉，夏州節度使劉源卒。庚子，皇太子薨於少陽院，謚曰莊恪。乙巳，以左金吾將軍郭旼爲邠寧慶節度使。是夜，彗起於軫，其長三丈，東西指。己酉，前邠寧節度使史孝章卒。

十一月乙卯朔，是夜，彗孛東西竟天。壬戌，詔曰：「上天蓋高，感應必由乎人事；寰宇雖廣，理亂盡繫於君心。從古已來，必然之義。朕嗣膺寶位，十有三年，常克己以恭虔，每推誠於衆庶。將以導迎休應，漸致緝熙，期克荷於宗祧，思保寧於華夏。而德有所未至，信有所未孚，災氣上騰，天文謫見，再周期月，重擾星躔。當求衣之時，覩垂象之變，兢懼惕厲，若蹈泉谷。是用舉成湯之六事，念宋景之一言，詳求譴告之端，採聽銷禳之術。必有精理，藴於衆情，冀屈法以安人，爰恤刑而原下。應京城諸道見繫囚，自十二月八日已前，死罪降流，已下遞減一等，十惡大逆、殺人劫盜、官典犯贓不在此限。今年遭水蝗蟲處，並宜存撫賑給。」以滄州節度使李彥佐爲鄆曹濮節度使，以德州刺史、滄景節度副使劉約爲義昌軍節度使。癸亥，以宋州刺史唐弘實爲邕管經略使。乙丑，天平軍節度使王源中卒。庚午，以翰林學士丁居晦爲御史中丞。壬申，以蔡州刺史韓威爲定州刺史、義武軍節度、北平軍等使。

十二月乙酉朔。辛丑，詔以河東節度使、開府儀同三司、守司徒、兼中書令、太原尹、北都留守、上柱國、晉國公、食邑三千戶裴度可守司徒、中書令。以兵部侍郎狄兼謨爲河東節度使。丙午，守太子太師、尚書右僕射、門下侍郎、國子祭酒、同平章事鄭覃罷太子太師，仍三五日入中書。日本國貢珍珠絹。

四年春正月甲寅朔。丁巳，熒惑太白辰聚於南斗。丁卯夜，於咸泰殿觀燈作樂，三宮太后諸公主等畢會。上性節儉，延安公主衣裾寬大，卽時斥歸，駙馬竇澣待罪。詔曰：「公主入參，衣服踰制，從夫之義，過有所歸。澣宜奪兩月俸錢。」

閏月甲申朔，以吏部侍郎鄭肅檢校禮部尚書、河中晉絳慈隰等州節度使，以蘇州刺史李道樞爲浙東觀察使，以諫議大夫高元裕爲御史中丞。丙申，以前河中節度使李聽爲太子太保。己亥，裴度自太原至，上令中人就第問疾。辛丑，以司農卿李珏爲福建觀察使，諫官論其不可，乃罷之。丙午，以大理卿盧貞爲福建觀察使。丁未，興元節度使鄭澣卒。戊申，闍婆國朝貢。

二月癸酉朔。辛酉，以吏部侍郎歸融檢校禮部尚書，充山南西道節度使。丙寅，寒食節，上御通化門以觀遊人。戊辰，幸勤政樓觀角抵、蹴鞠。

三月癸未朔。乙酉，賜羣臣上巳宴於曲江。是夜，月掩東井第三星。丙申，司徒、中書令裴度卒。癸酉，浙東觀察使李道樞卒。以戶部侍郎崔龜從爲宣歙觀察使，代崔鄲；以鄲爲太常卿。以楚州刺史蕭俶爲浙東觀察使。

夏四月壬子朔，以右羽林統軍李昌言爲鄜坊節度使。壬戌，有彗出太廟。

五月辛丑朔。丁亥，閣內上謂宰臣曰：「新修開元政要如何？」楊嗣復曰：「臣等未見。陛下欲以此書傳示子孫，則宜付臣等，參定可否。緣開元政事與貞觀不同，玄宗或好畋遊，或好聲色，選賢任能，未得盡美。撰述示後，所貴作程，豈容易哉！」丙申，鄭覃、陳夷行罷知政事，覃守左僕射，夷行爲吏部侍郎。丙午，邠寧節度使郭旼卒。天平、魏博、易定等管內蝗食秋稼。

六月辛亥朔，以長武城使苻澈爲邠寧節度使。庚申，上幸十六宅安王、潁王院宴樂，賜與頗厚。戊辰，以久旱，分命祠禱，每憂動於色。宰相等奏曰：「水旱時數使然，乞不過勞聖慮。」上改容言曰：「朕爲人主，無德及天下，致兹災旱，又謫見於天。若三日不雨，當退歸南內，更選賢明以主天下。」宰臣嗚咽流涕，各請策免。是夜，大雨霑霈。丁丑，襄陽山竹結實，其米可食。

秋七月庚辰朔，西蜀水，害稼。乙未夜，月犯熒惑。壬寅，以河南尹韋長爲平盧軍節度使，以刑部侍郎高鍇爲河南尹。甲辰，以大中大夫、守太常卿、上柱國、賜紫金魚袋崔鄲可本官同中書門下平章事。滄景、淄青大水。

八月庚戌朔，以給事中姚合爲陝虢觀察使。辛亥，鄜王憬薨。丙辰，邢州廢青山縣，磁州移昭義縣於固鎮驛。癸亥，以左僕射牛僧孺檢校司空、同平章事，兼襄州刺史，充山南東道節度使。辛未夜，流星出羽林，尾長八十餘尺，滅後有聲如雷。壬申，鎮、冀四州蝗食稼，至於野草樹葉皆盡。

九月己卯朔。辛卯，以劍南東川節度楊汝士爲吏部侍郎。丁酉夜，月掩東井第三星。辛丑，以吏部侍郎陳夷行爲華州鎮國軍防禦使，以蘇州刺史李穎爲江西觀察使，以諫議大夫馮定爲桂管觀察使〔三〇〕。甲辰，以京兆尹鄭復爲劍南東川節度使。丙午，以前江西觀察使敬昕爲京兆尹。

冬十月己酉朔。戊午，慶成節，賜羣臣宴於曲江亭。辛酉夜，星入斗魁。前桂管觀察使嚴謩卒〔三一〕。丙寅，制以敬宗第六男陳王成美爲皇太子。丁丑，太子太保李聽卒。

十一月己卯朔。壬申，前福建觀察使唐扶卒。己亥，曲赦京城繫囚。

十二月己酉朔。癸丑，貶光祿卿、駙馬都尉韋讓爲澧州長史。乙卯，乾陵火。以杭州刺史李宗閔爲太子賓客，分司東都。辛酉，上不康，百僚赴延英起居。乙亥，宰臣入謁，見上于太和殿。

是歲，戶部計見管戶四百九十九萬六千七百五十二。

五年春正月戊寅朔，上不康，不受朝賀。己卯，詔立親弟潁王瀍爲皇太弟，權勾當軍國事。皇太子成美復爲陳王。辛巳，上崩於大明宮之太和殿，壽享三十三。羣臣謚曰元聖昭獻皇帝，廟號文宗。其年八月十七日，葬于章陵。

史臣曰：昭獻皇帝恭儉儒雅，出於自然，承父兄奢弊之餘，當閹寺撓權之際，而能以治易亂，化危爲安。大和之初，可謂明矣。初，帝在藩時，喜讀貞觀政要，每見太宗孜孜政道，有意于茲。洎卽位之後，每延英對宰臣，率漏下十一刻。故事，天子隻日視事，帝謂宰輔曰：「朕欲與卿等每日相見，其輟朝、放朝，用雙日可也。」時憲宗郭后居興慶宮，曰太皇太后，敬宗母寶曆太后及上母蕭太后，時呼「三宮太后」。帝性仁孝，三宮問安，其情如一。嘗內園進櫻桃，所司啓曰：「別賜三宮太后。」帝曰：「太后宮送物，焉得爲賜。」遽取筆改賜爲奉。宗正寺以祭器朽敗，請易之，及有司呈進，命陳於別殿，具冠帶而閱之，容色悽然。尤勤於政理，凡選內外羣官，宰府進名，帝必面訊其行能，然後補除。中書用鴻臚卿張賈爲衢州刺史，賈好博，朝辭日，帝謂之曰：「聞卿善長行。」對曰：「政事之餘，聊與賓客爲戲，非有所妨。」帝曰：「豈有好之而無妨也！」內外聞之悚息。而帝以累世變起禁闈，尤側目於中官，欲盡除之。然訓、注狂狡之流，制御無術，矢謀既誤，幾致顚危。所謂「有帝王之道，而無帝王之才」，雖旰食焦憂，不能弭患，惜哉！

贊曰：昭獻統天，洪惟令德。心憤讎恥，志除凶慝。未殄夔魖，又生鬼蜮。天未好治，亂何由息。

校勘記

〔一〕右庶子　「右」字各本原作「左」，據本卷上文、通鑑卷二四四改。

〔二〕並降從流　「從」字各本原作「徒」，據御覽卷一一五、册府卷九〇改。

〔三〕珍王誠　「誠」字各本原作「誠」，據本書卷一五〇德宗諸子傳、唐會要卷五改。

〔四〕故書　合鈔卷一八文宗紀作「故事」。

〔五〕吳士智　本書卷八九狄仁傑傳、新書卷一一五狄仁傑傳作「吳士矩」。

〔六〕應犯死降從流　「從」字各本原作「徒」，據御覽卷一一五、册府卷九〇改。

〔七〕置五經博士各一人　「置」字各本原作「宜」，據册府卷九〇改。

〔八〕平盧軍　各本原作「天平軍」，據本卷上文及本書卷一四二王武俊傳改。

〔九〕河陽　各本原作「揚州」，據本卷上文、本書卷一六五溫造傳、新書卷九一溫大雅傳改。

〔一〇〕田早　疑當作田羣。

〔一一〕劍南西川節度使　「西川」，各本在「使」下，據本書卷一六七段文昌傳、合鈔卷一八文宗紀改。

〔一二〕驩州　各本原作「權州」，據新書卷二〇八王守澄傳、通鑑卷二四五改。

〔一三〕李漢　各本原作「李翰」，據本卷上文及本書卷一七一李漢傳改。

〔一四〕李訓　各本原作「李順」，據本書卷一六九李訓傳、新書卷一七九李訓傳、通鑑卷二四五改。

〔一五〕外州李紳奏　十七史商榷卷七五：「外」當作「汴」。後懿宗紀咸通十一年十一月，以鄭從讜檢校戶部尚書兼汴州刺史，亦誤作「外州」。

〔一六〕任陳脯醢　「脯」字各本原作「酺」，據冊府卷二、全唐文卷七三改。

〔一七〕如帶平章事　「如」字各本原作「加」，據唐會要卷五八改。

〔一八〕吳士規　本書卷八九狄仁傑傳、新書卷一一五狄仁傑傳作「吳士矩」。

〔一九〕以右金吾衞將軍高霞寓爲夏綏銀宥節度使　按本書卷一七上敬宗紀載高霞寓卒於寶曆二年四月，卷一六二高霞寓傳所記卒年亦同，此處文字疑有誤。

〔二〇〕馮定　本書卷一六八馮宿傳、合鈔卷一八文宗紀作「馮審」。

〔二一〕嚴響　本卷上文、合鈔卷一八文宗紀均作「嚴嚳」。

舊唐書卷十八上

本紀第十八上

武宗

武宗至道昭肅孝皇帝諱炎，穆宗第五子，母曰宣懿皇后韋氏。元和九年六月十二日，生於東宮。長慶元年三月，封潁王，本名瀍。開成中加開府儀同三司、檢校吏部尚書，依百官例，逐月給俸料。

初，文宗追悔莊恪太子殂不由道，乃以敬宗子陳王成美爲皇太子，開成四年冬十月宣制，未遑册禮。五年正月二日，文宗暴疾，宰相李珏、知樞密劉弘逸奉密旨，以皇太子監國。兩軍中尉仇士良、魚弘志矯詔迎潁王於十六宅，曰：「朕自嬰疾疹，有加無瘳，懼不能躬總萬機，日釐庶政。稽於謨訓，謀及大臣，用建親賢，以貳神器。親弟潁王瀍昔在藩邸，與朕常同師訓，動成儀矩，性稟寬仁。俾奉昌圖，必諧人欲。可立爲皇太弟，應軍國政事，便令權勾當。百辟卿士，中外庶臣，宜竭迺心，輔成予志。陳王成美先立爲皇太子，以其年尚冲幼，未漸師資，比日重難，不遑册命，迴踐朱邸，式協至公，可復封陳王。」是夜，士良統兵士於十六宅迎太弟赴少陽院，百官謁見於東宮思賢殿。三日，仇士良收捕仙韶院副使尉遲璋殺之，屠其家。四日，文宗崩，宣遺詔：皇太弟宜於柩前即皇帝位，宰相楊嗣復攝冢宰。十四日，受册於正殿，時年二十七。陳王成美、安王溶殂於邸第。初，楊賢妃有寵於文宗，而莊恪太子母王妃失寵怨望，爲楊妃所譖，王妃死，太子廢。及開成末年，帝多疾無嗣，賢妃請以安王溶嗣，帝謀於宰臣李珏，珏非之，乃立陳王。至是，仇士良立武宗，欲歸功於己，乃發安王舊事，故二王與賢妃皆死。

二月，制穆宗妃韋氏追謚宣懿皇太后，帝之母也。上御正殿，降德音，以開府、右軍中尉仇士良封楚國公，左軍中尉魚弘志爲韓國公，太常卿崔鄲、戶部尚書判度支崔珙並本官同中書門下平章事。敕二月十五日玄元皇帝降生日宜爲降聖節，休假一日。

三月，詔宮人劉氏、王氏並爲妃。敕朔望入閤對刑法官，是日非便，宜停。

五月，中書奏：六月十二日，皇帝載誕之辰，請以其日爲慶陽節。祔宣懿太后于太廟。初，武宗欲啓穆宗陵祔葬，中書門下奏曰：「園陵已安，神道貴靜。光陵二十餘載，福陵則近又修崇。竊惟孝思，足彰嚴奉。今若再因合祔，須啓二陵，或慮聖靈不安，未合先旨。又以陰陽避忌，亦有所疑。不移福陵，實協典禮。」乃止。就舊墳增築，名曰福陵。又奏：「准今年二月八日赦文，應京諸司勒留官，令本處剋留手力雜給與攝官者。臣等檢詳，諸道正官料錢絕少，雜給手力即多，今正官勒留，亦管公事，料錢少於雜給，刻下事未得中。臣等商量，其正官料錢雜給等錢，望每貫割留二百文與攝官，餘並如舊。」從之。

秋七月，制檢校禮部尚書、華州刺史陳夷行復爲中書侍郎、同平章事。

八月十七日，葬文宗皇帝于章陵。知樞密劉弘逸、薛季稜率禁軍護靈駕至陵所，二人素爲文宗獎遇，仇士良惡之，心不自安，因是掌兵，欲倒戈誅士良、弘志。鹵簿使兵部尚書王起、山陵使崔稜覺其謀〔一〕，先諭鹵簿諸軍。是日弘逸、季稜伏誅。門下侍郎、同平章事楊嗣復檢校吏部尚書、潭州刺史，充湖南都團練觀察使；中書侍郎、同平章事李珏檢校兵部尚書、桂州刺史，充桂管防禦觀察等使；御史中丞裴夷直爲杭州刺史：皆坐弘逸、季稜黨也。易定軍亂，逐節度使陳君賞。君賞鳩合豪傑數百人，復入城，盡誅謀亂兵士，軍城復安。

九月，以淮南節度使、檢校尚書左僕射李德裕爲吏部尚書、同中書門下平章事，尋兼門下侍郎；以宣武軍節度使、檢校吏部尚書、汴州刺史李紳代德裕鎮淮南。帝在藩時，頗好道術修攝之事，是秋，召道士趙歸眞等八十一人入禁中，於三殿修金籙道場，帝幸三殿，於九天壇親受法籙。右拾遺王哲上疏，言王業之初，不宜崇信過當，疏奏不省。

十一月，鹽鐵轉運使奏江淮已南請復稅茶，從之。魏博節度使何進滔卒，三軍推其子重霸知留後事。

會昌元年正月壬寅朔。庚戌，有事於郊廟，禮畢，御丹鳳樓，大赦，改元。

二月壬寅，以淮南節度使、檢校吏部尚書李紳爲中書侍郎、同平章事。中書奏：「南宮六曹皆有職分，各責官業，卽事不因循。近者戶部度支，多是諸軍奏請，本司郎吏，束手閑居。今後請祗令本行分判，委中書門下簡擇公幹才器相當者轉授。」從之。車駕幸昆明池。賜仇士良紀功碑，詔右僕射李程爲其文。

三月，貶湖南觀察使楊嗣復潮州司馬，桂管觀察使李珏端州司馬，杭州刺史裴夷直驩州司戶。宰臣李德裕進位司空。三月壬申，宰相李德裕、陳夷行、崔珙、李紳等奏：「憲宗皇帝有恢復中興之功，請爲百代不遷之廟。」帝曰：「所論至當。」續議之，事竟不行。贈故中書令、晉國公裴度太師。山南東道蝗害稼。造靈符應聖院於龍首池。

四月辛丑，敕：「憲宗實錄舊本未備，宜令史官重修進內。其舊本不得注破，候新撰成同進。」時李德裕先請不遷憲宗廟，爲議者沮之，復恐或書其父不善之事，故復請改撰實錄，朝野非之。

五月辛未，中書門下奏：「據六典，隋置諫議大夫七人，從四品上〔三〕。大曆二年，升門下侍郎爲正三品，兩省遂闕四品。建官之道，有所未周。詩云『袞職有闕，仲山甫補之』。周、漢大臣，願入禁闥，補過拾遺。張衡爲侍郎，常居帷幄，從容諷諫。此皆大臣之任，故其秩峻，其任重，則敬其言而行其道。況謇諤之地，宜老成之人，秩未優崇，則難用耆德。其諫議大夫望依隋氏舊制，升爲從四品，分爲左右，以備兩省四品之闕。向後與丞郎出入迭用，以重其選。又御史中丞爲大夫之貳，緣大夫秩崇，官不常置，中丞爲憲臺之長。今寺監、少卿、少監、司業、少尹並爲寺署之貳，皆爲四品。中丞官名至重，見秩未崇，望升爲從四品。」從之。

六月，有禿鶖鳥集於禁苑。庚子夜五更，小流星五十餘旁午流散。制以魏博兵馬留後何重霸檢校工部尚書、魏州大都督府長史，充天雄軍節度使，仍賜名重順。中書奏請依姚璹故事，宰相每月修時政記送史館，從之。以衡山道士劉玄靖爲銀青光祿大夫，充崇玄館學士，賜號廣成先生，令與道士趙歸眞於禁中修法籙。左補闕劉彥謨上疏切諫，貶彥謨爲河南府戶曹。敕：「自前中外上封論事，有所糾舉，則請留中。今後並云『請付御史臺』，不得云『留中不下』。如事關軍國，理須宥密，不在此限。如臺司勘當後，若得事實，必獎奉公。

苟涉加誣，必當反問。告示中外，明知此意。」

七月己巳，北方有流星，經天良久。關東大蝗傷稼。襄郢江左大水。彗復出室壁之間。

八月，迴鶻烏介可汗遣使告難，言本國爲黠戛斯所攻，故可汗死，今部人推爲可汗。緣本國破散，今奉太和公主南投大國。時烏介至塞上，大首領嗢沒斯與赤心宰相相攻，殺赤心，率其部下數千帳近西城。天德防禦使田牟以聞。烏介又令其相頡干迦斯上表，借天德城以安公主，仍乞糧儲牛羊供給。詔金吾大將軍王會、宗正少卿李師偃往其牙宣慰，令放公主入朝，賑粟二萬石。

九月，幽州軍亂，逐其帥史元忠，推牙將陳行泰爲留後。三軍上章請符節，朝旨未許。十月，幽州雄武軍使張絳遣軍吏吳仲舒入朝，言行泰慘虐，不可處將帥之任，請以鎭軍加討，許之。十月，誅行泰，遂以絳知兵馬使。車駕校獵咸陽。

十一月丁酉朔。壬寅夜，大星東北流，其光燭地，有聲如雷，山崩石隕。其彗起於室，凡五十六日而滅。太和公主遣使入朝，言烏介自稱可汗，乞行策命，緣初至漠南，乞降使宣慰，從之。

十二月，中書門下奏修實錄體例：「舊錄有載禁中之言。伏以君上與宰臣、公卿言事，皆須衆所聞見，方可書於史册。且禁中之語，在外何知，或得之傳聞，多涉於浮妄，便形史筆，實累鴻猷。今後實錄中如有此色，並請刋削。又宰臣與公卿論事，行與不行，須有明據。或奏請允愜，必見褒稱；或所論乖僻，因有懲責。在藩鎮上表，必有批答，居要官啓事者，自有著明，並須昭然在人耳目。或取捨存於堂案，或與奪形於詔敕，前代史書所載奏議，罔不由此。近見實錄多載密疏，言不彰於朝聽，事不顯於當時，得自其家，未足爲信。今後實錄所載章奏，並須朝廷共知者，方得紀述，密疏並請不載。如此則理必可法，人皆向公，愛憎之志不行，褒貶之言必信。」從之。李德裕奏改修憲宗實錄所載吉甫不善之迹，鄭亞希旨削之，德裕更此條奏，以掩其迹。搢紳謗議，武宗頗知之。

二年春正月丙申朔，以撫王紘爲開府儀同三司、幽州大都督府長史，充幽州盧龍節度大使。以雄武軍使張絳檢校左散騎常侍，兼幽州左司馬，知兩使留後，仍賜名仲武〔三〕。中書奏百官議九宮壇本大祠，請降爲中祠。宰相崔珙、陳夷行奏定左右僕射上事儀注。

二月丙寅，中書奏：「准元和七年敕，河東、鳳翔、鄜坊、邠寧等道州縣官，令戶部加給課料錢歲六萬二千五百貫。吏部出得平留官數百員，時以爲當。自後戶部支給零碎不時，觀察使乃別將破用，徒有加給，不及官人，所以選人憚遠，不樂注受。伏望令部都與實物，及時支遣〔四〕。諸道委觀察判官知給受，專判此案，隨月支給，年終計帳申戶部。又赴選官人多京債，到任塡還，致其貪求，罔不由此。今年三銓，於前件州府得官者，許連狀相保，戶部各借兩月加給料錢〔五〕，至支時折下。所冀初官到任，不帶息債，衣食稍足，可責淸廉。」從之。太子太師致仕蕭俛卒。牂柯、南詔蠻遣使入朝。

三月，遣使册迴紇烏介可汗。以振武麟勝節度使、銀靑光祿大夫、檢校尙書右僕射、單于大都護、兼御史大夫、彭城郡開國公、食邑二千戶劉沔可檢校右僕射，兼太原尹、北京留守，充河東節度、管內觀察處置等使，代苻澈。時迴紇在天德，命沔以太原之師討之。

四月乙丑朔，光祿大夫、守司空、兼門下侍郎、平章事李德裕，銀靑光祿大夫、守右僕射、門下侍郎、平章事崔珙，銀靑光祿大夫、中書侍郎、同平章事李紳，金紫光祿大夫、檢校司徒、兼太子太保牛僧孺等上章，請加尊號曰仁聖文武至神大孝皇帝。戊寅，御宣政殿受册。是月九日雨，至十四日轉甚，乃改用二十三日。時有纖人告中尉仇士良，言宰相作赦書，欲減削禁軍衣糧馬草料。士良怒曰：「必若有此，軍人須至樓前作鬧。」宰相李德裕等知之，請開延英訴其事。帝曰：「奸人之詞也。」召兩軍中尉諭之曰：「赦書出自朕意，不由宰相，況未施行，公等安得此言？」士良惶恐謝之。是日晴霽。中書奏：「元日御含元殿，百官就列，唯宰相及兩省官皆未開扇前立於欄檻之內，及扇開，便侍立於御前。三朝大慶，萬邦稱賀，唯宰相侍臣同介冑武夫，竟不拜至尊而退，酌於禮意，事未得中。臣等請御殿日昧爽，宰相、兩省官闕班於香案前，俟扇開，通事贊兩省官再拜，拜訖，升殿侍立。」從之。天德奏，迴紇族帳侵擾部內。敕：「勸課種桑，比有敕命，如能增數，每歲申聞。比知並無遵行，恣加翦伐，列於鄽市，賣作薪蒸。自今州縣所由，切宜禁斷。」

五月，敕慶陽節百官率醵外，別賜錢三百貫，以備素食合宴，仍令京兆府供帳，不用追集坊市樂人〔六〕。天德軍使田牟奏：迴紇大將嗢沒斯與多覽將軍將吏二千六百人請降，遣中人齎詔慰勞之。宰相李德裕兼守司徒。太子太師致仕鄭覃卒。

六月甲子朔，火星犯木。丙寅，太白犯東井。迴紇降將嗢沒斯將吏二千六百餘人至京師。制以嗢沒斯檢校工部尚書，充歸義軍使，封懷化郡王，仍賜姓名曰李思忠；以迴紇宰相受耶勿爲歸義軍副使、檢校右散騎常侍，賜姓名曰李弘順。

七月，嵐州人田滿川據郡叛，劉沔誅之。

八月，迴紇烏介可汗過天德，至杷頭烽北〔七〕，俘掠雲、朔北川，詔劉沔出師守鴈門諸關。迴紇首領屈武降幽州〔八〕，授左武衛將軍同正。詔以迴紇犯邊，漸侵內地，或攻或守，於理何安？令少師牛僧孺、陳夷行與公卿集議可否以聞。僧孺曰：「今百僚議狀，以固守關防，伺其可擊則用兵。」宰相李德裕議：「以迴紇所恃者嗢沒、赤心耳，今已離叛，其強弱之勢可見。戎人獷悍，不顧成敗，以失二將，乘忿入侵，出師急擊，破之必矣。守險示弱，虜無由退。擊之爲便。」天子以爲然。乃徵發許、蔡、汴、滑等六鎭之師，以太原節度使劉沔爲迴紇南面招討使；以張仲武爲幽州盧龍節度使、檢校工部尙書，封蘭陵郡王，充迴紇東面招討使；以李思忠爲河西党項都將，迴紇西南面招討使：皆會軍於太原。制以皇子峴爲益王，岐爲兗王，皇長女爲昌樂公主，第二女爲壽春公主，第三女永寧公主。上御麟德殿，見室韋首領督熱論等十五人。太原奏迴紇移帳近南四十里，索叛將嗢沒斯，昨至橫水俘虜，兼公主上表言食盡，乞賜牛羊事。賜烏介詔曰：

朕自臨寰區，爲人父母，唯以好生爲德，不願黷武爲名。故自彼國不幸爲黠戛斯所破〔九〕，來投邊境，已歷歲年，撫納之間，無所不至。初則念其饑歉，給以糧儲；旋則知其破傷，盡還馬價。前後遣使勞問，交馳道途。小小侵擾，亦盡不計。今可汗尙此近塞，未議還蕃。朝廷大臣，四方節鎭，皆懷疑忿，盡請興師，雖朕切務含弘，亦所未諭。一昨數使迴來，皆言可汗只待馬價，及令付之次，又聞所止屢遷，或侵掠雲、朔等州，或劫奪羌、渾諸部，未知此意，終欲如何？若以未交馬價，須近塞垣，行止之間，亦宜先告邊將。豈有倏來忽往，遷徙不常。雖云隨逐水草，動皆逼近城柵。遙揣深意，似恃姻好之情；每覩蹤由，實爲馳突之計。況到橫水柵下，殺戮至多。蕃、渾牛羊，豈吝馳掠；黎庶何罪，皆被傷夷。所以中朝大臣皆云：「迴紇近塞，已是違盟；更戮邊人，實背大義。」咸願因此翦逐，以雪殂謝之冤。然朕志在懷柔，情深屈己，寧可汗之負德，終未忍於幸災。石戒直久在京城，備知人實憤惋，發於誠懇，固請自行。嘉其深見事機，不能違阻。可汗審自問遂，速擇良圖，無至不悛，以貽後悔。

詔太原起室韋沙陀三部落、吐渾諸部，委石雄爲前鋒。易定兵千人守大同軍，契苾通、何清朝領沙陀、吐渾六千騎趨天德，李思忠率迴紇、党項之師屯保大栅。

十月，吐蕃贊普卒，遣使論普熱入朝告哀，詔將作少監李璟入蕃弔祭。帝幸涇陽，校獵白鹿原。諫議大夫高少逸、鄭朗等於閤內論：「陛下校獵太頻，出城稍遠，萬機廢弛，星出夜歸，方今用兵，且宜停止。」上優勞之。諫官出，謂宰相曰：「諫官甚要，朕時聞其言，庶幾減過。」

三年春正月，以宿師于野，罷元會。敕新授銀州刺史、本州押蕃落、銀川監牧使何清朝可檢校太子賓客、左龍武大將軍，令分領沙陀、吐渾、党項之衆赴振武，取劉沔處分。

二月，先詔百官之家不得於京城置私廟者，其皇城南向六坊不得置，其閒僻坊曲即許依舊置。太原劉沔奏：「昨率諸道之師至大同軍，遣石雄襲迴鶻牙帳，雄大敗迴鶻於殺胡山，烏介可汗被創而走。已迎得太和公主至雲州。」是日，御宣政殿，百僚稱賀。制曰：

夫天之所廢，難施繼絕之恩；人之所棄，當用侮亡之道。朕每思前訓，豈忘格言。迴鶻比者自恃兵強，久爲桀驁，淩虐諸部，結怨近鄰。黠戛斯潛師討掃，穹居瓦解，種族盡膏於原野，區落遂至於荆榛。今可汗逃走失國，竊號自立，遠踰沙漠，寄命邊陲。朕念其衰殘，尋加賑卹。每陳章表，多詐諛之詞；接我使臣，如全盛之日。無傷禽哀鳴之意，有困獸猶鬬之心。去歲潛入朔川，大掠牛馬；今春掩襲振武，逼近城池。可汗皆自率兵，首爲寇盜，不恥破敗，莫顧姻親。河東節度使劉沔料敵伐謀，乘機制勝，發胡貉之騎以爲前鋒，搴翎侯之旗伐彼在穴。短兵鏖於帳下，元惡抶於轂中。況乘匪六飛，衆纔一旅，儲備已竭，計日可擒。太和公主居處不同，情義久絕。懷土多思，亟聞黃鵠之歌；失位自傷，寧免綠衣之歎。念其羈苦，常軫朕心。今已脫於豺狼，再見宮闕，上以攄宗廟之宿憤，次以慰太皇太后之深慈，永言歸寧，良用欣感。其迴紇既以破滅，義在翦除，宜令諸道兵馬使同進討。河東立功將士已下，優厚賞給，續條疏處分。應在京外宅及東都修功德迴紇，並勒冠帶，各配諸道收管。其迴紇及摩尼寺莊宅、錢物等，並委功德使與御史臺及京兆府各差官點檢收抽，不得容諸色人影占。如犯者並處極法，錢物納官。摩尼寺僧委中書門下條疏聞奏。

以麟州刺史、天德行營副使石雄爲銀青光祿大夫、檢校左散騎常侍、豐州刺史、御史大夫，充豐州西城中城都防禦、本管押蕃落等使。劉沔檢校尙書左僕射，張仲武檢校尙書右僕射，餘並如故。黠戛斯使注吾合素入朝，獻名馬二匹，言可汗已破迴鶻，迎得太和公主歸國，差人送公主入朝，愁迴鶻殘衆奪之於路。帝遂遣中使送注吾合素往太原迎公主。時烏介可汗中箭，走投黑車子，詔黠戛斯出兵攻之。

三月，太和公主至京師，百官班于章敬寺迎謁，仍令所司告憲宗、穆宗二室。

四月，昭義節度使劉從諫卒，三軍以從諫姪稹爲兵馬留後，上表請授節鉞。尋遣使齎詔潞府，令稹護從諫之喪歸洛陽。稹拒朝旨。詔中書門下兩省尙書御史臺四品已上、武官三品已上，會議劉稹可誅可宥之狀以聞。

五月，敕諸道節度使置隨身不得過六十人，觀察使不得過四十人，經略、都護不得過三十人。築望仙觀於禁中。宰臣百僚進議狀：「以昆戎未殄，塞上用兵，不宜中原生事，潞府請以親王遙領，令稹權知兵馬事，以俟邊上罷兵。」獨李德裕以爲澤潞內地，前時從諫許襲，已是失斷，自後跋扈難制，規脅朝廷。以稹豎子，不可復踐前車，討之必殄。武宗性雄俊，曰：「吾與德裕同之，保無後悔。」自是諫官上疏言不可用兵相繼。

六月，西內神龍寺災。左軍中尉楚國公仇士良卒。

秋七月戊子，宰相奏：「秋色已至，將議進軍，幽州須早平迴鶻，鎮、魏須速誅劉稹，各須遣使諭旨，兼偵三鎮軍情。今日延英面奉聖旨〔一〇〕，欲遣張賈充使。臣等續更商量，張賈幹濟有才，甚諳軍中體勢，然性剛負氣，慮不安和，不如且命李回。若以臺綱闕人，即兵部侍郎鄭涯久爲征鎮判官，情甚精敏，雖無詞辯，言事分明，官重事閑，最似相稱。」上曰：「不如令李回去。」即遣回奉使三鎮。

八月壬戌，火星自七月蒼赤色，動搖井中，至是月十六日犯輿鬼。萬年縣東市火。黠戛斯使諦德伊斯難珠入朝。以右僕射、平章事陳夷行檢校司空，兼河中尹、御史大夫，充河中節度、晉絳慈隰觀察等使。

九月，制：

定天下者，致風俗於大同；安生人者，齊法度於畫一。雖晉之欒、趙，家有舊勳；漢之韓、黥，身爲佐命。至于干亂紀律，罔不梟夷，禁暴除殘，古今大義。

故昭義節度劉悟，頃居海岱，嘗列爪牙。屬師道阻兵，王師問罪，三面開網，一境離心，乘此危機，遂能歸命。憲宗嘉其誠款，授以南燕；穆宗待以腹心，委之上黨。招致死士，固護一方，迨于末年，已虧臣節。劉從諫生稟戾氣，幼習亂風。因跋扈之資，以專封壤；恃紀綱之力，以襲兵符。暫展執珪之儀，終無上綬之請。隙駒爲喻，魏豹姑務於絕河；井蛙自居，孫沭頗聞于恃險。誘受亡命，妄作妖言，中罔朝廷，潛圖左道。接壤戎帥，屢奏陰謀，顧鬐鬣之所矜，豈淵魚之是察。洎乎沈痼，曾靡哀鳴，猶駐將盡之魂，恣行邪僻之志，罔或奮拔，自樹狡童。中使授醫，莫覩其朝服；近臣銜命，不入於壘門。逆節甚明，人神共棄。其贈官及先所授官爵、并劉稹在身官爵，宜並削奪。成德軍節度使王元逵、魏博節度使何弘敬，或姻連王室，或任重藩維，懇陳一至之誠，願暢九伐之命〔二〕。吳漢任職，受詔而初無辦嚴；卜式朴忠，未戰而義形於色。況成德軍嘗以梟騎橫陣，首破朱滔。戰氣方酣，再迴魯陽之日；鼓音不息，三周不注之山。魏博軍頃以大旆涉河，竟殲師道。建十二郡之旗鼓，以列降人；削六十年之厲階，盡歸皇化。士傳餘勇，軍有雄名，必能稟酇侯之指縱，成葛亮之心伐。咨爾二帥，朕所注懷，元逵可本官充北面招討澤潞使，弘敬充東面招討澤潞使。

曩者列祖在藩，先天啓聖。符瑞昭晰，彩繪煥於泗亭；鑾輅巡遊，金石刻於代邸。實謂可封之俗，久爲仁壽之鄉。寇難以來，頗著誠節，必非同惡，咸許自新。其昭義舊將士及百姓等，如保初心，並赦而不問。如能捨逆效順，以州郡兵衆歸降者，必厚加封賞。如能擒送劉稹者，別授土地，以報勳庸。頃隨劉悟鄆州舊將校子孫，既有義心，宜思改悔。如能感喻劉稹，束身歸朝，必當待之如初，特與洗雪。爾等舊校，亦並酬勞。

仍委夷行、劉沔、王茂元各進兵同力攻討。其諸道進軍，並不得焚燒廬舍，發掘墳墓，擒執百姓以爲俘囚。桑麻田苗，各許本戶爲主。罪止元惡，務拯生靈。

於戲！蕃維大臣，抗疏於外；髦俊舊老，昌言於朝。戒朕以祖宗之法，不可私一族；刑賞之柄，所以正萬邦。宜用甲兵，陳於原野。雖朕以恩不聽，而羣臣以義固爭，詢自僉謀，諒非獲已。布告中外，明體朕懷。

仍以徐泗節度使李彥佐爲澤潞西南面招討使。河陽節度使王茂元以本軍屯萬善。彥佐制下後踰月未出師，朝廷疑其持重，乃以天德軍石雄爲彥佐之副。劉稹牙將李丕降，用爲忻州刺史。以陳許節度使王宰充澤潞南面招討使。河陽節度使王茂元卒，贈司徒。王宰代茂元總萬善之師。

十月，宰相監修國史李紳、兵部郎中史館修撰判館事鄭亞進重修憲宗實錄四十卷，頒賜有差。晉絳行營副招討石雄奏收賊砦五。以河東節度使劉沔檢校司空，兼滑州刺史、御史大夫，充義成軍節度、鄭滑濮觀察等使。以荆南節度使、檢校右僕射、同平章事李石可檢校司空、平章事，兼太原尹、北都留守，充河東節度、管內觀察等使。

十一月，敕：「中外官員，過爲繁冗，量宜減省，以便軍民。宜令吏部條疏合減員數以聞。」

十二月，王宰奏收天井關。榆社行營都將王逢奏兵少，乞濟師，詔太原軍二千人赴之。初劉沔破迴鶻，留三千人戍橫水，至是，李石以太原無兵，抽橫水戍卒一千五百人以赴王逢。是月二十八日，橫水軍至太原，請出軍優給。舊例每一軍絹二疋，時劉沔交代後，軍庫無絹。石以己絹益之，方可人給一疋，便催上路。軍人以歲將除，欲候過歲，期既速，軍情不悅。都頭楊弁乘士卒流怨，激之爲亂。

四年春正月乙酉朔，以澤潞用兵，罷元會。其日，楊弁逐太原節度使李石。敕：「齋月斷屠，出於釋氏，國家創業，猶近梁、隋，卿相大臣，或沿茲弊。鼓刀者既獲厚利，糾察者潛受請求。正月以萬物生植之初，宜斷三日。列聖忌斷一日。仍准開元二十二年敕，三元日各斷三日，餘月不禁。」壬子，河東監軍使呂義忠收復太原，生擒楊弁，盡斬其亂卒，百僚稱賀。

二月甲寅朔。丁巳，制河中晉絳慈隰等州節度觀察等使、中散大夫、檢校左散騎常侍、河中尹、御史大夫、上柱國、博陵縣開國男、食邑三百戶崔元式可檢校禮部尚書，兼太原尹、北都留守，充河東節度觀察等使。戊午夜，太白犯鎮星。辛酉，太原送楊弁與其同惡五十四人來獻，斬於狗脊嶺。

三月，以晉絳副招討石雄爲澤潞西面招討，以汾州刺史李丕爲副。以道士趙歸眞爲左右街道門教授先生。時帝志學神仙，師歸眞。歸眞乘寵，每對，排毀釋氏，言非中國之教，蠹耗生靈，盡宜除去，帝頗信之。

四月，王宰進軍攻澤州。

五月，以司農卿薛元賞爲京兆尹。

六月，金紫光祿大夫、尚書右僕射、中書侍郎、同平章事、判度支崔珙貶澧州刺史。癸丑，敕：「諫官論事，所見不同，連狀署名，事同糺率。此後凡論公事，各隨己見，不得連署姓名。如有大政奏論，卽可連署。」制追削故左軍中尉仇士良先授官及贈官，其家財並籍沒。士良死後，中人於其家得兵仗數千件，兼發士良宿罪故也。敕責授官銀青光祿大夫、澧州刺史、上柱國、安平郡開國公、食邑二千戶崔珙再貶恩州司馬員外置，以珙領鹽鐵時欠宋滑院鹽鐵九十萬貫。帝令度支、鹽鐵、轉運合爲一使。

七月，以淮南節度使、檢校司空杜悰守尚書右僕射、兼門下侍郎、同平章事，仍判度支，充鹽鐵轉運等使。又制銀青光祿大夫、守尚書右僕射、兼門下侍郎、同平章事、監修國史、上柱國、趙郡開國公、食邑二千戶李紳可檢校司空、平章事、揚州大都督府長史、淮南節度副大使、知節度事。吏部條奏中外合減官員一千一百一十四員。王元逵奏邢州刺史裴問、別將高元武以城降。洛州刺史王釗、磁州刺史安玉以城降何弘敬。山東三州平。潞州大將郭誼、張谷、陳揚廷遣人至王宰軍，請殺稹以自贖。王宰以聞，乃詔石雄率軍七千入潞州，誼斬劉稹首以迎雄，澤、潞等五州平。

八月戊戌，王宰傳稹首與大將郭誼等一百五十人，露布獻於京師，上御安福門受俘，百僚樓前稱賀。以魏博節度使、檢校尚書右僕射、同平章事何弘敬進封廬江郡開國公，食邑二千戶；以成德軍節度使王元逵檢校司空、兼太子太師、同平章事，進封太原郡開國公，食邑二千戶。宰相李德裕守太尉，進封衞國公，加食邑一千戶。以兵部侍郎、翰林學士承旨崔鉉爲中書侍郎、同平章事。河東節度使陳夷行卒。

九月，以天德軍使、晉絳行營招討使石雄檢校兵部尚書、河中尹、兼御史大夫、河中晉絳慈隰等州節度使。以前山南東道節度使盧鈞檢校尚書左僕射、潞州大都督府長史，充昭義軍節度使、澤潞邢洺觀察等使。以忠武軍節度、陳許蔡等州觀察處置等使、河陽行營諸軍招討使、金紫光祿大夫、檢校尚書右僕射、兼御史大夫、上柱國、太原郡開國公、食邑二千戶王宰檢校司空、太原尹、北都留守，充河東節度、管內觀察處置等使。制曰：「逆賊郭誼等，狐鼠之妖，依丘穴而作固；牛羊之力，得水草而逾兇。久從叛臣，皆負逆氣。劉從諫背德反義，掩賊藏姦，積其怙亂之謀，無非親吏之計。劉公直、安全慶等各憑地險，屢抗王師，每肆悖言，罔懷革面〔三〕。況郭誼、王協聞邢、洺歸款，懼義旅覆巢，賣孽童以圖全，據堅城而請命。昔伍被詣吏，不免就誅；延岑出降，終亦夷族。致之大辟，無所愧懷。」郭誼、劉公直、王協、安全慶、李道德、李佐堯、劉稹、稹母阿裴、稹弟曹九滿郎君郎、妹四娘五娘、從兄洪卿漢卿周卿魯卿匡堯、張谷男涯、解愁、陳揚廷弟宣、男醜奴、張溢男歡郎三寶、門客甄戈、伎術人郭諗蔣黨、李訓兄仲京、王涯姪孫羽、韓約男茂章茂寶、王璠男珪等，並處斬于獨柳。敕以河陽三城鎮遏使爲孟州，割澤州隸焉，與懷、孟、澤爲節度，號河陽。制以皇子惲爲開府儀同三司、夏州刺史、朔方軍節度大使，時党項叛，命親王以制之。

十月，車駕幸鄠縣。

十一月，幸雲陽。

十二月，敕：「郊禮日近，獄囚數多，案款已成，多有翻覆。其兩京天下州府見繫囚，已結正及兩度翻案伏款者，並令先事結斷訖申。」時左僕射王起頻年知貢舉，每貢院考試訖，上榜後，更呈宰相取可否。後人數不多，宰相延英論言：「主司試藝，不合取宰相與奪。比來貢舉艱難，放人絕少，恐非弘訪之道。」帝曰：「貢院不會我意。不放子弟，即太過，無論子弟、寒門，但取實藝耳。」李德裕對曰：「鄭肅、封敖有好子弟，不敢應舉。」帝曰：「我比聞楊虞卿兄弟朋比貴勢，妨平人道路。昨楊知至、鄭朴之徒，並令落下，抑其太甚耳。」德裕曰：「臣無名第，不合言進士之非。然臣祖天寶末以仕進無他伎，勉強隨計，一舉登第。自後不於私家置文選，蓋惡其祖尙浮華，不根藝實。然朝廷顯官，須是公卿子弟。何者？自小便習舉業，自熟朝廷間事，臺閣儀範，班行准則，不敎而自成。寒士縱有出人之才，登第之後，始得一班一級，固不能熟習也。則子弟成名，不可輕矣。」

五年春正月己酉朔，敕造望僊臺於南郊壇。時道士趙歸眞特承恩禮，諫官上疏，論之延英。帝謂宰臣曰：「諫官論趙歸眞，此意要卿等知。朕宮中無事，屏去聲技，但要此人道話耳。」李德裕對曰：「臣不敢言前代得失，只緣歸眞於敬宗朝出入宮掖，以此人情不願陛下復親近之。」帝曰：「我爾時已識此道人，不知名歸眞，只呼趙鍊師。在敬宗時亦無甚過。我與之言，滌煩爾。至於軍國政事，唯卿等與次對官論，何須問道士。非直一歸眞，百歸眞亦不能相惑。」歸眞自以涉物論，遂舉羅浮道士鄧元起有長年之術，帝遣中使迎之。由是與衡山道士劉玄靖及歸眞膠固，排毀釋氏，而拆寺之請行焉。宰臣李德裕杜悰李讓夷崔鉉、太常卿孫簡等率文武百僚上徽號曰仁聖文武章天成功神德明道皇帝。辛亥，有事於郊廟，禮畢，御承天門，大赦天下。庚申，義安太后崩，敬宗之母也。遺令皇帝三日聽政，十三日小祥，二十五日大祥，二十七日釋服。兵部尙書歸融奏：「事貴得中，禮從順變，配祔之禮，宜有等差。請降服期，以日易月，十二日釋服。內外臣僚，亦請以其日釋服。陵園制度，請無降殺。」從之。以前太原節度使、檢校司空李石以本官充東都留守。

二月戊寅朔，太白掩昴之北側。諫議大夫、權知禮部貢舉陳商選士三十七人中第，物論以爲請託，令翰林學士白敏中覆試，落張瀆、李玗、薛忱、張覿、崔凜、王諶、劉伯芻等七人。

三月，崔鉉罷知政事，出爲陝虢觀察使。以御史中丞、兼兵部侍郎李回本官同平章事。

夏四月，皇第四女封延慶公主，第五女封靖樂公主。敕祠部檢括天下寺及僧尼人數，大凡寺四千六百，蘭若四萬，僧尼二十六萬五百。宰相杜悰罷知政事。以戶部侍郎、判戶部崔元式同平章事。

六月丙子，敕：「漢、魏已來，朝廷大政，必下公卿詳議，博求理道，以盡羣情。所以政必有經，人皆向道。此後事關禮法，羣情有疑者，令本司申尚書都省，下禮官參議。如是刑獄，亦先令法官詳議，然後申刑部參覆。如郎官、御史有能駁難，或據經史故事，議論精當，即擢授遷改以奬之。如言涉浮華，都無經據，不在申聞。」神策奏修望僊樓及廊舍五百三十九間功畢。

秋七月庚子，敕併省天下佛寺。中書門下條疏聞奏：「據令式，諸上州國忌日官吏行香於寺，其上州望各留寺一所，有列聖尊容，便令移於寺內；其下州寺並廢。其上都、東都兩街請留十寺，寺僧十人。」敕曰：「上州合留寺，工作精妙者留之；如破落，亦宜廢毀。其合行香日，官吏宜於道觀。其上都、下都每街留寺兩所，寺留僧三十人。上都左街留慈恩、薦福，右街留西明、莊嚴。」中書又奏：「天下廢寺，銅像、鐘磬委鹽鐵使鑄錢，其鐵像委本州鑄爲農器，金、銀、鍮石等像銷付度支。衣冠士庶之家所有金、銀、銅、鐵之像，敕出後限一月納官，如違，委鹽鐵使依禁銅法處分。其土、木、石等像合留寺內依舊。」又奏：「僧尼不合隸祠部，請隸鴻臚寺。其大秦穆護等祠，釋教既已釐革，邪法不可獨存。其人並勒還俗，遞歸本貫充稅戶。如外國人，送還本處收管。」

八月，制：

朕聞三代已前，未嘗言佛，漢、魏之後，像教寖興。是由季時，傳此異俗，因緣染習，蔓衍滋多。以至於蠹耗國風，而漸不覺；誘惑人意，而衆益迷。洎於九州山原，兩京城闕，僧徒日廣，佛寺日崇。勞人力於土木之功，奪人利於金寶之飾，遺君親於師資之際，違配偶於戒律之間。壞法害人，無逾此道。且一夫不田，有受其飢者；一婦不蠶，有受其寒者。今天下僧尼，不可勝數，皆待農而食，待蠶而衣。寺宇招提，莫知紀極，皆雲構藻飾，僭擬宮居。晉、宋、齊、梁，物力凋瘵，風俗澆詐，莫不由是而致也。況我高祖、太宗，以武定禍亂，以文理華夏，執此二柄，足以經邦，豈可以區區西方之教，與我抗衡哉！貞觀、開元，亦嘗釐革，剗除不盡，流衍轉滋。朕博覽前言，旁求輿議，弊之可革，斷在不疑。而中外誠臣，協予至意，條疏至當，宜在必行。懲千古之蠹源，成百王之典法，濟人利衆，予何讓焉。其天下所拆寺四千六百餘所，還俗僧尼二十六萬五百人，收充兩稅戶，拆招提、蘭若四萬餘所，收膏腴上田數千萬頃，收奴婢爲兩稅戶十五萬人。隸僧尼屬主客，顯明外國之教。勒大秦穆護、祆三千餘人還俗〔三〕，不雜中華之風。於戲！前古未行，似將有待；及今盡去，豈謂無時。驅游惰不業之徒，已踰十萬；廢丹雘無用之室，何啻億千。自此淸淨訓人，慕無爲之理；簡易齊政，成一俗之功。將使六合黔黎，同歸皇化。尙以革弊之始，日用不知，下制明廷，宜體予意。制第六女封樂温公主，第七女封長寧公主。中書奏：「伏見公主上表稱『妾某者』，伏以臣妾之義，取其賤稱；家人之禮，卽宜區別。臣等商量，公主上表，請如長公主之例，並云『某邑公主幾女上表』，郡、縣主亦望依此例稱謂。」從之。

九月，火星犯上將。

十月乙亥，中書奏：「汜水縣武牢關是太宗擒王世充、竇建德之地，關城東峯有二聖塑容，在一堂之內。伏以山河如舊，城壘猶存，威靈皆盛於軒臺，風雲疑還於豐沛。誠宜百代嚴奉，萬邦式瞻。西漢故事，祖宗嘗行幸處，皆令邦國立廟。今緣定覺寺例合毀拆。望取寺中大殿材木，於東峯以造一殿，四面置宮牆，伏望名爲昭武廟，以昭聖祖武功之盛。委懷孟節度使差判官一人勾當。緣聖像年代已久，望令李石於東都揀好畫手，就增嚴飾。初興功日，望令東都差分司官一員薦告。」從之。

十一月甲辰，敕：「悲田養病坊，緣僧尼還俗，無人主持，恐殘疾無以取給，兩京量給寺田賑濟。諸州府七頃至十頃，各於本管選耆壽一人勾當，以充粥料。」

十二月，車駕幸咸陽。給事中韋弘質上疏，論中書權重，三司錢穀不合相府兼領。宰相奏論之曰：

臣等昨於延英對，恭聞聖旨常欲朝廷尊，臣下肅，此是陛下深究理本也。臣按管子云：「凡國之重器，莫重於令。令重則君尊，君尊則國安。故國安在於尊君，尊君在於行令。君人之理，本莫要于出令。故曰：虧令者死，益令者死，不行令者死，不從令者死。又曰：令行于上，而下論可不可，是上失其威，下繫於人也。」自大和已來，其風大弊，令出于上，非之於下。此弊不除，無以理國也。

昨韋弘質所論宰相不合兼領錢穀，臣等輒以事體陳聞。昔匡衡所以云：「大臣者，國家之股肱，萬姓所瞻仰，明王所愼擇。」傳曰：「下輕其上，賤人圖柄，則國家搖動，而人不靜。」弘質受人教導，輒獻封章，是則賤人圖柄矣。蕭望之漢朝名儒重德，爲御史大夫，奏云：「今首歲日月少光，罪在臣等。」上以望之意輕丞相，乃下侍中御史詰問。貞觀中，監察御史陳師合上書云：「人之思慮有限，一人不可兼總數職。」太宗曰：「此人妄有毀謗，欲離間我君臣。」流師合於嶺外。賈誼云：「人主如堂，羣臣如陛，陛高則堂高。」亦由將相重則君尊〔四〕，其勢然也。如宰相姦謀隱匿，則人人皆得上論。至於制置職業，固是人主之柄，非小人所得干議。古者朝廷之上，各守其官，思不出位。弘質賤人，豈得以非所宜言上瀆明主，此是輕宰相撓時政也。昔東漢處士橫議，遂有黨錮事起，此事深要懲絕。伏望陛下詳其姦詐，去其朋徒，則朝廷安靜，制令肅然。臣等不勝感憤之至。

弘質坐貶官。又奏曰：「天寶已前，中書除機密遷授之外，其他政事皆與中書舍人同商量。自艱難已來，務從權便，政頗去於臺閣，事多繫於軍期，決遣萬機，不暇博議。臣等商量，今後除機密公事外，諸侯表疏、百僚奏事、錢穀刑獄等事，望令中書舍人六人，依故事先參詳可否，臣等議而奏聞。」從之。李德裕在相位日久，朝臣爲其所抑者皆怨之。自崔鉉、杜悰罷相後，中貴人上前言德裕太專，上意不悅，而白敏中之徒，教弘質論之，故有此奏。而德裕結怨之深，由此言也。

六年春正月癸卯朔。丁巳，左散騎常侍致仕馮定卒，贈工部尙書。己未，南詔、契丹、室韋、渤海、牂柯、昆明等國遣使入朝，對于麟德殿。兵部侍郎、判度支盧商奏：「諸道兵討伐党項，今差度支郎官一人往所在有糧料州郡，先計度支給。」從之。己丑，渤海王子大之萼入朝。東都太微宮修成玄元皇帝、玄宗、肅宗三聖容，遣右散騎常侍裴章往東都薦獻。監察元壽奏前彭州刺史李鉷買本州龍興寺婢爲乳母，違法，貶隨州長史。

二月壬申朔。癸酉，以時雨愆候，詔：「京城天下繫囚，除官典犯贓、持仗劫殺、忤逆十惡外，餘罪遞減一等，犯輕罪者並釋放〔三〕。征党項行營兵士，不得濫有殺傷。」丁丑，左拾遺王龜以父興元節度使起年高，乞休官侍養，從之。是夜，月犯畢大星，相去三寸。庚辰，以夏州節度使米曁充東北道招討党項使。壬午，右庶子呂讓進狀：「亡兄溫女，大和七年嫁左衞兵曹蕭敏，生二男。開成三年，敏心疾乖忤，因而離婚。今敏日愈，却乞與臣姪女配合。」從之。乙酉，前太子少保劉沔可太子太保致仕。前壽州刺史王鎮貶潞州長史。丁亥夜，月色少光，至一更一點，犯熒惑，相去四寸。後良久，其光燭地，在軫七度。壬辰，以翰林學士、起居郎孫瑴爲兵部員外郎充職。以旱，停上巳曲江賜宴。敕：「比緣錢重幣輕，生人轉困，今新加鼓鑄，必在流行，通變救時，莫切於此。宜申先甲之令，以儆居貨之徒。京城諸道，宜起來年正月已後，公私行用，並取新錢。其舊錢權停三數年。如有違犯，同用鉛錫錢例科斷。其舊錢並沒納。」又敕：「諸道鑄錢，已有次第，須令舊錢流布，絹價稍增。文武百僚俸料，起三月一日，並給見錢一半。先給疋段，對估時價，皆給見錢。」貶舒州刺史蘇滌爲連州刺史。滌李宗閔黨，前自給事中爲德裕所斥，累年郡守，至是李紳言其無政故也。以邠寧節度使高承恭充西南面招討党項使。丙申夜，月掩牛南星，又犯歲星。丁酉，新羅使金國連入朝。辛丑夜，東北流星如桃，色赤，其光燭地，尾迹入大角，西流穿紫微垣。

三月壬寅，上不豫，制改御名炎。帝重方士，頗服食修攝，親受法籙。至是藥躁，喜怒失常，疾旣篤，旬日不能言。宰相李德裕等請見，不許。中外莫知安否，人情危懼。是月二十三日，宣遺詔以皇太叔光王柩前卽位。是日崩，時年三十三。諡曰至道昭肅孝皇帝，廟號武宗，其年八月，葬于端陵，德妃王氏祔焉。

史臣曰：開成中，王室寖卑，政由閽寺。及綴衣將變，儲位遽移。昭肅以孤立維城，副茲當璧。而能雄謀勇斷，振已去之威權；運策勵精，拔非常之俊傑。屬天驕失國，潞孽阻兵，不惑盈庭之言，獨納大臣之計。戎車旣駕，亂略底寧，紀律再張，聲名復振，足以蹈章武出師之迹，繼元和戡亂之功。然後迂訪道之車，築禮神之館，棲心玄牝，物色幽人，將致俗於大庭，欲希蹤於姑射。於是削浮圖之法，懲游惰之民，志欲矯步丹梯，求珠赤水。徒見蕭衍、姚興之謬學，不悟秦王、漢武之非求，蓋惑於左道之言，偏斥異方之說。況身毒西來之教，向欲千祀，蚩蚩之民，習以成俗，畏其教甚於國法，樂其徒不異登仙。如文身祝髮之鄉，久習而莫知其醜；以吐火呑刀之戲，乍觀而便以爲神。安可正之以咸韶，律之以章甫。加以笮融、何充之佞，代不乏人，非荀卿、孟子之賢，誰興正論。一朝隳殘金狄，燔棄胡書，結怨於膜拜之流，犯怒於鄙夫之口。哲王之舉，不駭物情，前代存而勿論，實爲中道。欲革斯弊，以俟河清，昭肅明照，聽斯弊矣。

校勘記

〔一〕崔稜　通鑑卷二四六考異引舊書史文及賈緯唐年譜錄皆作「崔鄲」。

〔二〕從四品上　本書卷四三職官志作「從四品下，今正五品上」。

〔三〕以雄武軍使張絳檢校左散騎常侍兼幽州左司馬知兩使留後仍賜名仲武　案本書卷一八〇張仲武傳、新書卷二一二張仲武傳、通鑑卷二四六所記，張絳與張仲武係兩人，此處記載有誤。

〔四〕及時支遣　「遣」字各本原作「還」，據唐會要卷九二、冊府卷五〇八改。

〔五〕戶部各借兩月加給料錢　「借」字各本原作「備」，據唐會要卷九二、冊府卷五〇八改。

〔六〕不用追集坊市樂人　「不」字各本原無，據冊府卷二補。

〔七〕杷頭烽　聞本原作「杞賴烽」，殿本、懼盈齋本、廣本作「杞賴峯」，局本作「杞頭烽」。通鑑卷二四六作「杷頭烽」，考異引實錄亦作「杷頭烽」，據改。

〔八〕幽州　各本原作「幽王」，據冊府卷九九四改。

〔九〕黠戛斯　各本原作「嗢沒斯」，本卷上文有云：「本國爲黠戛斯所攻」，本書卷一九五迴紇傳作「黠戛斯」，據改。

〔一〇〕面奉聖旨　「奉」字各本原作「奏」，據冊府卷一三六改。

〔一一〕顧揚九伐之命　「命」字各本原作「戰」，據冊府卷一二三、唐大詔令集卷一二〇改。

〔一二〕罔懷革面　「罔」字各本原作「常」，據唐大詔令集卷一二七改。

〔一三〕祆　各本原作「祅」，據唐會要卷四七、通鑑卷二四八改。

〔一四〕亦由將相重則君尊　「則君尊」，各本原作「君臣尊」，據李文饒文集卷一〇、全唐文卷七〇六改。

〔一五〕餘罪遞減一等犯輕罪者並釋放　「餘」、「犯輕罪者」，各本原無，據冊府卷九一補。

舊唐書卷十八下

本紀第十八下

宣宗

宣宗聖武獻文孝皇帝諱忱，憲宗第十三子，母曰孝明皇后鄭氏。元和五年六月二十二日，生於大明宮。長慶元年三月，封光王，名怡。會昌六年三月一日，武宗疾篤，遺詔立爲皇太叔，權勾當軍國政事。翌日，柩前卽帝位，改今名，時年三十七。帝外晦而內朗，嚴重寡言，視瞻特異。幼時宮中以爲不慧。十餘歲時，遇重疾沈綴，忽有光輝燭身，蹶然而興，正身拱揖，如對臣僚。乳媪以爲心疾，穆宗視之，撫其背曰：「此吾家英物，非心憊也。」賜以玉如意、御馬、金帶。常夢乘龍昇天，言之於鄭后，乃曰：「此不宜人知者，幸勿復言。」歷大和、會昌朝，愈事韜晦，羣居游處，未嘗有言。文宗、武宗幸十六宅宴集，強誘其言，以爲戲劇，謂之「光叔」。武宗氣豪，尤不爲禮。及監國之日，哀毀滿容，接待羣僚，決斷庶務，人方見其陰德焉。

四月辛未，釋服，尊母鄭氏曰皇太后。以兵部侍郎、翰林學士承旨白敏中守本官、同中書門下平章事；以特進、守太尉、門下侍郎、同平章事、上柱國、衞國公、食邑二千戶李德裕檢校太尉、同平章事、江陵尹、荆南節度使；以中散大夫、大理卿馬植爲金紫光祿大夫、刑部侍郎，充諸道鹽鐵等使。以成德軍節度使王元逵檢校太保，山南西道節度使王起檢校司空，魏博節度使何弘敬、淮南節度使李紳並檢校司空，劍南西川節度使崔鄲檢校尚書右僕射，同中書門下平章事並如故。東都留守李石奏修奉太廟畢，所司迎奉太微宮神主祔廟訖〔二〕。東都太廟者，本武后家廟，神龍中中宗反正，廢武氏廟主，立太祖已下神主祔之。安祿山陷洛陽，以廟爲馬廐，棄其神主，而協律郎嚴郢收而藏之。史思明再陷洛陽，尋又散失。賊平，東京留守盧正己又募得之，廟已焚毁，乃寄主於太微宮。大曆十四年，留守路嗣恭奏重修太廟，以迎神主。詔百官參議，紛然不定，禮儀使顏眞卿堅請歸祔，不從。會昌五年，留守李石因太微宮正殿圮陊，以廢弘敬寺爲太廟，迎神主祔之。又下百僚議，皆言准故事，無兩都俱置之禮，唯禮部侍郎陳商議云：「周之文、武，有鎬、洛二廟，令兩都異廟可也。然不宜置主於廟，主宜依禮瘞於廟之北墉下。」事未行而武宗崩。宣宗卽位，因詔有司迎太微宮寓主，祔廢寺之新廟，而知禮者非之。制皇長男溫可封鄆王，二男涇可封雅王，第三男滋可封蘄王，第四男沂可封慶王。

五月，左右街功德使奏：「准今月五日赦書節文，上都兩街舊留四寺外，更添置八所〔二〕。兩所依舊名興唐寺〔三〕、保壽寺。六所請改舊名，寶應寺改爲資聖寺，青龍寺改爲護國寺，菩提寺改爲保唐寺，清禪寺改爲安國寺，法雲尼寺改爲唐安寺，崇敬尼寺改爲唐昌寺。右街添置八所。西明寺改爲福壽寺，莊嚴寺改爲聖壽寺，舊留寺。二所舊名，千福寺改爲興元寺〔四〕。化度寺改爲崇福寺，永泰寺改爲萬壽寺，温國寺改爲崇聖寺，經行寺改爲龍興寺，奉恩寺改爲興福寺。」敕旨依奏。誅道士劉玄靖等十二人，以其說惑武宗，排毁釋氏故也。今月五日赦書節文，吏部三銓選士，祇憑資考，多匪實才，許觀察使、刺史有奇才異政之士，聞薦試用。又觀察使、刺史交代之時，册書所交戶口如能增添至千戶，即與超遷；如逃亡至七百戶，罷後三年內不得任使。又徙流人在天德、振武者，管中量借糧種，俾令耕田以爲業。以劍南東川節度使、檢校禮部尚書盧商爲兵部侍郎、同平章事。

六月，以戶部侍郎、充諸道鹽鐵轉運使馬植本官同平章事。

七月，以兵部尚書李讓夷爲劍南東川節度使。

十月，敕：「太廟祫享，合以功臣配。其憲宗廟，以裴度、杜黃裳、李愬、高崇文等配享。」以荊南節度使李德裕爲東都留守。

十一月，有司享太廟，其穆宗室文曰「皇兄」。太常博士閔慶之奏：「夫禮有尊尊，而不敍親親。祝文稱弟未當，請改爲『嗣皇帝』。」從之。京兆府奏：「京師百司職田斛斗，請准會昌三年例，許人戶自送納京師，所冀州縣無得欺隱。」從之。以江西觀察使周墀爲義成軍節度使、鄭滑觀察等使。

十二月，刑部尙書、判度支崔元式奏：「准七月二日敕，綾紗絹等次弱疋段，並同禁斷，不得織造。臣欲與鹽鐵戶部三司同條疏，先勘左藏庫，令分析出次弱疋段州府，即牒本道官搜索狹小機杼，令焚毀。其已納到次弱疋段，具數以聞。」上從之。

大中元年春正月戊戌朔，宮苑使奏：「皇帝致齋行事，內諸宮苑門共九十四所，並令鎖閉，鑰匙進內。候車駕還宮，則請領。」從之。戊申，皇帝有事於郊廟，禮畢，御丹鳳門，大赦，改元，制條曰：「古者郎官出宰，卿相治郡，所以重親人之官，急爲政之本。自澆風久扇，此道稍消，頡頏淸途，便臻顯貴。治人之術，未嘗經心，欲使究百姓艱危，通天下利病，不可得也。爲政之始，思厚儒風，軒墀近臣，蓋備顧問，如其不知人疾苦，何以膺朕眷求？今後諫議大夫、給事中、中書舍人未曾任刺史、縣令，或在任有贓累者，宰臣不得擬議。守宰親人，職當撫字，三載考績，著在格言。貞元年中，屢下明詔，縣令五考，方得改移。近者因循，都不遵守，諸州或得三考〔一五〕，畿府罕及二年。以此字人，若爲成政？道塗郡吏有迎送之勞，鄉里庶民無蘇息之望。自今須滿三十六箇月，永爲常式。」

二月丁卯，制憲宗第十七子惕封彭王，第十八子惴爲棣王；皇第五子澤爲濮王，第六子潤爲鄂王。敕修百福殿。以檢校太尉、東都留守李德裕爲太子少保，分司東都；以給事中鄭亞爲桂州刺史、御史中丞、桂管防禦觀察等使。二月丁酉，禮部侍郎魏扶奏：「臣今年所放進士三十三人，其封彥卿、崔琢、鄭延休等三人，實有詞藝，爲時所稱，皆以父兄見居重位，不得令中選。」詔令翰林學士承旨、戶部侍郎韋琮重考覆，敕曰：「彥卿等所試文字，並合度程，可放及第。有司考試，祇在至公，如涉請託，自有朝典。今後但依常例放牓，不得別有奏聞。」帝雅好儒士，留心貢舉。有時微行人間，採聽輿論，以觀選士之得失。每山池曲宴，學士詩什屬和，公卿出鎮，亦賦詩餞行。凡對臣僚，肅然拱揖，鮮有輕易之言。大臣或獻章疏，即燒香盥手而覽之。當時以大中之政有貞觀之風焉。又敕：「自今進士放牓後，杏園任依舊宴集，有司不得禁制。」武宗好巡遊，故曲江亭禁人宴聚故也。

閏三月，敕：「會昌季年，併省寺宇。雖云異方之教，無損致理之源。中國之人，久行其道，釐革過當，事體未弘。其靈山勝境、天下州府，應會昌五年四月所廢寺宇，有宿舊名僧，復能修創，一任住持，所司不得禁止。」

四月，積慶太后蕭氏崩，謚曰貞獻，文宗母也。

六月，以義成軍節度使周墀爲兵部侍郎、判度支。冊黠戛斯王子爲英武誠明可汗，命鴻臚卿李業入蕃冊拜。以金紫光祿大夫、守太子少保分司東都、上柱國、奇章郡開國公、食邑二千戶牛僧孺守太子太師，銀青光祿大夫、行太子賓客、上柱國、隴西郡開國公、食邑二千戶李彥佐爲太子太保，並依前分司。以左諫議大夫庾簡休爲虢州刺史，以正議大夫、行尙書考功郎中、知制誥、上柱國崔璵爲中書舍人，以中散大夫、前湖州刺史、彭陽縣開國男、食邑三百戶令狐綯行尙書考功郎中、知制誥。

秋七月，制以正議大夫、尙書戶部侍郎、知制誥、翰林學士承旨、柱國、賜紫金魚袋韋琮以本官同中書門下平章事。以太子少保分司東都、衞國公李德裕爲人所訟，貶潮州司馬員外置同正員。

八月，工部尙書、中書侍郎、平章事盧商出爲鄂岳觀察使。神策軍奏修百福殿成，名其殿曰雍和殿，樓曰親親樓，凡廊舍屋宇七百間，以會諸王子孫。

九月，前永寧縣尉吳汝納詣闕稱寃，言：「弟湘會昌四年任揚州江都縣尉，被節度使李紳誣奏湘贓罪，宰相李德裕曲情附紳，斷臣弟湘致死。」詔下御史臺鞫按。

二年春正月壬戌，宰臣率文武百僚上徽號曰聖敬文思和武光孝皇帝，御宣政殿受册訖，宣德音。神策軍修左銀臺門樓、屋宇及南面城牆，至睿武樓。

二月，制劍南西川節度、光祿大夫、檢校吏部尚書、同平章事、成都尹、上柱國、隴西郡開國公、食邑二千戶李回責授湖南觀察使，桂州刺史、御史中丞、桂管防禦觀察使鄭亞貶循州刺史，前淮南觀察判官魏鉶貶吉州司戶，陸渾縣令元壽貶韶州司戶，殿中侍御史蔡京貶澧州司馬。御史臺奏：

據三司推勘吳湘獄，謹具逐人罪狀如後：揚州都虞候盧行立、劉羣，於會昌二年五月十四日，於阿顏家喫酒，與阿顏母阿焦同坐，羣自擬收阿顏爲妻，妄稱監軍使處分，要阿顏進奉，不得嫁人，兼擅令人監守。其阿焦遂與江都縣尉吳湘密約，嫁阿顏與湘。劉羣與押軍牙官李克勳卽時遮欄不得，乃令江都百姓論湘取受，節度使李紳追湘下獄，計贓處死。具獄奏聞。朝廷疑其冤，差御史崔元藻往揚州按問，據湘雖有取受，罪不至死。李德裕黨附李紳，乃貶元藻嶺南，取淮南元申文案，斷湘處死。今據三司使追崔元藻及淮南元推判官魏鉶并關連人款狀，淮南都虞候劉羣、元推判官魏鉶、典孫貞、高利錢倚黄嵩、江都縣典沈頒陳宰、節度押牙白沙鎭遏使傅義、左都虞候盧行立、天長縣令張弘思、典張洙清陳逈、右廂子巡李行璠、典臣金弘舉、送吳湘妻女至澧州取受錢物人潘宰、前揚府錄事參軍李公佐、元推官元壽吳珙翁恭、太子少保分司李德裕、西川節度使李回、桂管觀察使鄭亞等，伏候敕旨。

其月，敕：

李回、鄭亞、元壽、魏鉶已從別敕處分。李紳起此冤訴，本由不眞，今旣身歿，無以加刑。粗塞衆情，量行削奪，宜追奪三任官告，送刑部注毀。其子孫稽於經義，罰不及嗣，並釋放。李德裕先朝委以重權，不務絕其黨庇，致使冤苦，直到于今，職爾之由，能無恨歎！昨以李威所訴，已經遠貶，俯全事體，特爲從寬，宜準去年敕令處分。張弘思、李公佐卑吏守官，制不由己，不能守正，曲附權臣，各削兩任官。崔元藻曾受無辜之貶，合從洗雪之條，委中書門下商量處分。李恪詳驗款狀，蠹害最深，以其多時，須議減等，委京兆府決脊杖十五，配流天德。李克勳欲收阿顏，決脊杖二十，配流硤州。劉羣據其款狀，合議痛刑，曾效職官，不欲決脊，決臀杖五十，配流岳州。其盧行立及諸典吏，委三司使量罪科放訖聞奏。

三月己酉，兵部侍郎、判度支周墀本官平章事。以禮部尚書、鹽鐵轉運使馬植本官同平章事。日本國王子入朝貢方物，王子善碁，帝令待詔顧師言與之對手。

五月己未，日有蝕之。

六月己丑，太皇太后郭氏崩，謚曰懿安，憲宗妃，穆宗之母也。戶部侍郎，兼御史大夫、判度支崔龜從奏：「應諸司場院官請却官本錢後，或有欺隱欠負，徵理須足，不得苟從恩蕩，以求放免。今後凡隱盜欠負，請如官典犯贓例處分。縱逢恩赦，不在免限。」從之。

七月戊午，以前山南西道節度使高元裕爲吏部尙書。

八月戊子，朝散大夫、中書舍人、充翰林學士、上柱國、平陰縣開國男、食實封三百戶、賜紫金魚袋畢諴爲刑部侍郎。

九月，敕：「比有無良之人，於街市投匿名文書，及於箭上或旗幡上縱爲奸言，以亂國法。此後所由切加捉搦，如獲此色，便仰焚瘞，不得上聞。」

十一月，兵部侍郎、判戶部事魏扶奏：「天下州府錢物、斛斗、文簿，並委錄事參軍專判，仍與長史通判，至交代時具數申奏。如無懸欠，量與減選注擬。」敕：「路隨等所修憲宗實錄舊本，却仰施行。其會昌新修者，仰並進納。如有鈔錄得，敕到並納史館，不得輒留，委州府嚴加搜捕。」以戶部侍郎、判度支崔龜從本官同平章事。銀靑光祿大夫、門下侍郎，兼禮部尙書、同平章事韋琮爲太子詹事，分司東都。

三年春正月丙寅，涇原節度使康季榮奏，吐蕃宰相論恐熱以秦、原、安樂三州及石門等七關之兵民歸國。詔太僕卿陸耽往喻旨，仍令靈武節度使朱叔明、邠寧節度使張君緒〔六〕，各出本道兵馬應接其來。以太常卿封敖檢校兵部尚書，爲興元尹、山南西道節度使。

三月乙卯，敕待詔官宜令與刑法官、諫官次對。銀青光祿大夫、中書侍郎、同平章事、監修國史、上柱國、汝南縣開國子、食邑五百戶周墀檢校刑部尚書、梓州刺史，充劍南東川節度使。

四月，以正議大夫、守中書侍郎、同平章事、集賢殿大學士、賜紫金魚袋馬植爲太子賓客，分司東都；以正議大夫、守御史大夫、上柱國、博陵縣開國子、食邑五百戶、賜紫金魚袋崔鉉可中書侍郎、平章事；正議大夫、行兵部侍郎、判戶部事、上柱國、鉅鹿縣開國男、食邑五百戶、賜紫金魚袋魏扶可本官、平章事。

五月，幽州節度使、檢校司徒、平章事張仲武卒，三軍以其子直方知留後事。

六月癸未，五色雲見于京師。敕：先經流貶罪人，不幸歿於貶所，有情非惡逆，任經刑部陳牒，許令歸葬，絕遠之處，仍量事官給棺櫝。康季榮奏收復原州、石門驛藏木峽制勝六盤石峽等六關訖。邠寧張君緒奏，今月十三日收復蕭關。御史臺奏，義成軍節度使韋讓於懷眞坊侵街造屋九間，已令毀拆訖。敕於蕭關置武州，改長樂爲威州。

七月，三州七關軍人百姓，皆河、隴遺黎，數千人見於闕下。上御延喜門撫慰，令其解辮，賜之冠帶，共賜絹十五萬疋。

八月，鳳翔節度使李玭奏收復秦州，制曰：

自昔皇王之有國也，曷嘗不文以守成，武以集事，參諸二柄，歸乎大寧。朕猥荷丕圖，思弘景運，憂勤庶政，四載于茲。每念河、湟土疆，緜亙遐闊。自天寶末，犬戎乘我多難，無力禦姦，遂縱腥羶，不遠京邑。事更十葉，時近百年。進士試能，靡不竭其長策；朝廷下議，皆亦聽其直詞。盡以不生邊事爲永圖，且守舊地爲明理，荏苒於是，收復無由。今者天地儲祥，祖宗垂佑，左衽輸款，邊壘連降，刷恥建功，所謀必克。實樞衡妙算，將帥雄稜，副玄元不爭之文，絕漢武遠征之悔。甌脫頓空於內地，斥堠全據於新封，莫大之休，指期而就。

況將士等櫛沐風雨，暴露郊原，披荆棘而刁斗夜嚴，逐豺狼而穹廬曉破。動皆如意，古無與京，念此誠勤，宜加寵賞。涇原宜賜絹六萬疋，靈武五萬疋，鳳翔、邠寧各四萬疋，並以戶部產業物色充，仍待季榮、叔明、李玭、君緒各迴戈到鎮，度支差脚支送。四道立功將士，各具名銜聞奏，當議甄酬。其秦、威、原三州及七關側近，訪聞田土肥沃，水草豐美，如百姓能耕墾種蒔，五年內不加稅賦。五年已後重定戶籍，便任爲永業。溫池鹽利，可贍邊陲，委度支制置聞奏。鳳翔、邠寧、靈武、涇原守鎮將士，如能於本戍處耕墾營田，即度支給賜牛糧子種，每年量得斛斗，便充軍糧，亦不限約定數。三州七關鎮守官健，每人給衣糧兩分，一分依常年例支給，一分度支加給，仍二年一替換。其家口委長吏切加安存。官健有莊田戶籍者，仰州縣放免差役。秦州至隴州已來道路，要置堡柵，與秦州應接，委李玭與劉臯即便計度聞奏。如商旅往來，官健父兄子弟通傳家信，關司並不得邀詰阻滯。三州七關刺史、關使，將來訓練捍防有効能者，並與超序官爵。劍南西川沿邊沒蕃州郡，如力能收復，本道亦宜接借。三州七關創置戍卒，且要務靜。如蕃人求市，切不得通；有來投降者，申取長吏處分。

嗚呼！七關要害，三郡膏腴，候館之殘趾可尋，唐人之遺風尙在。追懷往事，良用興嗟。夫取不在廣，貴保其金湯；得必有時，詎計於遲速。今則便務修築，不進干戈，必使足食足兵，有備無患，載洽亭育之道，永致生靈之安。中外臣僚，宜體朕意。

九月辛亥，西川節度使杜悰奏收復維州。制曰：

朕祗荷丕業，思平泰階，將分邪正之源，冀使華夷胥悅。其有常登元輔，久奉武宗，深苞禍心，盜弄國柄。雖已行譴斥之典，而未塞億兆之言，是議再舉朝章，式遵彝憲。守潮州司馬員外置同正員李德裕，早藉門地，叨踐清華，累居將相之榮，唯以姦傾爲業。當會昌之際，極公台之榮，騁諛佞而得君，遂恣横而持政，專權生事，妬賢害忠。動多詭異之謀，潛懷僭越之志。秉直者必棄，向善者盡排。誣貞良造朋黨之名，肆讒構生加諸之釁。計有踰於指鹿，罪實見其欺天。屬者方處鈞衡，曾無嫌避，委國史於愛壻之手，寵秘文於弱子之身，洎參信書，亦引親昵。恭惟元和實錄乃不刊之書〔七〕，擅敢改張，罔有畏忌。奪他人之懿績，爲私門之令猷。又附李紳之曲情，斷成吳湘之冤獄。凡彼簪纓之士，遏其取捨之途。驕居自夸，狡蠹無對，擢爾之髮，數罪未窮。載闚罔上之由，益驗無君之意。使天下之人，重足一迹，皆讋懼奉面，而慢易在心。爲臣若斯，於法何逭。於戲！朕務全大體，久爲含容，雖黜降其官榮，尚蓋藏其醜狀。而睥睨未已，兢惕無聞，積惡旣彰，公議難抑。是宜移投荒服，以謝萬邦。中外臣僚，當知予意。可崖州司戶參軍，所在馳驛發遣，縱逢恩赦，不在量移之限。

以起居郎庾道蔚、禮部員外郎李文儒並充翰林學士。

十月辛巳，京師地震，河西、天德、靈夏尤甚，戍卒壓死者數千人。

十一月，東川節度使鄭涯、鳳翔節度使李玭奏修文川谷路，自靈泉至白雲置十一驛，下詔褒美。經年爲雨所壞，又令封敖修斜谷舊路。以刑部侍郎韋有翼爲御史中丞，以職方員外郎鄭處誨兼御史知雜。幽州軍亂，逐其留後張直方，軍人推其衙將周綝爲留後。

十二月，追諡順宗曰至德大聖大安孝皇帝，憲宗曰昭文章武大聖孝皇帝。初以河、湟收復，百僚請加徽號，帝曰：「河、湟收復，繼成先志，朕欲追尊祖宗，以昭功烈。」白敏中等對曰：「非臣愚昧所能及。」至是，上御宣政殿行事，及册出，俯僂目送，流涕嗚咽。崖州司戶參軍李德裕卒於貶所。

四年春正月，以追尊二聖，御正殿，大赦天下。徒流比在天德者，以十年爲限，既遇鴻恩，例減三載。但使循環添換，邊不闕人，次第放歸，人無怨苦。其秦、原、威、武諸州、諸關，先准格徒流人，亦量與立限，止於七年，如要住者，亦聽。諸州府縣官如請工假，一月已下，權差諸廳判官；一月已上，即准勾當例，其課料等據數每貫剋二百文，與見判案官添給。有故意殺人者，雖已傷未死、已死更生，意欲殺傷，偶然得免，並同已殺人條處分。

二月，皇女萬壽公主出降右拾遺鄭顥，以顥爲銀青光祿大夫、行起居郎、駙馬都尉。

三月己卯，刑部奏：「監臨主守，應將官物私自貸使幷貸借人，及以己物中納官司者，幷專知別當主掌所由有犯贓，並同犯入己贓，不在原赦之限。」從之。以幽州節度副大使、檢校工部尚書張直方爲左金吾衞將軍。

四月，敕：「法司用刑，或持巧詐，分律兩端，遂成其罪。既奸吏得計，則黎庶何安？自今後應書罪定刑，宜直指其事，不得舞文，妄有援引。」又刑部奏：「准今年正月一日敕節文，據會昌元年三月二十六日敕，竊盜贓至一貫文處死，宜委所司重詳定條目奏聞。臣等檢校，並請准建中三年三月二十四日敕，竊盜贓滿三疋已上決殺，如贓數不充，量請科放。」從之。

七月丙子，大理卿劉濛奏：「古者懸法示人，欲使人從善遠罪，至於不犯，以致刑措。准大和二年十月二十六日刑部侍郎高釴條疏，准勘節目一十一件，下諸州府粉壁書於錄事參軍食堂，每申奏罪人，須依前件節目。歲月滋久，文字湮淪，州縣推案，多違漏節目。今後請下諸道，令刻石置於會食之所，使官吏起坐觀省，記憶條目，庶令案牘周詳。」從之。

八月，刑部侍郎、御史中丞魏謩奏：「諸道州府百姓詣臺訴事，多差御史推劾，臣恐煩勞州縣，先請差度支、戶部、鹽鐵院官帶憲銜者推劾。又各得三司使申稱，院官人數不多，例專掌院務，課績不辦。今諸道觀察使幕中判官，少不下五六人，請於其中帶憲銜者委令推劾。如累推有勞，能雪冤滯，御史臺闕官，便令奏用。」從之。

九月，以朝請大夫、檢校禮部尚書、孟州刺史、河陽三城節度使李拭爲太原尹、北都留守、河東節度等使。幽州節度使周綝卒，軍人立其牙將張允伸爲留後。

十月，中書侍郎、平章事魏扶罷知政事。

十一月己亥，敕：「收復成、維、扶等三州，建立已定，條令制置，一切合同。其已配到流人，宜准秦、原、威、武等州流例，七年放還。」以戶部侍郎、判本司事令狐綯爲兵部侍郎、同平章事。

十二月，以華州刺史周敬復爲光祿大夫、檢校左散騎常侍，兼洪州刺史、江南西道團練觀察使，賜金紫。

五年春正月甲戌，制皇第七子洽封懷王，第八子汭爲昭王，第九子汝爲康王。敕兩京天下州府，起大中五年正月一日已後，三年內不得殺牛。如郊廟享祀合用者，即以諸畜代。

二月，戶部侍郎裴休充諸道鹽鐵轉運等使。

四月癸卯，刑部侍郎劉瑑奏：據今年四月十三日已前，凡二百二十四年〔六〕，雜制敕計六百四十六門，二千一百六十五條，議輕重，名曰大中刑法統類，欲行用之。

五月，以太原尹、河東節度使李拭爲鳳翔節度使；李業檢校戶部尚書、太原尹、北都留守，充河東節度使；守司空、門下侍郎、太原郡開國伯、食邑一千戶白敏中檢校司徒、同平章事、邠州刺史，充邠寧節度觀察、東面招討党項等使；以戶部侍郎、判戶部事魏謩本官同平章事。

七月，宰相監修國史崔龜從續柳芳唐曆二十二卷上之。

八月，敕：「公主邑司，擅行文牒，恐多影庇，有紊條章。今後公主除緣徵封外〔九〕，不得令邑司行文書牒府縣，如緣公事，令邑司申宗正寺，與酌事體施行。」沙州刺史張義潮遣兄義澤以瓜、沙、伊、肅等十一州戶口來獻，自河、隴陷蕃百餘年，至是悉復隴右故地。以義潮爲瓜沙伊等州節度使。

九月，敕：「條疏刺史交代，須一一交割公事與知州官，方得離任。准會昌元年敕，刺史只禁科率官吏抑配人戶，至於使州公廨及雜利潤，天下州府皆有規制，不敢違越。緣未有明敕處分，多被無良人吏致使恐嚇，或致言訟。起今後應刺史下擔什物，及除替後資送錢物，但不率斂官吏，不科配百姓，一任各守州縣舊例色目支給。如無公廨，不在資送之限。若輒有率配，以入己贓論。」以正議大夫、兵部侍郎、諸道鹽鐵轉運使、上柱國、河東縣開國子裴休守禮部尚書，進階金紫；以前宣歙觀察使、太中大夫、檢校左散騎常侍裴諗權知兵部侍郎。

十月己亥，京兆尹韋博奏：「京畿富戶爲諸軍影占，苟免府縣色役，或有追訴，軍府紛然。請准會昌三年十二月敕，諸軍使不得強奪百姓入軍。」從之。

十一月，中書侍郎，兼吏部尚書、平章崔龜從檢校尚書左僕射、汴州刺史，充宣武軍節度使。沙州置歸義軍，以張義潮爲節度使。太子詹事姚康獻帝王政纂十卷；又撰統史三百卷，上自開闢，下盡隋朝，帝王美政、詔令、制置、銅鹽錢穀損益、用兵利害，下至僧道是非，無不備載，編年爲之。國子祭酒馮審奏：「文宣王廟，始太宗立之，睿宗書額，武后竊政之日，改篆題『大周』二字，請削之。」從之。

十二月，盜斫景陵神門戟，京兆尹韋博罰兩月俸，貶宗正卿李文舉睦州刺史，陵令吳閱岳州司馬，奉先令裴讓隋州司馬。

是歲，湖南大饑。

六年春正月戊辰，以隴州防禦使薛逵爲秦州刺史、天雄軍使，兼秦、成兩州經略使〔10〕。

二月，右衞大將軍鄭光以賜田請免租稅。宰相魏謩奏曰：「鄭光以國舅之親，賜田可也，免稅無以勸蒸民。」敕曰：「一依人戶例供稅。」

三月，隴州刺史薛逵奏修築定戍關工畢〔11〕。

四月丁酉，敕：「常平義倉斛斗，每年檢勘，實水旱災處，錄事參軍先勘人戶多少，支給先貧下戶，富戶不在支給之限。」以禮部尚書、諸道鹽鐵轉運等使裴休可本官同平章事。

五月，敕：「天下軍府有兵馬處，宜選會兵法能弓馬等人充教練使，每年合教習時，常令教習。仍於其時中兵部。」御史臺奏：「諸色刑獄有關連朝官者，尚書省四品已上、諸司三品已上官，宜先奏取進止。如取諸色官狀，即申中書取裁。」從之。

秋七月丙辰，前淮南節度使、金紫光祿大夫、檢校尚書左僕射、兼揚州大都督府長史、御史大夫、上柱國、贊皇郡開國公、食邑一千五百戶李珏卒，贈司空。敕犯贓人平贓，據律以當時物價上旬估。請取所犯之處，其月內上旬時估平之。從之。檢校司空、太子少師、上柱國、范陽郡開國公、食邑二千戶盧鈞可太原尹、北都留守、河東節度使。

九月，敕起居郎轉官月限，宜以二十箇月。

七年春正月壬辰，金紫光祿大夫、守太子少傅分司、上柱國、晉陵郡開國公、食邑二千戶歸融卒，贈右僕射。宗正卿李文舉貶睦州刺史〔三〕。

四月，以御史大夫鄭朗爲中書侍郎、同平章事。

五月，左衞率府倉曹張戣集律令格式條件相類一千二百五十條，分一百二十一門，號曰刑法統類，上之。

七月，以正議大夫、尙書左丞、上柱國、賜紫金魚袋崔璪爲刑部尙書，以銀青光祿大夫、行兵部侍郎、知制誥、充翰林學士蘇滌爲尙書左丞，權知戶部侍郎崔璵可權知兵部侍郎。

十月，尙書左僕射、門下侍郎、平章事、太淸宮使、弘文館大學士崔鉉進續會要四十卷，修撰官楊紹復、崔瑑、薛逢、鄭言等，賜物有差。

八年春正月，陝州黃河淸。

二月，南蠻進犀牛，詔還之。

三月，敕以旱詔使疏決繫囚。宰相監修國史魏謩修成文宗實錄四十卷上之，修史官給事中盧耽、太常少卿蔣偕、司勳員外郎王渢、右補闕盧吉，頒賜銀器、錦綵有差。以山南東道節度使、檢校戶部尙書、襄州刺史、上柱國、酒泉縣開國子、食邑三百戶李景讓爲吏部尙書。

五月，以中書舍人、翰林學士韋澳爲京兆尹；以戶部侍郎、翰林學士承旨、上柱國、武功縣開國子、食邑三百戶蘇滌檢校兵部尙書，兼江陵尹、御史大夫，充荆南節度管內觀察處置等使。

七月，銀靑光祿大夫、守門下侍郎、同平章事魏謩兼戶部尙書。

八月，以司農卿鄭助爲檢校左散騎常侍，兼夏州刺史、御史大夫、上柱國、滎陽縣開國男、食邑三百戶、夏綏銀宥等州節度營田觀察處置押蕃落安撫平夏党項等使。

九年春正月辛巳，銀青光祿大夫、秘書監、許昌縣開國男陳商卒，贈工部尚書。

二月，中書侍郎，兼禮部尚書、同平章事裴休檢校吏部尚書，兼汴州刺史、御史大夫，充宣武軍節度使、汴宋亳潁觀察處置等使。

三月，試宏詞舉人，漏泄題目，爲御史臺所劾，侍郎裴諗改國子祭酒，郎中周敬復罰兩月俸料，考試官刑部郎中唐枝出爲處州刺史，監察御史馮顓罰一月俸料。其登科十人並落下。其吏部東銓委右丞盧懿權判。以吏部侍郎鄭涯檢校禮部尚書，兼定州刺史、御史大夫，充義武軍節度、易定州觀察處置、北平軍等使。御史臺據正月八日禮部貢院捉到明經黃續之、趙弘成、全質等三人僞造堂印、堂帖，兼黃續之僞著緋衫，將僞帖入貢院，令與舉人虞蒸、胡簡、党贊等三人及第，許得錢一千六百貫文。據勘黃續之等罪款，具招造僞，所許錢未曾入手，便事敗。奉敕並准法處死。主司以自獲姦人，並放。

七月，以河東節度使、檢校司空、太原尹、北都留守、上柱國、范陽郡開國公、食邑二千戶盧鈞守尚書右僕射。

八月，以門下侍郎、守尚書右僕射、監修國史、博陵縣開國伯、食邑一千戶崔鉉檢校司空、同平章事，兼揚州大都督府長史，充淮南節度副大使、知節度使事。宣宗宴餞，賦詩以賜之。

九月，昭義節度使、檢校禮部尚書，兼潞州大都督府長史、御史大夫、上柱國、賜紫金魚袋鄭涓檢校刑部尚書、太原尹、北都留守、御史大夫，充河東節度、管內觀察處置等使。

十一月，以河南尹劉瑑檢校工部尚書、汴州刺史、兼御史大夫，充宣武軍節度、宋亳汴潁觀察處置等使。以中書舍人鄭顥爲禮部侍郎。

十年春正月乙巳，以正議大夫、華州刺史、潼關防禦、鎭國軍等使、上柱國、隴西縣開國男、食邑三百戶、賜紫金魚袋李訥檢校左散騎常侍，兼越州刺史、御史大夫、浙江東道都團練觀察等使。

三月，中書門下奏：「據禮部貢院見置科目，開元禮、三禮、三傳、三史、學究、道舉、明算、童子等九科，近年取人頗濫，曾無實藝可採，徒添入仕之門。須議條疏，俾精事業。臣已於延英面論，伏奉聖旨，將文字來者。其前件九科，臣等商量，望起大中十年，權停三年〔三〕，滿後，至時赴科試者，令有司據所舉人先進名，令中書舍人重覆問過。如有本業稍通，堪備朝廷顧問，即作等第進名，候敕處分。如有事業荒蕪，不合送名數者，考官即議朝責。其童子近日諸道所薦送者，多年齒已過，僞稱童子，考其所業，又是常流。起今日後，望令天下州府薦送童子，並須實年十一、十二已下，仍須精熟一經，問皆全通，兼自能書寫者。如違制條，本道長吏亦議懲法。」從之。

四月癸丑，以刑部郎中盧搏爲廬州刺史，以給事中、渤海郡開國公、食邑二千戶高少逸檢校禮部尙書、華州刺史、潼關防禦、鎭國軍等使。

六月，以兵部郎中裴夷直爲蘇州刺史。

九月，以中書舍人杜審權知禮部貢舉。

十月，以邠寧慶節度使、檢校禮部尙書、邠州刺史、上柱國、賜紫金魚袋畢諴爲檢校兵部尙書、潞州大都督府長史、御史大夫，充昭義節度副大使、知節度使、潞邢洺等州觀察使。桂管觀察使令狐定卒，贈禮部尙書。

十一年春正月，以銀青光祿大夫、守吏部尙書、上柱國、酒泉縣開國男、食邑三百戶李景讓爲御史大夫；以朝請大夫、守御史中丞，兼尙書右丞、上柱國、賜紫金魚袋夏侯孜爲戶部侍郎、判戶部事；以朝散大夫、守京兆尹、上柱國、扶風縣開國男、食邑三百戶、賜紫金魚袋韋澳檢校工部尙書、孟州刺史、御史大夫，充河陽三城節度、孟懷澤觀察處置等使。先是，車駕將幸華淸宮，兩省官進狀論奏，詔曰：「朕以驪山近宮，眞聖廟貌，未嘗修謁，自謂闕然。今屬陽和氣淸，中外事簡，聽政之暇，或議一行。蓋崇禮敬之心，非以逸游爲事。雖中敕命，兼慮勞人。卿等職備禁闈，志勤奉上，援據前古，列狀上章，載陳懇到之詞，深覩盡忠之節。已允來請，所奏咸知〔四〕。」以劍南西川節度副大使、知節度事、管內觀察處置統押近界諸蠻及西山八國雲南安撫等使、特進、檢校司徒、同中書門下平章事、兼成都尹、上柱國、太原郡開國公、食邑二千戶白敏中以本官兼江陵尹，充荆南節度、管內觀察處置等使。

二月，以夏綏銀宥節度使、通議大夫、檢校左散騎常侍、夏州刺史、御史大夫、上柱國、滎陽縣開國男、食邑三百戶、賜紫金魚袋鄭助爲檢校工部尙書、邠州刺史，充邠寧慶節度、管內營田觀察處置，兼充慶州南路救援、鹽州及當道沿路鎭寨糧料等使；以右金吾衞將軍田在賓檢校右散騎常侍，兼夏州刺史，代鄭助爲夏綏銀宥節度等使。以荆南節度使、銀青光祿大夫、檢校兵部尙書、兼江陵尹、御史大夫、上柱國、武功郡開國男、食邑三百戶蘇滌爲太常卿。以銀青光祿大夫、守門下侍郎、兼戶部尙書、同平章事、監修國史、上柱國魏謩檢校戶部尙書、同平章事，兼成都尹，充劍南西川節度副大使、知節度事。以太中大夫、守工部尙書、上柱國、賜紫金魚袋崔愼由爲中書侍郎、同平章事。以成德軍節度、鎭冀深趙觀察處置等使、起復雲麾將軍、守左金吾衞大將軍同正、檢校兵部尙書、鎭州大都督府長史王紹鼎爲銀靑光祿大夫、檢校尙書右僕射，餘官如故。以通議大夫、守中書門下侍郎、兼禮部尙書、同平章事、集賢殿大學士、上柱國、賜紫金魚袋鄭朗可監修國史。太中大夫、守工部尙書、同平章事、上柱國、賜紫金魚袋崔慎由可集賢院大學士。

三月，起復朝請大夫、深州刺史、御史大夫，兼成德軍節度判官王紹懿可檢校左散騎常侍、鎭府左司馬、知府事，充成德軍節度副使，兼充都知兵馬使。以成德軍中軍兵馬使、銀青光祿大夫、檢校太子賓客、兼監察御史、上柱國王景胤可本官、深州刺史、本州團練守捉使。檢校左散騎常侍、右神武大將軍知軍事王紹孚可落起復，依前右神武大將軍。紹懿、紹孚，鎭州王紹鼎之弟也。景胤，紹鼎子也。以朝請大夫、檢校刑部尙書、華州刺史、上柱國、鄭縣開國男、食邑三百戶、賜紫金魚袋蕭俶爲太子賓客，分司東都。

四月，以職方郎中、知制誥裴坦爲中書舍人。以朝議大夫、權知京兆尹崔郢爲濮王傅，分司東都，以決殺府吏也；以江西觀察使、洪州刺史、御史中丞、上柱國、賜紫金魚袋張毅夫爲京兆尹。以鳳翔節度使、正議大夫、檢校戶部尙書，兼鳳翔尹、上柱國、襲晉國公、食邑三千戶、襲實封一百五十戶裴識可許州刺史，充忠武軍節度、陳許蔡觀察等使；以吏部侍郎盧懿檢校工部尙書，兼鳳翔尹、御史大夫、鳳翔隴右節度使；以中書舍人鄭憲爲洪州刺史、御史中丞、江南西道都團練觀察處置等使，仍賜紫金魚袋。以安南宣慰使、右千牛衞大將軍宋涯爲安南都護、御史中丞、本管經略招討處置等使。以幽州節度使張允伸弟允中爲荆州刺史〔二五〕，允千檀州刺史，允辛安塞軍使，允舉納降軍使，並兼御史中丞。以前邠寧節度使、朝議大夫、檢校工部尚書、邠州刺史、上柱國、賜紫金魚袋柳憙可檢校禮部尚書、河南尹。

五月，以職方郎中李玄爲壽州刺史。

六月，以朔方靈武定遠等城節度使、朝散大夫、檢校左散騎常侍、靈州大都督府長史、上柱國、賜紫金魚袋劉潼爲鄭州刺史，馳驛赴任，以給邊兵糧不及時也。以安南都護宋涯爲容州刺史、容管經略招討處置等使。制皇第三男灌封衞王，第十一男滩封廣王。以朝散大夫、守尚書兵部侍郎、判度支、上柱國、彭城縣開國男、食邑三百戶、賜紫金魚袋蕭鄴本官同平章事、判度支。以右監門將軍、知內府省事、淸河公崔巨淙爲淮南監軍。以特進、檢校司空、兼太子太傅分司東都、上柱國、扶風郡開國公、食邑二千戶杜悰本官判東都尚書省、兼御史大夫，充東都留守、東畿汝都防禦使。

七月，以飛龍使、宮闈局令王歸長守內侍省內常侍，知省事，充內樞密使。責授邠州員外司馬張直方爲右驍衞大將軍。

八月，成德軍節度使、檢校尚書右僕射王紹鼎卒，贈司空，賻布帛三百段。以皇子昭王汭爲開府儀同三司、守鎭州大都督府長史、成德軍節度、鎭冀深趙觀察等大使；以成德軍節度副使、都知兵馬使、左司馬、知府事、御史中丞王紹懿爲成德軍副使留後。以義武軍節度、易定觀察等使、檢校禮部尙書、定州刺史、上柱國、滎陽縣開國男、食邑三百戶鄭涯檢校戶部尙書、汴州刺史、上柱國，充宣武軍節度副大使、知節度事、宋亳觀察、亳州太清宮等使；以四鎭北庭行軍、涇原渭武節度使、銀青光祿大夫、檢校右散騎常侍、涇州刺史、御史大夫、上柱國、范陽縣開國男、食邑三百戶盧簡求可檢校工部尙書、定州刺史、義武節度使、易定觀察、北平軍等使〔一六〕；以鹽州防禦押蕃落諸軍防秋都知兵馬使、度支烏池榷稅等使、檢校右散騎常侍、鹽州刺史、上柱國、賜紫金魚袋陸耽代簡求爲涇原節度使。以翰林學士、朝散大夫、中書舍人、賜紫金魚袋曹確權知河南尹。汝州防禦使令狐緒有善政，郡人詣闕請立德政碑頌。緒以弟綯在中書，上表乞寢，從之。以太常卿蘇滌爲兵部尙書、權知吏部銓事，以銀青光祿大夫、守散騎常侍、上柱國、渤海郡開國伯、食邑七百戶封敖爲太常卿。是月，熒惑犯東井。

九月，以秦州刺史李承勛爲朝散大夫、檢校工部尙書、涇州刺史，充四鎭北庭涇原渭武節度等使；以禮部郎中楊知溫充翰林學士；以中散大夫、尙書禮部侍郎、上柱國、賜紫金魚袋杜審權爲陝州大都督府長史、兼御史大夫、陝虢都防禦觀察處置等使；以銀青光祿大夫、檢校司空、兼太子太師、上柱國、范陽郡開國公、食邑二千戶盧鈞爲檢校司空、同中書門下平章事、興元尹，充山南西道節度等使。右補闕陳嘏、左拾遺王譜、右拾遺薛廷傑上疏諫遣中使往羅浮山迎軒轅先生。詔曰：「朕以萬機事繁，躬親庶務，訪聞羅浮山處士軒轅集，善能攝生，年齡亦壽，乃遣使迎之，或冀有少保理也。朕每觀前史，見秦皇、漢武爲方士所惑，常以之爲誡。卿等位當論列，職在諫司，閱示來章，深納誠意。」仍謂崔愼由曰：「爲吾言於諫官，雖少翁、欒大復生，不能相惑。如聞軒轅生高士，欲與之一言耳。」宰相鄭朗累月請告，三章求免。是月乙未，彗出於房初度，長三尺。

十月，制通議大夫、守中書侍郎、禮部尚書、同平章事、監修國史、上柱國、賜紫金魚袋鄭朗可檢校尚書右僕射，兼太子少師[一七]。以山南西道節度使、中散大夫、檢校禮部尚書、興元尹、上柱國、賜紫金魚袋蔣係權知刑部尚書，宰相崔愼由兼修國史，蕭鄴兼集賢殿大學士。以華州刺史高少逸爲左散騎常侍，以蘇州刺史裴夷直爲華州刺史、潼關防禦、鎭國軍等使，以太常少卿崔鈞爲蘇州刺史。入迴鶻册禮使、衞尉少卿王端章貶賀州司馬，副使國子禮記博士李潯爲郴州司馬，判官河南府士曹李寂永州司馬。端章等出塞，黑車子阻路而迴故也。以成德軍觀察留後、御史中丞、賜紫金魚袋王紹懿檢校工部尚書，兼鎭州大都督府長史、御史大夫，充成德軍節度、鎭冀深趙觀察等使。以中書舍人李藩權知禮部貢院。

十一月，太子少師鄭朗卒，贈司空。銀靑光祿大夫、檢校尚書左僕射、兼太子太保、充右羽林統軍、御史大夫、上柱國、滎陽縣開國男、食邑三百戶鄭光卒，輟朝三日，贈司徒，仍令百官奉慰，上之元舅也。宰相崔愼由爲中書侍郎兼禮部尙書，尙書蕭鄴兼工部尙書，餘並如故。

十二月，以昭義軍節度使、朝議大夫、檢校工部尙書、上柱國、平陰縣開國男、食邑三百戶畢諴爲太原尹、北都留守、河東節度使；朝議大夫、檢校禮部尙書、兼太原尹、北都留守、上柱國、賜紫金魚袋劉瑑爲尙書戶部侍郎、判度支。以翰林學士承旨、通議大夫、守尙書戶部侍郎、知制誥、上護軍、賜紫金魚袋蔣伸爲兵部侍郎，充職。以金紫光祿大夫、守太子少保分司東都、上柱國、河東縣開國男、食邑五百戶裴休檢校戶部尙書兼潞州大都督府長史、昭義軍節度副大使、知節度事、潞磁邢洺觀察等使。以正議大夫、行尙書兵部侍郎、上柱國、河東縣開國男、食邑三百戶、賜紫金魚袋柳仲郢本官兼御史大夫，充諸道鹽鐵轉運使。以正議大夫、檢校戶部尙書、兼太子賓客、上柱國、賜紫金魚袋孔溫業本官分司東都，以病請告故也。禮部郎中楊知溫本官知制誥，充翰林學士。以幽州中軍使、檢校國子祭酒、幽府左司馬、知府事、御史中丞張簡眞檢校右散騎常侍，允仲之子也。以中散大夫、權知刑部尙書、上柱國、賜紫金魚袋蔣係檢校戶部尙書、鳳翔尹、御史大夫、鳳翔隴右節度觀察處置等使。

是歲，舒州吳塘堰有衆禽成巢，闊七尺，高七丈，而水禽、山鳥、鷹隼、燕雀之類，無不馴狎。又有鳥人面綠毛，爪喙皆紺色，其聲曰「甘」，人呼爲「甘蟲」。

十二年春正月，以晉陽令鄭液爲通州刺史。羅浮山人軒轅集至京師，上召入禁中，謂曰：「先生遐壽而長生可致乎？」曰：「徹聲色，去滋味，哀樂如一，德施周給，自然與天地合德，日月齊明，何必別求長生也。」留之月餘，堅求還山。以前鄉貢進士于琮爲秘書省校書郎，尋尚皇女廣德公主，改銀青光祿大夫、守右拾遺、駙馬都尉。以安南本管經略招討處置使、朝散大夫、檢校左散騎常侍、安南都護、御史大夫、賜紫金魚袋李弘甫爲宗正卿。以中大夫、守京兆尹、上柱國、賜紫金魚袋張毅夫爲鄂州刺史、御史大夫、鄂岳蘄黃申等州都團練觀察使。以太中大夫、福州刺史、御史中丞、上柱國、賜紫金魚袋楊發檢校右散騎常侍、廣州刺史、御史大夫，充嶺南東道節度觀察處置等使。以朝散大夫、守康王傅分司東都、上柱國、襲魏郡開國公、食邑二千戶、賜紫金魚袋王式爲安南都護、兼御史中丞，充安南本管經略招討處置等使。以朝請大夫、前守太子賓客分司東都、上柱國、鄮縣開國男、食邑三百戶、賜紫金魚袋蕭俶守太子少保分司。以朝請大夫、檢校左散騎常侍、右金吾大將軍、充右街使、上柱國、襲太原郡開國公、食邑二千戶、賜紫金魚袋王鎮爲檢校左散騎常侍、使持節、都督福州諸軍事，兼福州刺史、御史大夫，充福建等州都團練觀察處置等使。以翰林學士、朝議郎、守尚書司勳郎中、知制誥、賜緋魚袋孔温裕爲中書舍人，充職。以右驍衞上將軍李正源守大內皇城留守。以朝議大夫、守尚書戶部侍郎、判度支、上柱國、賜紫金魚袋劉瑑本官同平章事，依前判度支。以太中大夫、守中書侍郎、兼禮部尚書、同平章事、監修國史、上柱國、賜紫金魚袋崔愼由檢校禮部尚書、梓州刺史、御史大夫、劍南東川節度副大使、知節度事，代韋有翼；以有翼爲吏部侍郎。

二月，以前邕管經略招討處置使、朝議郎、邕州刺史、御史中丞、賜紫金魚袋段文楚爲昭武校尉、右金吾衞將軍；以朝議郎、守中書舍人、權知禮部貢舉、上柱國、賜緋魚袋李藩爲尚書戶部侍郎。以朝散大夫、守工部尚書、同平章事、充集賢殿大學士、上柱國、彭城縣開國男、食邑三百戶、賜紫金魚袋蕭鄴爲監修國史。以朝議大夫、守戶部侍郎、同平章事、判度支、上柱國、賜紫金魚袋劉瑑可充集賢院學士。以渤海國王弟權知國務大虔晃爲銀青光祿大夫、檢校秘書監、忽汗州都督，册爲渤海國王。以兵部侍郎柳仲郢爲刑部尚書。以朝議大夫、守尚書戶部侍郎、判戶部事、上柱國、賜紫金魚袋夏侯孜爲兵部侍郎，充諸道鹽鐵轉運使；以朝請大夫、權知刑部侍郎、賜紫金魚袋杜勝爲戶部侍郎、判戶部事。以光祿大夫、守左領軍衞大將軍分司東都、上柱國、會稽縣開國公、食邑一千五百戶康季榮可檢校尙書右僕射，兼左衞上將軍分司。貶前利州刺史杜倉爲賀州司戶，蔡州刺史李叢邵州司馬。以工部郎中、知制誥于德孫，庫部郎中、知制誥苗恪，並可中書舍人，依前翰林學士。以前右金吾衞將軍鄭漢璋，前鴻臚少卿鄭漢卿，並起復授本官，國舅光之子也。以銀青光祿大夫、行給事中、駙馬都尉衞洙爲工部侍郎，前濮王傅分司皇甫權爲康王傅分司。以庫部員外郎、史館修撰李澣爲長安令。

閏二月，以司農少卿盧籍爲代州刺史，前江陵少尹杜惲爲司農少卿。以河東馬步都虞候段威爲朔州刺史，充天寧軍使，兼興唐軍沙陀三部落防遏都知兵馬使。

五月，以兵部侍郎、鹽鐵轉運使夏侯孜本官同平章事。

六月，南蠻攻安南府。

八月，洪州賊毛合、宣州賊康全大攻掠郡縣，詔兩浙兵討平之。

十二月，太子少保魏謩卒，贈司徒。

十三年春正月，以虢陝觀察使杜審權爲戶部侍郎、判戶部事。

三月，宰相蕭鄴罷知政事，守吏部尙書。

四月，以翰林學士承旨、兵部侍郎、知制誥蔣伸本官同平章事。

五月，上不豫，月餘不能視朝。

八月七日，宣遺詔立鄆王爲皇太子，勾當軍國事。是日，崩于大明宮，聖壽五十。詔門下侍郎、平章事令狐綯攝冢宰。羣臣上謚曰聖武獻文孝皇帝，廟號宣宗。十四年二月，葬於貞陵。

史臣曰：臣嘗聞黎老言大中故事，獻文皇帝器識深遠，久歷艱難，備知人間疾苦。自寶曆已來，中人擅權，事多假借，京師豪右，大擾窮民。洎大中臨馭，一之日權豪斂迹，二之日姦臣畏法，三之日閽寺讋氣。由是刑政不濫，賢能效用，百揆四嶽，穆若清風，十餘年間，頌聲載路。上宮中衣澣濯之衣，常膳不過數器，非母后侑膳，輒不舉樂，歲或小饑，憂形於色。雖左右近習，未嘗見怠惰之容。與羣臣言，儼然煦接，如待賓僚，或有所陳聞，虛襟聽納。舊時人主所行，黃門先以龍腦、鬱金藉地，上悉命去之。宮人有疾，醫視之，既瘳，即袖金賜之，誡曰：「勿令敕使知，謂予私於侍者。」其恭儉好善如此。季年風毒，召羅浮山人軒轅集，訪以治國治身之要，其伎術詭異之道，未嘗措言。集亦有道之士也。十三年春，堅求還山。上曰：「先生少留一年，候於羅浮山別創一道館。」集無留意，上曰：「先生捨我亟去，國有災乎？朕有天下，竟得幾年？」集取筆寫「四十」字，而十字挑上，乃十四年也。興替有數，其若是乎！而帝道皇猷，始終無缺，雖漢文、景不足過也。惜乎簡籍遺落，舊事十無三四，吮墨揮翰，有所慊然。

贊曰：李之英主，實惟獻文。粃粺盡去，洳慝斯分。河、隴歸地，朔漠消氛。到今遺老，歌詠明君。

校勘記

〔一〕所司迎奉　「司」字各本原無，據冊府卷三一補。

〔二〕更添置八所　通鑑卷二四八作上京兩街「更各增置八寺」。「更」字下疑脫「各」字。

〔三〕兩所依舊名　據唐會要卷四八、通鑑卷二四八胡注，「兩所」上疑脫「左街」兩字。本卷下文云「右街添置八所」，此處當有「左街」爲宜。

〔四〕千福寺改爲興元寺　據唐會要卷四八、通鑑卷二四八胡注，此處之千福寺爲僧寺，興元寺（通鑑作興聖寺）乃尼寺，爲新添八寺中之二寺，均「依舊名」。又下文「興福寺」下，兩書均有「尼寺一所，萬善寺改爲延唐寺」之文，正合添置八寺之數。疑此處「改爲」兩字爲衍文。

〔五〕諸州或得三考　「三」字各本原作「五」，據冊府卷六三六、英華卷四三〇改。

〔六〕張君緒　「君」字各本原作「景」，據本卷下文及通鑑卷二四八改。

〔七〕元和實錄　「實」字各本原作「寶」，據唐大詔令集卷五八改。

〔八〕二百二十四年　各本原作「三百四十四年」，據本書卷五〇刑法志、唐會要卷三九、殘宋本冊府卷六一三改。

〔九〕今後公主除緣徵封外　「緣」字各本原作「錄」，據唐會要卷六改。

〔一〇〕兼秦成兩州經略使　「秦成」下各本原有「階」字，據新書卷六七方鎮表刪。

〔一一〕定成關　新書卷三七地理志隴州汧源縣下云：「西有安戎關，在隴山，本大震關，大中六年防禦使薛逵徙築更名。」疑此「定成關」爲「安戎關」之誤。

〔一二〕宗正卿李文舉貶睦州刺史　此事已見本卷上文，此處複出。

〔一三〕權停三年　「停」字各本原無，據唐會要卷七七、冊府卷六四一補。

〔一四〕所奏咸知　「咸知」二字各本原無，據冊府卷一〇一、全唐文卷八〇補。

〔一五〕以幽州節度使張允伸弟允中爲荆州刺史　校勘記卷九云：「以幽州所轄考之，或當爲蓟，斷非荆也。」

〔一六〕北平軍等使　各本原作「北都天平軍等使」，據本書卷一六三盧簡辭傳刪。

〔一七〕兼太子少師　「師」字各本原作「保」，據本卷下文、本書卷一七三鄭覃傳、新書卷一六五鄭珣瑜傳改。